광장에 선 의사들

* 책 카피로 사용된 "세상이 아프면 의사도 아파야 한다"라는 문구는
인의협 초대 고문이자 한국 의학계의 거목인 홍창의 선생 인터뷰에서 따온 말이다.

인도주의실천의사협의회가 함께한
한국 보건의료운동 30년

광장에 선 의사들

최규진 지음

이데아

인도주의실천의사협의회가 출범한 지 30년이 되었습니다. 우선 30년을 버텨 낸 것을 축하합니다. 창립 30주년을 맞아 그동안의 활동을 기록한 책이 나오게 된 것 또한 크게 축하합니다.

1987년 창립하면서 우리 모임의 명칭에 민주나 민중보다 '인도주의 실천'을 내세운 것은 의사 대중 단체로 우뚝 서고자 하는 의지가 모였기 때문입니다. '의료인으로서 사회적 책임을 다하고, 국민의 건강을 위해 노력하는 바람직한 의사상을 정립'해 나가고자 하는 강력한 목표가 있었습니다. 의료 제도 개선에 목소리를 내는 일, 의사들의 자성으로 보건의료의 기반을 마련하는 일, 사회적 약자와 소수자와 재난을 겪고 있는 시민들에게 늦지 않게 다가가는 일 모두가 인도주의실천의사협의회가 해왔던 활동이고 앞으로 계속 해야 할 활동입니다.

돌이켜 보면 운동을 확장하고 출범 목표를 실천하기 위해 노력했던 초창기가 뜨겁게 떠오릅니다. 상봉동 진폐증 역학조사, 문송면 군 수은 중독 사건, 매향리 미공군 사격장 주변 주민 피해 문제, 강경대·김귀정 학생 부검 참관, 원진레이온 이황화탄소 중독 사건 등 하나하나가 만만치 않았으나 인도주의실천의사협의회에는 소중한 활동이었습니다.

또한 6월항쟁과 함께 출범한 인도주의실천의사협의회가 현재 전개하고 있는 활동, 예컨대 1988년부터 계속하고 있는 노숙인 진료, 의료 전문가로서 최근 세월호 가족 단식 현장, 백남기 농민 사망 사건, 광화문 촛불광장 현장에서 시민들의 안전과 건강권을 지키고자 했던 노력, 의료 공공성 확보를 위한 학술 활동, 예비 의료인 캠프, 정부의 의료 정책 대응 활동은 더 평등하고 평화롭게 더불어 함께 살아가는 사회로 만들어 가고자 하는 노력일 것입니다.

인도주의실천의사협의회의 30년 역사를 정리하는 이 시점은 우리 모두가 새로운 시대적 요구에 직면해 있는 시기입니다. 우리가 과거를 돌이켜 보는 것은 현재의 우리를 성찰하고 새로운 미래를 준비하기 위해서일 것입니다. 인도주의실천의사협의회의 정체성을 바탕으로 한 걸음 더 나아가는 계기가 되기를 기대합니다.

우리 의료인은 우리보다 강한 돈과 권력에 당당하게 맞서고 사회적 약자와 소수자에게는 관대하며, 그들을 돕는 의사가 되어야 할 것입니다. 우리들의 연대는 낮은 곳으로 향하고, 사람들과의 만남은 관계가 되고, 이런 관계들의 조직이 연대가 되어 나타날 것입니다. 인도주의의 실천은 바로 만남이며, 이 만남의 관계들의 조직적 연대체가 인도주의 실천의사협의회라고 생각합니다.

이 모든 과정을 함께 해오신 회원분들께 존경과 감사를 드립니다.

유신 통치의 종말이 새로운 민주화의 출발이 되지 못하고 전두환 일당의
신군부 폭압이 광주에서 피를 뿌린 지 7년이 지나 제5공화국의 헌법 체
계를 유지하겠다는 호헌에 맞서 호헌 철폐를 외치는 항쟁이 전국을 덮
으니 1987년 6월항쟁이 그것입니다. 노태우의 6·29선언으로 군부의 패
배로 끝나고 새로운 민중의 역사를 기대했으나, 정치적 역량이 미흡해
다시 군부 지배는 계속되고 숱한 민주 열사의 희생이 따르게 됩니다.

6월항쟁이 열어 준 민주화 역량으로 사회 각계각층의 각 분야에서
열매를 거두고자 애를 쓰게 됩니다. 1987년 7월 8월에 노동자 대투쟁
을 비롯하여 언론 문화·예술 등 각 부문 운동은 여러 형태로 내실을
위해 투쟁합니다.

보건의료 분야도 척박한 내부 환경을 박차고 새로운 운동의 주체를
꾸리기 위해 움직입니다. 호헌 반대를 외쳤던 젊은 의사들을 주축으로

그동안 의료계의 민주 역량이 조금씩 축적되면서 인도주의를 기본 철학으로 하여 사회에서 드러나는 여러 문제를 풀어 가겠다는 실천 의지를 행동 원칙으로 삼아 인도주의실천의사협의회가 탄생하게 됩니다.

그리고 강산이 세 번 바뀌는 세월이 지났습니다. 그동안 창립 가치 실현의 일환으로 산재 직업병을 밝히고 의료보험을 비롯한 의료 제도 개혁에 헌신하고 의료윤리 문제, 의료 분쟁 등 많은 문제에 대해 연구·토론·발표를 했습니다. 그런 중에 의약분업처럼 내부적으로 큰 상처를 남긴 문제도 있었습니다.

권위주의적인 군사정부가 끝난 것으로 보이고 많은 사회 분야가 평등과 민주화를 이룬 듯하지만, 아직도 여러 곳에서 신음하는 약자가 있고 그곳에서는 어김없이 저희 인도주의실천의사협의회의 도움을 요청하고 있습니다.

지난 몇 달에 걸친 광장의 외침과 그 성과가 이제 비로소 한 시대를 마무리하는지도 모릅니다. 인도주의실천의사협의회 30년의 기록이 더 의미 있어 보이는 사연이기도 합니다.

이를 정리하느라 애쓰신 여러 회원님, 사무국 식구들 대단히 고맙습니다.

제 7 장 이명박 정부 시기

제 8 장 박근혜 정부 시기

이 책은 1987년 탄생해 올해로 꼭 30주년을 맞는 의사 단체, 인도주의
실천의사협의회(이하 인의협)의 역사를 정리한 것이다. 하지만 인의협이
1987년 이후 벌어진 한국 보건의료 운동 대부분의 사안에 관여했고 그
중 적지 않은 부분을 앞장서 이끌었던 만큼, 이 책은 한국 현대 보건의
료 운동의 주요 궤적을 짚어 보는 과정이기도 하다.

　물론 인의협과 인의협의 활동이 지닌 의미에 대한 판단은 역사의 몫
이다. 이 책은 그것을 위한 설명서라고 할 수 있다. 일차적으로 인의협
이 어떻게 탄생했으며 어떤 이유에서 무슨 활동을 했는지, 조금이나마
자료와 기억이 남아 있을 때 기록해 두기 위한 작업이다. 그러나 분명
적극적인 설명서이긴 하다. 그 활동의 자취와 성과가 선명함에도 불구
하고 한국 사회에서는 물론 의사 사회에서도 제대로 조명된 적이 없는
만큼 보다 적극적으로 설명될 필요가 있기 때문이다.

이 책은 크게 여덟 장으로 구성되어 있다. 첫 번째 장에서는 인의협 탄생 이전에 존재했던, '의사들이 주도한 진보적 보건의료 운동'을 살펴보았다. 그들의 역사가 인의협의 전사(前史)는 아니지만 이를 통해 인의협의 역사적 좌표를 가늠해 볼 수 있을 것이다. 나머지 장에서는 꼭 들어맞는 것은 아니어도 대체로 각 정권(政權)을 기준으로 인의협의 활동을 정리했다. 이는 단순히 편의상 그런 것은 아니다. 그만큼 인의협이 사회와 유기적으로 움직였기 때문이며, 일반적인 단체의 발전 과정과는 달리 초창기의 활동 수준이나 범위가 그 이후 시기 못지않기 때문이다.

필자가 역사와 윤리를 전공하긴 했으나 어디까지나 내부자(인의협 회원)이기 때문에 객관적인 시각으로 쓰였다고 자신할 수는 없다. 그럼에도 최대한 객관적 사료에 근거해 기술하고자 했으며, 당시 사회의 평가를 바탕으로 의미를 부여하고자 했음은 자신할 수 있다.

근현대
보건의료 운동의
역사

1987년 이전
의사들의 활동을 중심으로

한국 근현대사에서 인의협이 가장 오랫동안 유지된 진보적 의사 단체인 것은 맞지만 최초인 것은 아니다. 1987년 인의협이 탄생하기 전에도 민중의 건강을 챙기며 더 나은 사회를 만들기 위해 노력한 진보적인 의사들이 존재했다. 멀게는 일제강점기부터, 가깝게는 박정희·전두환 군사정권 시절까지 여러 의사들이 짓밟힌 민중의 피를 닦았고, 때로는 그들의 목소리를 대변했다.

물론 사회의학연구회처럼 인의협 탄생에 밑거름이 된 단체도 있지만, 대부분은 인의협과 직접적인 관계가 없다. 그럼에도 인의협 역사에 앞서 그들의 역사를 살피는 것은 한국 보건의료 운동사의 좌표에서 인의협의 온전한 위치를 그려 보기 위해서다. 이는 인의협의 역사를 부풀리기 위한 것이 아니라 오히려 객관적으로 보기 위함이다. 아울러 그들의 역사가 인의협의 역사와 함께 앞으로의 보건의료 운동에 나침반이 되어 줄 것이라 기대하기 때문이다.

1

일제강점기와
해방 공간

의사(義士)가 된 의사(醫師)들, 그리고 3·1운동

한국에서 최초의 근대식 의사들이 등장한 것은 대한제국 시절인 1890
년대 말이다.[1] 국내에서 교육이 이루어지고 본격적인 근대식 의사들이
배출되기 시작한 것은 1900년 이후이며,[2] 하나의 직업군으로서 사회에
자리 잡은 것은 사실상 일제 강점 이후라고 할 수 있다.[3]

　그러나 특정 부문에 속한 사람들이 생겼다고 해서 저절로 운동이 일
어나는 것은 아니다. 특히 지식인의 경우 자신의 이성의 범주를 넘어서
는 사회 변화와 모순을 겪으며 사회적·역사적 존재로서 자아를 깨달은
뒤에야 운동에 뛰어든다. 또 그러한 운동이 바로 보건의료 부문의 운동
으로 직결되는 것도 아니다. 사회운동에 참여하거나 영향을 받은 의학
도와 의료인들이 사회운동의 수단으로서, 또는 사회에 대한 기여의 한

제1장 근현대 보건의료 운동의 역사: 1987년 이전 의사들의 활동을 중심으로

방편으로서 자신의 영역에 구체화된 운동을 건설하기까지는 많은 시련과 경험이 필요하다.

한국에서 근대식 의사들이 사회적·역사적 존재로서 자각하게 된 결정적 계기는 일제의 침략이었다. 새롭게 개화된 시대에 신지식인으로 활약하길 꿈꾸며 힘든 학업을 견뎠을 그들에게 1905년 통감부의 등장과 대한의원을 통한 일제의 의료 부문 장악, 그리고 이어진 한일병합은 커다란 충격이었을 것이다.[4]

이러한 충격을 저항으로 승화시킨 의사들이 있었다. 세브란스 의학교 1회 졸업생인 김필순은 1907년 9월 안창호, 양기탁, 신채호, 이동휘, 김구 등이 조직한 비밀정치결사 조직인 신민회에서 활동했다.[5] 또 대한의원 부속의학교 학생이었던 김중화는 1909년 11월 이완용을 비롯한 을사오적 암살을 기도하다 붙잡혀 7년형을 언도받고 옥고를 치렀다.[6] 얼마 후 오복원, 김용문도 1909년 12월 22일 명동성당에서 열린 벨기에 황제 추도식에 참석한 이완용을 암살하려 한 이른바 '이재명 의거'에 연루되어 각각 10년형과 7년형을 받았다.[7]

나라 밖에서 활동을 펼친 이들도 있었다. 의학교 1회 졸업생인 김교준은 대한제국 군의로서 활동하다 나라의 주권이 일제에 넘어간 뒤에는 대종교 교주였던 형 김교헌을 따라 만주로 망명하여 독립운동을 도왔다. 세브란스 의학교를 졸업한 이태준은 1911년 의사 출신 쑨원이 일으킨 신해혁명에 자극받아 남경으로 망명하여 혁명에 참가했다. 그 후 몽고로 자리를 옮긴 그는 동의의국(同義醫局)이라는 병원을 열어 러시아와 조선을 오가는 사회주의자들과 항일운동가들을 도왔다.[8]

이 밖에도 의사(義士)가 된 의사(醫師)들이 상당히 많이 존재했다. 하지만 한번 넘어간 주권은 되찾을 수 없었다. 일제는 1910년 한일병합을 기점으로 약 10년 동안 헌병들을 앞세운 무단통치로 조선을 장악했고, 1세대 의사들의 항일운동도 차츰 소멸되어 갔다. 그러나 1919년 3월 1일, 일제가 전혀 예상치 못한 거대한 저항이 일어났다.

3·1운동은 다시 의학도들의 저항의식에 불을 지폈다. 3·1운동 당시 구금된 학생은 경성에서만 171명에 이르렀는데 이 가운데 의학도가 35명으로 가장 많았다.[9] 이처럼 3·1운동은 의학도들이 식민지라는 사회 구조 속에서 피억압자로서 민중들과 동화되는 경험을 하며 지식인의 사명감을 새롭게 자각하는 계기가 되었다. 그리고 몇몇 의학도들은 자신이 가진 의료라는 수단을 활용해 운동을 건설해 나갔다.

양봉근과 보건운동사 [10]

3·1운동을 통해 식민지 조선 사회의 모순을 자각한 의학도들은 3·1운동의 기운이 가라앉은 뒤에도 크고 작은 학내 운동을 이어 나갔다. 1921년 5월에는 이른바 '구보 다케시(久保武) 망언 사건'으로 알려진 경성의학전문학교(이하 경성의전) 조선인 학생들의 시위로 한국 사회가 들끓었다. 경성의전 학생들이 일본인 해부학 교수 구보의 조선인에 대한 차별적 발언을 규탄하며 동맹휴학을 감행한 것이다. 경성의전 동맹휴학은 한 달여 간 지속되면서 학내 차원을 넘어 조선 사회 전체의 공분을 일으키는 사회문제로 비화되었다. 이 사건과 관련하여 학교 측은 조선인 학생 아홉 명에게 퇴학을, 185명에게 무기정학을 내렸다.[11] 퇴학생 중 최고 학년인 4학년은 두 명뿐이었다. 사실상 이 동맹휴학을 이끌

1932년 2월 1일 창간된 한국 최초의
보건의료 운동 잡지《보건운동》. 잡지
원본은 한국잡지박물관에 소장되어
있다.

없을 이 둘 중 한 사람이 바로 양봉근이었다.[12]

양봉근은 졸업 후 신간회에서 활동하며 1931년 경성에 협화의원(協和醫院)을 개원했다. 그리고 같은 건물에 '보건운동사'를 설립하고《보건운동》이라는 잡지를 발간하며 본격적으로 '민중보건 운동'을 전개해 나갔다.[13]

보건운동사는 창립 취지를 "조선 민중에게 보건위생 사상의 보급 및 대중적 실천의 철저를 기도함"이라고 밝혔다. 여기에는 양봉근 외에도 이용설, 김탁원, 김동익, 유상규 등 3·1운동에 가담했던 의사들이 대거 참여했다.[14] 보건운동사의 활동은 강연과 잡지 발간에 그치지 않았다. 도시빈민층을 대상으로 시민 객담 검사를 시행했으며, 무산 아동과 공장 노동자를 대상으로 무료 건강진단을 실시했다.[15]

보건운동사는 이러한 의료 지원 활동을 점차 노동계급으로 확대하려, 보건의료라는 쟁점을 통해 일제 식민 통치의 문제점을 부각하고자 했다. 그러나 어떤 연유에서인지는 확실하지 않으나 1932년까지밖에 운영되지 못했다.[16] 비록 활동 기간이 짧았지만 보건운동사의 활동은 분명 의사들이 주도한 진보적 보건의료 운동의 가장 앞선 사례라고 할 수 있다.

유석창과 실비 진료 운동

국내에서 일어난 3·1운동에 자극을 받은 사람도 있었지만, 국외에서 벌어지는 항일운동을 통해 성장한 사람들도 있었다. 유석창[17]이 바로 그런 경우였다.

유석창은 1900년 함경남도 단천에서 유승균과 홍숙경 사이의 둘째 아들로 출생했다. 그의 아버지 유승균은 한학과 전통 의학에 능통했지만, 집 일부를 개조하여 예배당을 만들 정도로 독실한 기독교 신자였다. 또한 1910년 일제 강점 이후에는 이름을 일우(一憂)라고 고치고 독립운동에 헌신한 사람이었다.

1912년 만주 장백현(長白縣)으로 이주한 유승균은 학교를 세워 교육 활동을 벌이며 무장투쟁을 지원했다. 유석창은 아버지 유승균이 세운 관화학교(官話學校)를 졸업했다. 졸업 후에는 모교에서 교사 생활을 하며 아버지의 활동을 도왔다.[18] 하지만 유석창 부자는 1919년 돌연 만주 생활을 접고 귀국하기로 결심했다.[19]

조선으로 돌아와 1923년 경신학교를 수석으로 졸업한 유석창은 1년 뒤 경성의전에 입학하여 의학에 입문했다. 1928년 경성의전을 졸업한 유석창은 고향 근처인 함경남도 장진(長津)에서 공의(公醫)로 의사 생활을 시작했다. 하지만 아내 한동죽이 폐결핵에 걸리자, 치료를 위해 함경북도 성진(城津)의 제동병원(濟東病院)으로 자리를 옮겼다. 그러나 1929년 11월 아내는 세상을 떠났고, 유석창도 제동병원을 떠났다. 1930년 1월, 경성으로 돌아온 유석창은 빈민들을 위한 의료 사업에 뛰어들었다.

의료 사업을 위해 자금을 모아야 했던 유석창은 3·1 독립선언서에 서명한 인사들을 비롯해 언론계 간부와 그 밖의 사회 유지들을 모았다. 유석창은 그들 앞에서 가난한 민중의 의료 접근성을 높이기 위해 최소한의 비용만을 받는 실비 진료 병원이 필요하다고 호소했다.

"현대에 있어서 사회적 불행을 말하면 맨 먼저 빈궁, 질병을 들 수밖에 없고, 또한 문명의 결함이란 이런 불행자를 구제하지 못하는 것이라고 하겠다. 그중에서도 경성 같은 도시에 있어서는 이러한 현상이 더욱 심하다고 할 수 있다. 전 반도 중 문화의 혜택을 편피(遍被)한 수부(首府)로서 기실 다수를 차지한 중산계급 이하에 있어서는 어떠한 병이 들지라도 주사 한 대나 약 한 포를 마음대로 할 수 없는 현상임은 누구나 다 시인하는 바이다. 과연 수를 헤아리기 어려울 만치 많은 병원이 있으되 이 병원을 이용할 만한 실력이 부족함에야 어찌하랴! 동인 등이 원래 여기에 대한 일념이 간절하지 아니함이 아니었지마는 이것을 실현함에는 기다(幾多)의 난관으로 인하여 성취를 보지 못하다가 행히 금자 독지가로부터의 물질 및 기술, 노력 등의 제공을 기초로 하여 장래 이 사업의 성취를 기하고자 하는 의미하에서 자에 실비진료기성회를 발기하게 되는 바이니, 무릇 많은 동지는 동성

상응(同聲相應)하여 차거(此擧)에 대한 많은 동정과 찬성이 있어 줌을 절망(切望)하여 마지않는 바이다."

유석창의 이 절절한 호소에 이광수, 김병로, 한용운, 권동진, 함태영, 유각경, 주요한, 최린, 설의식, 안재홍 등 45명의 인사가 서명했다. 마침내 1931년 5월 12일, 유석창이 꿈꾸던 실비 진료 병원이 종로에 문을 열었다.[20] 그 앞에는 개인이 운영하는 영리 병원이 아닌 사회를 위해 설립한 기관임을 강조하여 '사회영 중앙실비진료원'이라는 간판을 내걸었다. 민중은 실비 병원의 개원을 적극 반겼다. 원래 진료는 개원식 다음 날인 5월 13일부터 하기로 예정되었으나, 개원일인 12일에 진료를 받기 위해 380명이나 되는 사람들이 몰려들어 하루 앞당겨 진료를 시작할 수밖에 없을 정도였다.[21]

그러나 유석창은 여기에 만족하지 않았다. 사회영 중앙실비진료원으로 자신감을 얻은 그는 사람들을 모아 조선보건협회를 만들었다. 1932년 2월께 이 조선보건협회가 내건 발기 취지는 "1. 실비치료원 2. 보건 위생에 관한 통속 잡지 발행 3. 때때로 강연회 개회 지방 순회 진료 4. 무산자 순회 진료 5. 각 학교 건강우량 아동 포창 6. 보건에 필요한 각종 운동경기 장려 7. 기타 민족 보건에 필요한 각종 사업 등"이었다.[22] 이처럼 조선보건협회는 사회영 중앙실비진료원보다 한 단계 나아간 보건의료 운동 조직 성격을 띠었다.

실제로 발기한 지 한 달이 안 되는 1932년 3월 3일 사무실로 잡은 서대문 건물에 실비 진료원을 열었다. 이곳에서는 "내과, 외과, 산부인과, 치과 등 각과로 나누어" 각 분야의 전문 의사가 진료할 수 있도록 의료

조선보건협회
실비 진료원 모습.
〈신설된 실비 진료원〉,
《중앙일보》, 1932년 3월
4일.

의 질을 확보했으며, "그 이름과 같이 약가와 각종 진찰료를 실비로 하여 무산자에게 도움이 될" 수 있도록 했고, "깊은 밤이며, 또한 휴일에도 당직 의사가 항상 준비하고 있어 택진, 왕진"까지 가능한 형태를 갖췄다.[23]

그렇게 발기 취지로 내건 첫 번째 사업을 시작한 뒤 차례대로 나머지 것들도 실행에 옮겼다. 《보건시보》라는 보건위생에 관한 잡지를 발행했으며,[24] 때때로 유석창이 직접 나서 일반인을 대상으로 무료 위생 강연도 진행하고,[25] 무산자 순회 진료도 했다.[26]

그 후 유석창이 직접 주도한 사업들이 지속되지는 못했지만, 그가 당긴 실비 진료의 불씨는 꺼지지 않았다. 실비 진료 사업은[27] 경제공황이라는 시대적 상황과 맞물려 조선 사회에 새로운 바람을 일으키며 하나의 운동으로 성장했다. 심지어 영리적 생각을 가지고 개원을 하더라도 개원 초기에는 실비 진료로 해야 했으며,[28] 여론의 거센 압박을 못 이겨 경성부가 직접 실비 진료 병원을 운영해야 하는 상황까지 이어졌다.[29]

이 실비 진료 운동은 의사들이 주도한 보건의료 운동이 민중에 확산되어 성공적으로 진행된 역사적 사례라고 할 수 있다.

최응석의 국영의료체계론

의사가 주도한 진보적 보건의료 운동이라는 틀로 조명해 볼 수 있는 또 하나의 사례로 최응석[30]의 활동을 들 수 있다. 1914년 2월 2일 평양에서 태어난 최응석은 1930년 평양중학교를 졸업하고 일본으로 건너가 도쿄 제1고등학교(이과)를 거쳐 1933년 도쿄제국대학 의학부에 입학했다. 졸업 후 최응석은 해방 직전까지 모교에서 내과 강좌 조수로 재직하며 다양한 사회운동을 접했다.[31]

조선에 돌아온 최응석은 해방 이후 본격적으로 진보적 보건의료 운동을 펼쳐 나갔다. 먼저 경성대학 의학부 제2내과 교수를 역임하며, '조선산업의학회' 결성을 주도했다. 진보적 청년 의학도 150명을 모아 결성한 이 조직은 '근로대중의 보건 문제 해결', '과학적 산업의학 이론 확립'을 내걸고 1945년 11월 17일 창립했다.[32] 1945년 12월에는 이에 대한 실천으로서 경성대학 의학부, 경의전, 여의전 교수·학생 의료반을 모아 영등포 공장지대를 중심으로 노동자 건강 상태와 생활환경 조사 및 치료 활동을 전개했다.[33] 아울러 최응석은 민주주의민족전선(민전)의 중앙위원, 사회정책연구위원회 전문위원 등을 맡으며 진보 진영의 핵심 인물로 성장했다.[34]

그런데 당시 해방 공간에서는 새로운 국가 건설에 대한 논쟁이 부각되고 있었다. 보건의료 분야 역시 마찬가지였다. 이른바 '국영의료체계론'과 '미국식 보건의료 체계 수용론' 사이의 논쟁이 대두된 것이다. '국영의료체계론'의 대표 주창자는 바로 최응석이었다. 최응석은 질병 퇴치를 위한 전국적 프로그램, 사회보험 확충을 통한 무료 진료, 의학의 예방의학적 재편은 물론 제약의 국영화까지 포함하는 구체적인 국영의료체계를 제시했다. 반면 이용설을 중심으로 한 '미국식 보건의료 체계 수용론'자들은 의료 국영론을 시기상조라고 주장하며 '의료 시설과 전문 과목 담당 의사 부족' 등을 이유로 민간이 종합병원을 많이 설립하게 해야 한다고 주장했다.[35]

사실 학문적 권위로 당시 해방 공간에서 최응석을 앞지를 사람은 없었다.[36] 사회적 분위기도 최응석의 주장과 크게 어긋나지 않았다.[37] 그러나 미군정은 결국 이용설의 손을 들어 주었다. 게다가 미군정이 좌익 진영에 대한 탄압을 강화함에 따라 최응석을 비롯한 진보적 보건의료계 인사들은 북으로 가야 했다. 그 후 '국영의료체계론'은 급속히 감쇠했고, 한국 사회의 보건의료 체계에 대한 논의 역시 '민간 중심 의료체계'로 협소해질 수밖에 없었다.[38]

비록 최응석의 국영의료체계론은 실현되지 못했지만, 공공의료라는 틀을 선구적으로 제시했으며, 의사로서 특정 의료 사안이 아닌 국가 보건의료 체계 전체를 기획하고 실현하고자 했다는 점에서 보건의료 운동사에 중요한 이정표를 남겼다.[39]

2

이승만-박정희-전두환
집권 시기

60년대 초 사회 정세와 의학도 및 의사들의 사회참여

해방 이후 분단 체제가 성립되고 남한에서 대규모 사회운동이 다시 분출한 것은 1960년이었다. 1960년 3월 15일 정·부통령 부정선거를 계기로 대규모 시위가 일어난 것이다. 특히 마산에서 벌어진 3·15학생시위에서 최루탄을 맞고 사망한 김주열의 시신이 발견되면서 4·19혁명의 불을 당겼다.

4·19혁명의 중심에는 수많은 대학생이 있었다. 특히 흰 가운을 입은 의대생들의 행렬은 혁명의 기운을 북돋았다.[40] 이 중 서울대 의대생들의 참여 과정을 살펴보면, 특정 인물이나 그룹이 있어 사전에 기획된 것이 아니었다. 4월 19일 아침에 서울 지역 병원에서 임상 실습을 하고 있던 중에 부상자들이 병원으로 실려 오는 것을 목격하고는 사태의 심

제1장 근현대 보건의료 운동의 역사: 1987년 이전 의사들의 활동을 중심으로

각성을 깨닫고 긴급학생회의를 열어 시위 참여를 결정한 것이었다. 그들의 참여는 상징적인 의미가 컸지만 부상당한 시민들에 대한 구호 활동을 전개하며 실질적으로도 큰 도움을 주었다.[41]

그러나 혁명의 열기는 1961년 5월 16일 박정희가 일으킨 쿠데타로 단숨에 식어 버렸다. 군부 권력은 부정선거 원흉과 부정축재자 처벌을 내걸기도 했지만 그보다는 민주주의를 염원하는 진보 세력을 훨씬 가혹하게 탄압했다.[42] 4·19혁명에 적극적으로 참여했던 의학도들과 의사들 역시 군홧발 아래에서 숨을 죽여야 했다. 결국 사회 활동을 유지할 수 없었고 구심점을 갖춘 세력으로 나아가지 못했다.

70~80년대, 사회의학연구회와 신천연합병원[43]

1970년대 초입은 박정희에게 정치·경제·사회적으로 위기의 시기였다. 60년대 중반 이후 저임금 노동을 기반으로 한 수출 주도 정책이 한계에 부딪혔다. 계속해서 치솟는 물가와 국제수지의 악화, 경기침체 등은 외자 기업의 부실 및 도산과 맞물려 박정희 정권의 물질적 기반을 약화시켰다.

기층 민중 역시 저항에 나서기 시작했다. 전태일의 분신을 기폭제로 노동자들의 파업 투쟁이 일어났으며, 광주대단지 폭동, 도시 소상인들의 철시와 조세 저항 등과 같은 민중의 생존권 싸움도 분출했다. 기층 운동이 폭발적으로 고양되는 가운데 1971년 양대 선거를 전후로 언론자유수호운동, 사법권수호운동, 대학자주화선언운동 등 지식인들의 반독재 운동도 고개를 들기 시작했다. 이러한 민중과 지식인들의 투쟁이 정치권력을 위협할 정도는 아니었으나, 권력을 유지하기 쉽지 않다는 것을 깨달은 박정희는 더 이상 집권을 위한 개헌조차 불필요한 유신체제를 모색하게 된다.[44]

당시 지식인들의 사회참여가 활성화됐다고 해서 의사들이나 의학도들이 함께 움직인 것은 아니었다. 일부 의대생들이 시혜적인 관점에서 또는 신앙 공동체 활동의 일환으로 소진료소 활동을 펼치는 정도였다. 그러한 '슈바이처리즘'을 벗어나 진보적 보건의료 운동으로 나아간 것은 서울의대의 사회의학연구회(이하 사의연)가 거의 유일했다.[45]

사의연은 심재식을 필두로 고한석, 김기락, 양길승, 양요환 등 서울대 문리대 학생운동에 영향을 받은[46] 서울의대 학생들이 '사회의학'이라는 개념을 접하고 이를 실천적으로 해석하여 1970년 9월 14일 창립한 단체였다. 초기에는 그 실천이라는 것이 서베이 참여, 학생회 선거 개입, 농활활동 개혁 등 동아리 수준의 활동을 벗어나지 못했다. 그러나 위수령, 긴급조치, 간첩단 사건 등 혹독한 유신 시대의 탄압을 겪으며 조금씩 변모해 갔다. 특히 판자촌 진료와 산업 선교회 활동을 통해 빈민들과 노동자들을 접하며 보건의료 운동가다운 면모를 갖추었다.

그사이 정권의 탄압으로 조직은 와해됐지만, 정식 의사가 된 뒤 급진성을 간직한 멤버들을 중심으로 다시 뭉쳤다.[47] 사회인이자 정식 의사가 된 만큼 학교 울타리를 벗어난 구체적인 사업을 구상해 나갈 수 있었다. 그 결과 탄생한 것이 바로 신천연합병원이었다. 사의연 멤버 중 양요환과 안용태, 고경심[48]을 원장으로 세웠지만 고한석을 비롯해 사의연 멤버들도 수시로 진료에 결합했다. 이들은 지역 운동을 뒷받침했고,[49] 전국에서 소문을 듣고 찾아오는 빈민과 노동자들을 돌보았다.

신천연합병원이 안착하자 사의연은 외연을 넓혀 나갔다. 1986년 3월 8일, 노동자 밀집 지역인 구로공단 인근에 구로의원이라는 노동자 병원을 설립했으며,[50] 인천 지역 노동자들의 직업병 관련 의료 사업을 위한 인천의원에도 재정적 지원을 했다.[51] 1986년 가을에는 교회빈민의료협의회(이하 빈의협)를 만들어 보건의료계 연합운동의 가능성을 제시하기도 했다. •

이처럼 사의연은 1948년 이후 맥이 끊긴 채 산발적으로만 이루어지던 의사들의 사회참여를, 1970~80년대 민주화 운동 속에서 조직적 형태의 활동으로 발전시켰다. 또한 그 활동의 수단과 목적에서 명확히 보건의료 운동적 성격을 갖춤으로써, 1987년 이후 새로운 보건의료 운동이 탄생하는 데 교두보 역할을 했다. ••

• 1980년 중반 빈민들과 노동자들의 문제는 점점 심각해졌고, 이에 대한 사회적 대응이 절실한 상황이었다. 지학순 주교가 초대 의장을 맡았던 천주교 인성회(카리타스)에서 사의연에 조직 건설을 제안했고, 사의연은 천주교의 우산을 쓰고 사회운동을 한다면 좀 더 안전할 것이라는 판단하에 의사, 한의사, 약사, 간호사까지 아우르는 빈의협을 건설했다. 양요환이 빈의협 회장을 맡았고, 안용태·고경심·김기락·송학선 등이 활동에 참여했다.

•• 빈의협 활동에도 사의연 출신 의사들이 많은 기여를 했지만, 노동과건강연구회의 경우도 사의연의 양길승이 창립준비위원장과 공동대표를 맡아 이끌었고, 보건과사회연구회 역시 사의연의 김록호·김양호·고경심 등이 핵심 멤버로 활약했다.

제2장

인의협의
탄생

1

1987년 민주항쟁과 노동자대투쟁,
그 속에 뛰어든 의사들

1985년 2월 12일 총선 이후 야당과 재야 세력은 전두환 정권의 정통성
결여와 비민주성을 공격하며 직선제 개헌을 주장했다. 1986년 각계각
층에서 대통령 직선제를 중점으로 하는 '민주헌법쟁취투쟁'이 확산되
고, 신한민주당의 1000만 개헌 서명운동까지 이어지며 직선제에 대한
요구는 점점 높아졌다. 마침내 1986년 7월 30일 여야 만장일치로 헌법
개정특별위원회가 발족했다. 그러나 여당인 민주정의당은 의원내각제
를 주장하며 논점을 틀려 했다. 결국 정치권의 의견차는 좀처럼 좁혀지
지 않았고, 1987년 전두환 정권의 마지막 해가 시작되었다.

　전두환 정권은 여당의 물타기로 겨우 틀어막은 직선제 문제가 학생
들의 시위로 터져 버리는 것을 경계했다. 3월 개강과 함께 터져 나올 직
선제 요구를 막기 위해서는 개학을 앞둔 겨울방학 때부터 단속을 해야
했다. 전두환 정권은 1987년 초 학생운동의 구심점 역할을 했던 주요

인물들을 잡아들이기 시작했다.

서울대 민민투(민중민주화와 민족자주통일을 위한 투쟁위원회) 위원으로 '민추위 사건'*의 주요 인물이었던 박종운도 그중 한 명이었다. 박종운을 추적하던 경찰은 그가 후배의 집에 머물렀다는 사실을 알아냈다. 1987년 1월 13일 경찰은 후배 박종철을 '남영동'으로 끌고 갔다. 그리고 다음 날 그들은 돌이킬 수 없는 일을 저지르고 만다.[52]

이 박종철 군 고문치사 사건은 6월항쟁으로 가는 불씨가 되었다. 박종철의 죽음을 딛고 2·7 추도대회와 3·3 고문추방 민주화국민평화대행진이 이어지며, 학생들과 민중의 전두환 정권에 대한 압박은 거세졌다. 결국 정권 유지에 불안을 느낀 전두환은 4월 13일 모든 개헌 논의를 금지하는 '호헌' 조치를 단행했다. 대통령 직선제라는 민주화 요구를 묵살하고 집권 연장을 선포한 것이다. 대한변호사협회는 같은 날 즉각 반박성명을 냈고, 다음 날 김수한 추기경은 "개헌의 꿈이 깨져 국민에게 슬픔을 안겨 주었다"는 부활절 메시지로 민중의 입장을 대변했다.[53]

전국 각지에서 장기 집권의 음모를 비난하고, 개헌을 요구하는 시위가 잇따랐다. 시대의 흐름을 저버릴 수 없었던 지식인들도 움직이기 시작했다. 4월 말부터 종교계, 언론·출판계, 학계 등 사회 각계각층으로

• 민추위 사건이란 1985년 10월 29일 학내외의 각종 시위 배후로 서울대 '민주화추진위원회'를 지목한 검찰이 관련자 26명을 국가보안법 등을 적용해 구속하고 그중 22명을 기소, 세 명을 불구속입건하는 한편 17명에게 수배 조치를 내린 사건이었다. 이 수배자 중 한 사람이 바로 민추위 산하 서울대 민민투 조직책 박종운이었다.(《민주화추진위원회사건》, 《한국민족문화대백과사전》, http://encykorea.aks.ac.kr/Contents/Index?contents_id=E0075787)

부터 호헌 철폐와 개헌을 요구하는 성명이 이어졌다.[54] 이러한 분위기 속에서 5월 18일, 광주민주화운동 7주년 기념 명동성당 미사에서 김승훈 신부가 정의구현사제단의 이름으로 "박종철 고문치사 사건의 진상이 조작되었다"는 성명을 발표하면서 '혼란스러운 시국'은 정점에 이르게 된다.[55] 검찰도 박종철 고문 사실을 인정할 수밖에 없게 되자, 5월 27일 민주헌법쟁취국민운동본부가 발족되며 운동의 구심점으로 떠올랐다. 국민운동본부는 6월 10일을 '박종철 군 고문살인 은폐조작 및 호헌철폐 규탄대회의 날'로 선언했고 전 사회의 관심은 6월 10일 집회로 집중되었다.[56]

정권은 이를 막고자 안간힘을 썼고 일부 관변 단체들은 호헌 지지 표명에 나섰다. 의사들을 대표하던 의협 또한 시대의 흐름에 거스르는 행보를 보였다.[57] 이는 오히려 진보적이고 양심적인 의사들의 사회참여를 부추겼다. 5월 29일에는 의료인들 중 최초로 부산에서 치과 의사들이 호헌 조치 반대 성명을 발표했다. 정치적 안전지대라고 생각했던 의료계마저 움직임을 보이자 정권은 민감하게 반응했다. 16명에 불과한 지역 의료인의 선언이었는데도 보건사회부 차원의 긴급 진상조사가 시작되었다.[58] 그러나 한번 터진 둑은 막을 수 없었다. 6월 1일에는 지역 약사 37명이 선언에 동참했다.[59] 그리고 마침내 6월 9일, 의사 137명이 호헌 조치에 반대하는 시국성명을 발표했다.

주요 일간지는 137명 의사들의 이름을 빠짐없이 명시했다.* 그만큼

---

*137명 의사의 명단은 다음과 같다(가나다 순). 강경훈, 강대승, 강신녕, 고영종, 권혁문, 권희정, 기선완, 김건석, 김경수, 김경환, 김광식, 김광중, 김규상, 김근수, 김기락,

현 시국에 대한 우리의 입장

우리는 의료인으로서 또 민주화를 열망하는 국민의 일원으로서 지난 2.12 총선 이후 모든 국민들의 주시 속에 이루어졌던 개헌 논의를 기대와 인내가슴 속에서 지켜보왔읍니다. 그러나 지난 4월 13일 정부의 일방적인 개헌 논의 중단발표는 국민들의 민주화에 대한 소망을 저버렸으며 우리에게 충격과 슬픔을 안기주었음니다.

더구나 최근의 고문 사건과 같은 일련의 사태들은 인간의 존엄성과 생명까지도 위협받고 있는 우리의 현실을 드러내었고, 이에 의료브라백스선서에 입각하여인간의 생명을 존중하며 " 나의 생애를 인류 봉사에 바칠 것을엄숙히 서약한 " 우리 의료인들은 인간의 존엄성과 생명의 그 귀함에 대한 이러한 폭압에 대해 깊은 유감을 표명하는 바입니다.

또한 의료 문제는 인간 권리의 차원에서 다루어서야 한다는 것이 우리의 기본입장이며 이 나락의 전반적인 민주화가 선행될 때야만이 진정한 국민의 건강과 복지 가 이루거질 수 있다는 것이 우리의 의견입니다.

국민이 원하는 정부를 국민의 손으로 구성해야 한다는 것은 민주주의의 기본 원리이며 누구도 깨뜨리거나 양보할 수 없는 대원칙입니다. 이러한 대원칙이 무시된 상태에서 민주화를 논하는 일은 무의미하다는 것을 깊이 깨닫고 국민이 바라는 정부를 구성하는 것을 기본 전제로 한 개헌 논의를 재개할 것을 엄중하게 촉구합니다.

그리고 이번 서명에동 참답 기회가 없었던 많은 동료 의사들도 인간의 존엄과 이 나락의 민주 화를 실현하기 위한 우리의 이러한 선언에 적극 동조 하리라고 믿어 마지않는 바입니다.

1987년 6월 9일

민주 화를 열망하는 의사 일동

1987년 6월 9일 의사 시국선언 원본 사진. 서홍관 소장본.

의사들의 시국선언이 던진 사회적 의미와 역사적 무게는 작지 않았다. 이 시국선언이 나오기까지는 많은 이들의 용기와 노력이 필요했다. 특히 서홍관의 노력이 컸다.[60]

"당시 서울대병원 가정의학과 레지던트였는데 김종구한테서 전화가 왔어요. 조정진 선생이 전화를 해서 의사들은 그냥 아무것도 안하고 그냥 있을 거냐. 이런 전화를 했다고. 그래서 김종구하고 나하고 조성일 이렇게 같이 모여서 시국선언 준비를 논의하기 시작했어요. 결론적으로 일단 하기로 결정을 하고 그룹별로 나눠서 서로 시국선언을 할 만한 사람들을 찾기 시작했죠. 그래서 30명이 모이게 된 거야. 이제 타 대학을 모으려고 막 노력을 엄청 했는데, 어려웠어요. 그때 마침 윤종률이라고 예수병원 가정의학과 레지던트였는데 서울대병원에 파견 나와 있었어요. 윤종률 선생이 전주 예수병원에다가 연락을 좀 해보겠다, 그쪽에 사람을 모아보겠다 그래 가지고 몇 십 명

김대현, 김덕영, 김동섭, 김민호, 김병옥, 김병준, 김보용, 김석현, 김선규, 김성민, 김성우, 김수영, 김순관, 김양안, 김양호, 김영덕, 김용민, 김우룡, 김일동, 김자성, 김장성, 김정택, 김종구, 김지용, 김지우, 김진, 김철수, 김청기, 김학룡, 김호성, 나동규, 나영무, 남현, 노재성, 박계열, 박병일, 박상배, 박성신, 박승호, 박영철, 박윤식, 박혜은, 박효진, 박환규, 박희붕, 배기만, 배중훈, 백기주, 서귀숙, 서승실, 서은희, 서홍, 서홍관, 손신, 김재선, 안용태, 양정언, 엄주현, 오세윤, 우병완, 우성일, 유대현, 유병희, 유영진, 윤승욱, 윤여운, 윤재경, 윤종률, 원종욱, 이경민, 이도희, 이동철, 이득주, 이명래, 이묘경, 이문형, 이병철, 이봉섭, 이상렬, 이선구, 이선권, 이성훈, 이승민, 이영문, 이이동, 이장희, 이재선, 이종섭, 이종영, 이찬수, 이현동, 이홍철, 임용재, 임인동, 임종한, 임철균, 장명훈, 전종식, 정두수, 정영화, 정순미, 정용기, 정운경, 정원용, 정희, 조용선, 조정진, 최규선, 최기은, 최상모, 최상용, 최재현, 최주원, 하은주, 하은희, 허경, 허원영, 홍영진, 홍윤철.(《의사 137명 시국성명 발표》, 《동아일보》, 1987년 6월 9일)

이 늘어났어요. 다 합쳐 보니까 뭐 오십 몇 명인가가 모였는데, 연세대 출신이 한 명도 없어. 그래서 조성일 선생하고 연세대를 갔어요. 연세대를 가서 의국을 방문하기 시작한 거야. 몇몇 의국에서 퇴짜를 맞고 다음 방을 보니까 정신과 의국이에요. 이종섭 선생이 있었어요. 레지던트였고. 근데 그분이 자신들도 시국선언을 고민 중이었다 그러면서 시간을 달라 그러더라고. 그때가 인제 휴일이었는데, 다음 날 12시까지 시간을 주면 명단을 주겠다고 하더라고요……. (월요일) 컨퍼런스하는데 전화가 왔어요……. 명단을 받아 적기 시작했는데 하여간 뭐 엄청나게 많이 참석을 한 거야. 우리가 그동안 모은 것이 오십 몇 명인데, 연세대에서만 오십 몇 명이 연락을 온 거야……. 이제 그 명단을 가지고 그 당시에 사회부 기자들이 몰려 있는 서대문 경찰서로 갔어요. 명단을 들고 손신이라는 친구하고, 하은주가 갔어요. 그다음 성명서를 썼지. 초안을 내가 잡고 돌려가면서 읽고…… 그 당시에 이미 막 시국선언이 하도 많이 있어 가지고 그걸 다 실어 주질 않았어요. 사람 이름들을. 근데 의사 시국선언이 나오니까 다 실어 버리더라고. 명단을…… 의사라는 게 파워가 있었던 거지. 의사들이 할 거라곤 아무도 상상도 못한 거야. 그 당시 해방 이후에 의사들이 이런 정치적 사건에 의견을 제출한 최초의 사건이라 그랬어요." (서홍관 인터뷰)

그러나 시국선언을 해냈다는 사실에 기뻐할 수만은 없는 상황이었다. 의사 시국선언이 발표된 6월 9일, 연세대 이한열 군이 최루탄에 맞아 쓰러졌다. 학생들과 시민들의 분노는 극에 달했다. 6월 10일 규탄대회에 이어 국민운동본부는 6월 18일을 '최루탄 추방의 날'로 정하고 전국의 주요 대도시에서 시위를 열었다.[61] 시민들의 분노는 6월 26일 열린 '국민평화대행진'에서 정점에 달했다. 전국 37개 도시에서 100만 명이 거리로 쏟아져 나왔다. 6만 명의 경찰 병력이 배치되었지만, 시민들의 분노를 막을 수는 없었다. 6월 29일, 전두환과 노태우는 대통령 직선제 개헌을 골자로 하는 시국 수습 방안(6·29선언)을 발표할 수밖에 없었다.[62]

6월 9일 시국선언으로 사회참여의 시작을 알린 의사들은 그 후 이어진 크고 작은 시위에서 부상자들을 치료하며 6월 민주항쟁을 체험했다.

2
인의협
창립 과정

6월 민주항쟁을 체험한 의사들은 어렴풋이나마 시대적 전환을 감지할
수 있었고, 그 전환을 함께 이끌 조직을 고민하기 시작했다. 특히, 6월
민주항쟁 이후 이어진 노동자대투쟁은 한국 사회의 민주화와 노동자들
의 건강권을 고민하던 의사들을 더욱 강하게 견인했다. 시대의 요구를
자각한 것은 의사들만이 아니었다. 치과 의사, 약사, 한의사, 간호사 등
각 계열의 보건의료인들 역시 비슷한 모임을 준비하고 있었다.[63]

시국선언을 주도한 전공의들을 중심으로 1987년 8월부터 본격적인
조직 건설 논의가 진행되었다. 이 초동 모임에는 김종구, 서홍관, 조성
일, 조정진, 윤여운, 배기영 등이 참여했다. 주로 혜화동 고궁호텔 지하
에 있는 경양식집 '길벗'에서 모였기 때문에 이 초동 모임을 길벗회라고
불렀다. 대부분 빠듯한 전공의 생활 중에 만나는 것이라 밤늦게 모이기
일쑤였지만, 새로운 세상을 만드는 데 의사로서 기여해야 한다는 사명

감에 잠을 쫓아가며 논의를 이어 갔다.[64] 그러나 시대의 요구와 의사들의 정서를 함께 고려하며 조직의 상을 만든다는 것이 쉬운 일은 아니었다.[65]

조직의 이름부터 결정하기가 쉽지 않았다. '민주사회를위한의사협의회', '건강사회를위한의사협의회', '새날을여는의사회' 등의 의견이 제시됐다. 논쟁 끝에, 시대가 바뀌어도 변하지 않는 의사의 기본 철학인 '인도주의'와, 이를 의료 현장에서 행동으로 추구할 것을 요구하는 '실천'이라는 두 단어가 선택됐다.[66]

이번에는 조직의 틀이 문제였다. 전공의가 주축이 되기에는 물리적으로나 의사 사회 내외의 영향력으로나 부족한 점이 많았다. 길벗회는 과거에 사회운동을 경험한 선배 의사들,[67] 그리고 교수들에게까지 함께 해줄 것을 제안하며 외연을 넓혀 나갔다.[68] 최종적으로 의사 사회 안에서 존경받는 원로들을 고문으로 추대하고, 교직의·봉직의·개원의·전공의 각 단위별로 대표를 뽑기로 했으며,[69] 길벗회를 이끌었던 전공의들은 부장 및 차장급으로 배치하여 실무를 맡게 했다.

초대 임원진 명단

고문   구연철(이화의대 예방의학교실), 김일순(연세의대 예방의학교실), 홍창의(서울의대 소아과)

공동대표   윤종구(교직의 대표), 김기락(개원의 대표), 문병수(봉직의 대표), 김유호(전공의 대표)

기획국 국장   양길승   **차장**   김종구

사무국 국장   심재식   **차장**   최지호

진료부 부장	안용태	**차장**	김유호
학술부 부장	홍영진	**차장**	이승민
출판부 부장	김용익		
홍보부 부장	서홍관		
상담부 부장	김록호	**차장**	이영무

이렇게 조직의 내용과 틀을 갖춘 뒤 민주항쟁과 노동자대투쟁으로 쟁취한 대통령 직접선거를 목전에 둔 1987년 11월 21일, 서울시 종로구 연지동에 있는 여전도회관 강당에서 창립대회를 열었다.

100여 명이 강당을 메운 가운데 대회가 진행되었다. 먼저 김기락 준비위원장이 창립까지의 경과를 보고한 뒤 김록호 준비위원이 발기 취지문을 낭독했다.[70]

인도주의실천의사협의회 발기 취지문

의과대학 시절 우리가 설레는 젊은 가슴을 여미며 몇 번이고 읽어 보던, 그 '히포크라테스의 선서'에 쓰여 있듯이 의업은 질병으로부터 고통받는 이들을 어떤 조건에도 관계없이 도와야 하는 박애주의를 유구한 전통으로 해왔습니다. 우리나라에서도 의술은 인술이라 하여 그것은 세상을 구원(인술제세)하는 한 방법이었습니다. 의업의 본령은 인간을 질병의 고통으로부터 해방하여 빈곤, 무지, 질병의 악순환을 끊음으로써 우리들 삶의 질을 향상시키는 데에 있었습니다. 작게는 의학적 판단에 따라 최선을 다하여 환자를 보살피고, 크게는 건강을

1987년 11월 21일 거행된
인의협 창립대회 모습.

해치는 모든 것으로부터 사회를 지키고자 노력하였습니다. 그럼으로
써 의사들은 투철한 양심과 번뜩이는 지성으로 사회를 지키는 건강
의 수호자로서 모든 사람의 신뢰를 받아 왔고 스스로도 높은 긍지를
지니고 있었습니다.

그러나 근자에는 이러한 의업의 전통은 의료계의 안팎에서 점차
잊혀져 가고 있으며 우리들 자신조차 의업의 순수성을 어디까지 지켜
나갈 수 있을 것인지 회의를 느끼기 시작한 지 오래입니다. 이러한 상
황은 일부 환자들과의 의료 분쟁이나 독단적으로 결정된 정부의 방
침에 이렇다 할 대안조차 제시할 수 없는 수많은 사례들로 표출되고

있습니다. 그러나 의사들만이 고통을 겪고 있는 것은 아닙니다. 우리의 주위에는 아직도 의료의 혜택으로부터 소외되어 있는 이웃들이 많습니다. 의료보험도 의료보호도 적용되지 않는 도시빈민이나 농민의 열악한 건강 상태는 아직도 방치되어 있습니다. 불안전한 조건의 산업장에서는 갖가지 질병과 재해가 일어나는가 하면, 도로상에서는 교통사고가, 농촌에서는 농약과 농기계로 인한 중독과 사고가 수없는 생명을 앗아가고 있습니다. 사회의 한구석에서는 40년 전의 원폭 피해자들이 지금도 고통받고 있음을 누가 기억하고 있겠습니까? 이러한 현실에 부딪히면서 한번쯤 참담한 심정을 느껴보지 않은 의사는 우리들 중 아무도 없을 것입니다.

방향감각을 잃고 표류하는 의료의 현실 앞에서 우리들은 어떠한 노력을 하여 왔습니까? 그동안 우리 의사들의 사회적 관심은 의료보험제도, 의약분업, 의료 분쟁 등의 극히 한정된 범위에 머물러 있었고 그나마 이런 문제들을 전 국민적인 차원에서 전향적으로 대하기보다는 직업적 기득권을 보호하고, 확장하고자 하는 좁은 마음을 가지고 대하여 왔습니다. 지성과 도덕성을 전통으로 해온 의사들의 관심이 이처럼 근시안적이고 물질적인 이해관계에 머무를 뿐이라면 정말 수치스러운 일일 것입니다. 맹목적인 의권 보호의 노력은 결과적으로 의사들이 국민보건의 수호자임을 부정당하고, 업권분쟁의 한 당사자로 전락되는 결과를 초래하게 되었습니다. 이제 의사들은 의료정책을 구상함에 있어 진지한 논의의 상대자로조차 인정받지 못하는 것이 아닌가 하는 우려마저 느끼게 되었습니다.

이러한 상황에 직면하여 우리는 우리의 의사됨이 과연 무엇을 뜻

하는지 새삼 생각해 보아야 하겠습니다. 그것은 말할 필요도 없이 국민들의 건강을 지키는 양심의 보루가 되는 것이야말로 우리의 소명이며 존재 이유라는 것입니다. 우리가 이 사회적 책임을 저버릴 수 없다는 소박한 믿음은 어느 한둘의 것이 아니라 모든 의사들의 마음속 깊이 나누어 가지는 것임이 분명합니다. 지금 우리 사회는 각 분야가 오랜 잠에서 깨어나 새로운 자각을 얻어 가고 있습니다. 이에 덧붙여 의료 분야는 전 국민의 의료보험제도의 도입, 각종 의료 제도의 개편 등으로 큰 변화를 겪고 있습니다. 앞으로 수년 사이에 일어날 사회와 의료계의 변화는 그다음의 수십 년을 지배하게 될 것입니다. 지금이야말로 국민들이 의료인의 양심의 소리를 필요로 하고 있는 시기이며, 우리가 본래의 위치를 회복하여야 할 때입니다. 이를 위하여는 우선 우리가 의료 문제를 대하는 데 있어 보다 넓은 시각과 객관적인 태도를 가지고, 국민들과의 진정한 만남을 시도하여야 할 것입니다.

이러한 취지를 이해하고 이에 동의하는 의사들로 구성되는 우리 '인도주의실천의사협의회'는 다음과 같이 사업을 조직적이고 지속적으로 벌여 나가려 합니다.

가) 우리 사회의 보건의료에 관한 문제의식의 공감대를 형성하고 그 해결 방안을 제시하기 위한 사업

1. 의료인, 지식인 및 국민들이 참여하는 다양한 집회 개최
2. 인도주의적 보건의료의 올바른 정립을 위한 조사, 연구
3. 국·내외 의료 단체 및 제 단체와의 상호 교류를 통한 인도주의적 연대의식 확립

나) 인도주의적 보건의료 회복의 토대를 마련하는 사업

  1. 인의협의 제반 활동에 관한 이해와 성과를 홍보하기 위한 간행물 출판

  2. 국민들이 보건의료에 관해 올바르게 이해할 수 있게 하는 교육, 홍보

  3. 양심적 의료 행위를 수행하는 데 요구되는 제반 사업

다) 인도주의적 보건의료의 실천을 위한 사업

  1. 현대 의료의 혜택에서 소외된 사람들에 대한 의료봉사

  2. 보건의료에 대한 국민들의 올바른 판단을 돕기 위한 상담 활동

  3. 재난이나 질병의 집단 발생에 대한 의료 구조 및 역학조사 사업

우리는 의사로서의 특수한 이익에만 집착하지 않고 인도주의의 실천에 뜻을 함께하는 모든 지식인, 모든 국민들과 보조를 맞추어 일하려고 합니다. 그럼으로써 이 사업들이 성급한 일부 의료인의 주관적·관념적 운동이 아닌 모든 의사, 나아가 모든 지식인과 국민의 관심과 참여 속에 성과를 이루어 내는 꾸준한 활동이 되게 하고자 합니다.

'히포크라테스의 선서'와 '인술제세'의 숭고한 정신이 젊은 날의 헛된 꿈이 아니라 우리 의사들의 한 평생 삶의 푯대임을 확신하는 동료 여러분! 전진하는 역사의 현장에서 사회 발전을 주도하는 책임감 있는 지식인으로서의 삶에 우리 직업의 보람이 있음을 믿는 사랑하는 동료 여러분! 인도주의실천의사협의회가 우리 의학사에서 사위어 가던 인류 양심의 오랜 전통에 새로운 불을 당기는 용트림이 될 수 있도록 힘과 지혜를 모아 다같이 노력합시다.

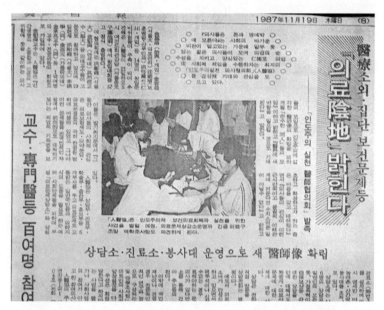

인의협 창립을 알리는 신문 기사. 〈'의료陰地' 밝힌다〉, 《중앙일보》, 1987년 11월 19일.

발기 취지문 낭독에 이어 회칙 심의가 있었다. 회원들의 만장일치로 수정 없이 회칙이 통과되었다. 이어서 임원들이 선임되었다. 윤종구 교직의 공동대표는 간결한 취임사를 하며 인의협을 위해 힘쓸 것을 다짐했다. 이어서 구연철 고문이 "인의협의 출범은 시대적 요청이며 꿋꿋하게 소기의 뜻을 키워 나가자"는 요지의 축사를 발표했고, 김일순 고문이 '인도주의와 현대 의료'라는 기념강연에서 "의료인은 본래의 사회적 기대와 책임인 인도주의를 회복해야 한다"고 강조했다.[71]

인의협 창립을 반긴 것은 단지 그곳에 모인 100여 명의 의사만이 아니었다. 주요 일간지들은 인의협 창립을 보도하며 많은 기대를 보였다.[72]

3

창립 초기 인의협의 성격과
활동 방향에 대한 논쟁

사실 창립 무렵부터 인의협의 성격과 활동 방향에 대한 논쟁이 적지 않았다. '인도주의실천'이라는 명칭에서부터 '인도주의'의 개념 규정, 구체적인 활동 방식과 내용에 이르기까지 여러 우려와 비판의 목소리가 인의협 안팎에서 새어 나왔다.[73]

인의협의 이름으로 본격적인 활동을 전개하기 위해서는 지향점을 제대로 가다듬을 필요가 있었다. 운영위원들은 1988년 2월 27일 열린 창립 후 첫 번째 월례강좌의 주제를 '회원이 바라는 인도주의실천의사협의회'로 잡아 공개적으로 방향 설정에 대한 의견을 나누고 인의협의 지향점을 모색했다. 이 월례강좌에서 교직의, 개원의, 전공의 회원들이 자신의 주장을 펼치며 인의협의 활동 방향에 대해 토론했는데, 크게 두 가지 논지로 나뉘었다.

우선 하나는 기존 의사들을 비판하고 제도 개선을 요구하는 정치적인 행보보다는 "행동으로서 인도주의를 실천하여 그 주위 및 나아가서는 의료인 전체의 반성과 변화를 가져오게 하는" 개인의 양심적 실천을 강조하는 주장이었다. 당시 이런 입장을 대변했던 서울의대 이진학 교수는 "매스컴에 적당히 오르내리거나, 정치적으로 이용될 수 있는 단체가 된다면 인의협은 존재할 필요가 없고 여러 의료인이 우려하듯 의료 단체의 또 하나의 파벌 중 하나가 될 뿐일 것"이라고 주장했다.[74]

또 다른 입장은 의료 현장에서의 개인의 양심적 실천만큼이나 사회 구조 개혁을 위한 정치적 실천도 중요하다는 것이었다. 당시 이러한 입장을 대변했던 신천연합병원의 양요환은 "현행 의료의 비민중성이나 상업주의적 성격은 이미 우리들 의사를 만들어 낸 의학 교육에서부터 배태된 것이며 우리가 그에 의거하여 매일의 직업적 업무를 수행하고 있는 보건의료 체제와 공고히 결합되어 있는 것"이기에 인의협의 실천 범위는 "건강 개념에 대한 새로운 인식론적 탐구 및 홍보에서부터 의학 교육의 개혁, 방치되어 왔던 분야에 대한 전문적이고 실천적인 개입, 비민중적 의료 제도와 비인도주의적 의료를 온존케 하는 상위 구조에 대한 실천적 비판"에 이르기까지 폭넓게 정할 필요가 있다고 주장했다.[75]

집행부는 "인의협은 이 두 가지 방법을 모두 포괄할 것을 명백히 천명"한다고 강조하며 두 방향 모두를 수렴했고, 실제로 그렇게 노력했다. 물론 상황에 따라 어느 한쪽에 더 무게를 실을 수밖에 없었다. 때로는 "한국과 같이 격변하는 사회에서 왜곡된 현실을 바로잡아 나가는 변화는 의료계의 생존과 발전을 위한 유일한 길"이라며 회원들이 정치적이고 제도적인 문제에 관심을 쏟도록 견인하고자 했고,[76] 때로는 그러한 실천의 "반대급부로 인해 인의협이 지나치게 실제보다 과대포장되어 주목받고" 있다며 "지리적으로 가까운, 혹은 비슷한 조건에서 모이는 지역 내지 지부 활동을" 강화하고자 했다.[77]

광장에 선 의사들

인의협의
초창기 활동

1988년부터 1991년까지

인의협은 1987년 민주항쟁과 노동자대투쟁의 산물이었다. 그 열기가 남아 있었던 만큼 초창기 인의협 활동은 민주주의와 노동자·민중을 향해 집중되었다. 즉 민주주의를 외치다 군홧발에 짓밟힌 억울한 죽음, 경제발전이라는 미명하에 자신의 몸을 독성물질에 노출시켜야 했던 노동자, 아무리 성실하게 살아도 형편이 나아지지 않아 병원 한 번 가보지 못했던 가난한 민중, 이들의 부름에 인의협은 기꺼이 응했다.

1

한국 최초의 공해병 입증: 상봉동 진폐증 사건

1987년이 지나면서 그간 드러나지 않았던, 아니 드러낼 수 없었던 사회 문제들이 하나둘 불거져 나왔다. 보건의료와 관련된 문제들 역시 그러했다. 의료인의 손길이 필요한 다양한 사회문제가 쏟아져 나왔다.

  창립식을 마치자마자 굵직한 사회문제들이 인의협의 문을 두드렸다. 1988년 가장 먼저 인의협을 찾아온 문제는 서울시 상봉동 연탄공장 주변 주민들에게 발생한 진폐증 사건이었다. 이 사건은 1986년 11월 박길래 씨가 탄분침착증으로 확진되면서 시작되었다. 탄분침착증은 진폐증 중에서도 석탄 분진 흡입으로 생기는 것인데, 탄광 근처에도 가본 적이 없는 사람이 이 병에 걸린 것이다. 의학계에서도 이를 특이하게 여겨 박길래 씨의 임상 사례를 보건 전문지에 실었다. 이를 《조선일보》 사회부 최구식 기자(전 국회의원)가 포착해 1988년 1월 21일자 사회면에 보도하면서 문제가 수면 위로 떠올랐다.[78]

보도 이후 조영래 변호사가 무료로 박길래 씨의 피해에 대한 손해배상 청구 소송에 나서면서 이 사건은 단순한 이슈가 아닌 주요 사회문제로 떠올랐다. 소송 대상은 박길래 씨의 집 근처에 있던 삼표연탄공장의 업주 강원산업이었다. 얼핏 보기에 명확해 보이는 사안이었지만 이를 입증하는 것은 쉬운 일이 아니었다. 1987년의 온기가 남아 있기는 했어도 어디까지나 전두환 정권 시절이었고, 공장 안의 노동자들도 산재 신청을 못하는 상황에서 공해병을 제기한다는 것은 당시로서는 상상하기 어려웠다.

핵심 쟁점은 삼표연탄공장의 석탄 분진 때문에 진폐증이 발생한 것이라면 왜 박길래 씨 한 명뿐이냐는 것이었다. 이에 대해 반박하지 못한다면 소송에서 이기긴 어려웠다.[79] 이 소송의 중요성을 직감한 환경운동가들은 인의협의 문을 두드렸고,[80] 인의협은 안용태·임현순·정해관을 중심으로 진폐증 조사 소위원회(이하 소위)를 꾸렸다.

그러나 인의협 의사라고 해서 묘책이 있는 것은 아니었다. 상봉동 주민들을 대상으로 검진을 해서 박길래 씨와 같은 진폐증 환자를 찾는 수밖에 없었다. 인의협 소위는 첫 공판이 열린 직후인 1988년 2월 26일부터 상봉동 주민들을 대상으로 검진을 시작했다. 소위는 삼표연탄공장 반경 1킬로미터 이내에 있는 상봉 1·2동 주민 가운데 5년 이상 계속 거주한 2095명을 대상으로 검진을 해나갔다. 이 조사는 약 3개월 동안 지속되었다. 그 결과 박 씨 외에도 진폐증 환자 두 명, 의사(擬似)진폐증 환자 세 명이 더 나왔다. 더욱이 그 다섯 명 중 셋은 박 씨처럼 연탄공장이나 탄광에서 근무한 경력이 없었다.[81]

1심 판결이 나오기까지 약 1년 동안 14차례 재판이 열렸고, 매번 치열한 법정 공방이 벌어졌다. 그러나 인의협 소위가 제시한 의학적 근거

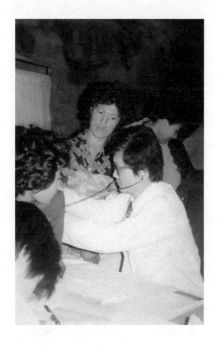

상봉동에서 진폐증 검진을 하고 있는
인의협 의사들.

를 뒤엎을 수는 없었다. 법원은 결국 "원고뿐만 아니라 공장에 인접하
여 거주하는 주민들 중 작업장 등에서 석탄 분진에 폭로된 특별한 경력
이 없던 사람들에게서도 원고와 같이 탄분침착으로 인한 진폐증에 이
환된 사람이 수명이나 발견되었던 사실"을 인과관계의 중요한 근거로
인정했다. 청구한 9100만 원 중 1000만 원의 배상만 인정한 부분적인
승리였지만, 그 역사적 의미는 값으로 정할 수 없을 만큼 컸다. 이 사건
은 사법부가 환경문제와 관련해 신체 피해를 인정한 공해병의 첫 사례
로 국내 환경운동 역사에 새로운 이정표를 세웠다.[82]

이 사건으로 인의협은 시민사회단체 내부는 물론 일반 시민들에게
까지 이름을 알렸다. 사실, 인의협이 처음 개입할 때만 해도 전문가들
은 물론 일반 국민들도 회의적인 반응이었다. 그러나 이런 반응을 무릅

쓰고 조사를 이끌었던 안용태는 오히려 "국민들이 의사들의 이러한 사회문제 참여를 의아스럽게 느낄 만큼 그간 의료계는 의료인 자신의 목전의 이익에만 몰두하여 왔던 것이 아닌가"라며 의료계의 자성을 촉구했다. 소위 활동의 성과에 대해서도 "언론과 국민 여론은 이를 바람직한 의료인의 사회참여로 생각하고 긍정적으로 받아들였다"는 데에서 찾았다.

"의료 문제는 근원부터 개인의 문제이자 동시에 사회의 문제이기도 하다. 갈수록 전문화되고 개인의 질병에 치중하는 경향은 현대 의료의 가장 큰 맹점의 하나로 이미 누누이 지적되고 있다. 이미 인의협은 의료인에게 질병의 담당자로서 의료인 자신의 성실성, 신뢰성 회복이 절박함과 아울러 한편으로 질병을 야기하는 사회구조에 대한 인식과 이를 개선하려는 노력이 병행하여야 한다고 천명해 오고 있다. 여기에 개인이 처한 사회 환경, 특별히 주거 환경의 오염이 직접 주민 개인에게 치유 불가능한 환경병을 야기시켰다는 점에서 우리는 의료인의 책임이 개인적 차원에만 머무를 수 없다는 근본 명제를 다시 한 번 깨닫게 된다. 아무쪼록 이번 진폐증 조사가 이 지역과 비슷한 환경 오염 속에서 시달리며 살아가고 있는 도시 일부 주민들의 건강 질병 상태를 밝히고 해결하는 첫 실마리가 되기를 기대하며 동시에 우리 의료계에는 의료인의 관심이 질병을 발생시키는 제반 사회 여건에 주어지는 한 계기가 되기를 간절히 희망하는 바이다."[83]

2

노동자 건강권 운동의 시작:
문송면 군 수은중독 사건과
원진레이온 사건⁸⁴⁾

문송면 군 수은중독 사건

인의협의 문을 두드린 것은 공장 밖 문제만이 아니었다. 한국 노동자 건강권 운동의 문을 연 열다섯 살 문송면 군이 인의협을 기다리고 있었다.

문송면 군이 처음 수은중독 진단을 받은 것은 두 달간 병원을 전전한 뒤였다. 가족들은 수은온도계 공장에서 일한 것이 그렇게 중요한 단서라고 생각하지 못했고, 그를 진찰한 의사들은 열다섯 살짜리 아이가 수은을 다루는 노동자라고 생각하지 못한 것이다. 지푸라기라도 잡는 심정으로 찾아간 서울대병원 소아병동에서 처음으로 수은온도계 공장에서 일했다는 병력이 포착되면서 겨우 원인이 드러났다. 그러나 주치의 박희순은 자신이 감당할 수 있는 문제가 아니라는 것을 직감하고 가족

들에게 인의협의 김양호가 원장으로 있던 구로의원을 소개해 주었다.[85]

구로의원 상담실에서 활동하고 있던 김은혜는 사건의 내막을 듣고 곧장 산재 신청에 들어갔다. 그러나 사측과 노동부의 방해를 뚫기는 어려웠다. 김은혜는 조영래 변호사 사무실에서 활동하고 있던 박석운에게 도움을 요청했고, 정식 절차로는 해결의 실마리를 찾기 어렵다고 판단한 그는 후배인 《동아일보》 임재춘 기자를 종용해 기사를 쓰게 했다.[86]

1988년 5월 11일 《동아일보》에 첫 기사가 나간 뒤 《한겨레》 등을 통해 협성계공의 열악한 작업 현장에 대한 폭로가 이어지며, 사람들의 관심이 쏠리기 시작했다. 박석운, 김은혜는 실질적인 해결책을 찾기 위해 인의협의 문을 두드렸다. 인의협에서는 양길승, 김록호 등이 이 사안에 결합했다. 이들은 '문송면 군 수은중독 사건 대책위원회(이하 대책위)'를 꾸려 진상조사에 착수했다.[87]

대책위의 조사 결과가 언론을 통해 알려지며 문제가 점점 확대될 기미를 보이자 노동부는 태도를 바꿔 문송면 군을 수은중독 산재로 인정했다. 6월 20일, 마침내 문송면 군에 대한 산재 요양 승인이 떨어졌다. 하지만 문제는 아직 남아 있었다. 문송면을 살려야 했다. 서울대병원이 산재 지정 병원이 아니었기에 산재로 승인받은 그가 치료를 받기 위해서는 다른 병원으로 옮겨야 했다. 문송면은 6월 29일 산재 지정 병원인 여의도성모병원으로 옮겨졌다. 그러나 마치 산재 인정을 위해 죽음을 참았던 것처럼 옮겨진 지 채 3일도 지나지 않아 세상을 떠났다.

7월 2일, 새벽이었는데도 문송면 군 사망 소식에 많은 사람이 몰려들었다. 이들은 곧바로 '문송면 군 수은중독 사건 대책위원회'를 '고 문송면 산업재해 노동자 장례위원회'로 전환하고, 16개 시민사회단체의 성명을 통해 노동부 서울 남부지방 사무소장 구속과 노동부 장관 해임을 요구했다. 인의협도 단체 차원에서 〈수은중독으로 희생당한 15세 소년의 죽음 앞에 선 우리의 입장〉이라는 성명을 발표하며 전면에 나섰다.[88]

열다섯 살 소년의 억울한 사망 소식이 퍼져 나가며 시민들과 정치권도 반응하기 시작했다. 올림픽을 두 달 앞둔 상황에서 사회적 여론이 심상치 않자 노동부는 7월 6일 남부지방 사무소장을 경고 처분하고 협성계공 대표를 근로기준법 위반으로 입건했다.[89] 하지만 그 정도로 끓어오른 민중의 분노를 가라앉힐 수는 없었다. 결국 회사 측은 공개 사과와 보상안을 내놓았고, 노동부는 7월 11일 남부지방 사무소장을 직위해제했다. 또 전국 16개 사업장을 조사하여 수은에 중독된 노동자를 18명 더 찾아내 발표하며 "철저한 산업안전보건 대책 마련"을 거듭 약속했다.

그제야 문송면은 눈을 감을 수 있었다. 그리고 문송면의 죽음을 딛고 많은 변화가 일어났다. 노조를 중심으로 산업안전보건 교육이 확산되었으며, 정부 차원에서도 1988년 9월부터 11월까지 직업병 일제 신고 기간을 운영했다. 또한 한국산업안전공단 산하에 연구원이 설립되었고, 사업주 날인이 없어도 산재 신청이 가능하도록 법제도가 개선되었다. 무엇보다 산재를 입은 노동자들과 산재 문제를 고민하는 활동가들이 자신감을 얻었다. 이 자신감은 고스란히 원진레이온으로 이어졌다. 활동가로서 문송면 군 문제를 처음 끌어안았던 김은혜의 말처럼 "어린 송면이가 원진을 살렸다."[90]

원진레이온 사건

원진레이온 이황화탄소 중독 문제는 문송면 군 사건보다 훨씬 오래된 문제였다. 1981년에 이미 산재로 의심되는 사례가 발생했지만, 회사 측의 압력으로 동료 노동자들과 이웃 주민들이 증언을 기피하면서 합의로 끝나고 말았다. 1987년 1월에도 10년 이상 근무하다 퇴직한 노동자 네 명이 청와대와 노동부에 진정서를 냈다. 노동부는 1987년 3월에 고려대학교 환경의학연구소에 조사를 의뢰했고, 한 달 후인 4월에 조사 결과가 발표되었다. 이 조사 보고서를 통해 원진레이온에서 이황화탄소에 중독된 노동자들은 국내 최초로 확인된 직업병 집단 발병 사례가 되었다. 그러나 거기까지였다. 사회적으로나 역사적으로나 중요한 사례였는데도 학계나 언론은 침묵했고, 회사 측과 노동부도 별다른 조치를 취하지 않았다.

그렇게 묻힐 뻔한 이 비극적 사건은 문송면의 죽음을 발판으로 다시 살아났다. 원진레이온 산업재해 노동자들이 문송면 군 관련 소식을 접하며 자신의 처지와 비슷하다고 여겨 대책위의 문을 두드린 것이다. 그 시작은 강희수 씨가 자신의 증상과 회사 측으로부터 강제 퇴사당한 사연을 구리 노동상담소에 접수했고, 이것이 바로 언론사로 알려져 문송면의 장례를 치른 지 일주일도 지나지 않아 대서특필되면서였다.[91]

보도가 나간 뒤 일주일 만에 비슷한 상태에 있는 사람들이 모이기 시작했다. 이 중 네 사람이 인의협의 양길승이 원장으로 있던 성수의원에 입원했다. '고 문송면 산업재해 노동자 장례위원회'는 '원진레이온 직업병 대책위원회'로 빠르게 확대·전환되었다.[92] 문송면 군 투쟁을 통해 자신감을 얻은 인의협 의사들과 활동가들은 거의 매일 구리 노동 상담소, 성수의원93) 등에 모여 대책 활동을 논의했다. 그 1차 성과로 1988년 8월 4일 박영숙(당시 평민당 부총재), 노무현(전 대통령, 당시 민주당 의원), 김양호(인의협 회원, 구로의원 원장) 등이 참여한 '원진레이온 직업병 발생 진상조사반'을 구성하여 원진레이온 방사과 현장을 조사하고 진상 조사 결과를 발표했다.

이후 1988년 8월 18일 직업병 인정과 보상을 요구하는 열일곱 가구 가 참여하여 '원진레이온 직업병 피해자 및 가족 협의회(이하 원가협)'를 결성하면서부터 본격적인 투쟁이 전개되었다. 회사 측의 비협조적인 대 응으로 여러 차례 협상이 결렬되자, 원가협 회원들은 9월 9일에 평민당 구리지구당 사무실을 점거하고 올림픽 성화 봉송로를 차단하겠다고 경 고했다. 올림픽을 앞두고 다급해진 회사 측과 정부는 결국 9월 14일 합 의에 나섰다. 합의의 주된 내용은 지금까지 직업병 판정이 제대로 이루 어지지 못한 점을 감안해 회사 측과 원가협 측이 각각 의사 세 명을 추 천하여 이들의 판단에 따라 직업병과 장애등급을 판정하고 그에 따른 보상을 실시하겠다는 것이었다. 당시로서는 형식이나 내용에서 분명 커 다란 승리였다.• 원가협 측은 김록호, 김양호 등 인의협 의사들을 추천 했고, 결국 이들의 주도로 수많은 피해자가 직업병으로 인정받았다.

그러나 싸움은 여기서 끝나지 않았다. 그 후 이러한 사실이 알려지면 서 원진레이온 퇴직자들의 직업병 검진 신청이 쇄도했다. 그러나 검진

• 이를 이른바 '제1기 원진레이온 투쟁'이라고 한다.

기관이 고대병원 한 곳으로 지정되어 검진을 기다리는 와중에 사망하는 일이 발생했고, 근무 부서에 따라 유해물질을 접촉하기 어려운 부서였다는 이유로 회사가 신청서 발급을 거부하는 경우도 생겼다. 김봉환 씨 역시 그런 사람 중 한 명이었다. 1983년 원진레이온을 퇴사한 김봉환은 1990년 10월 30일 김록호의 사당의원[94]에서 이황화탄소 중독 진단을 받고, 소견서를 회사 측에 제출하고 산재요양 신청을 했다. 그러나 회사는 근무했던 곳이 '비(非)유해 부서'라는 이유로 요양 신청을 거부했다. 1991년 1월 5일, 원진직업병피해노동자협의회(이하 원노협)는 의정부 지방노동사무소에 이를 조정해 줄 것을 요청했다. 사무소 측은 직권으로 특진을 약속했지만, 안타깝게도 이날 김봉환 씨는 사망하고 말았다. 1월 7일에 원노협 회원들이 의정부 지방노동사무소를 점거하고, 김봉환 씨 사망에 대한 사업주 처벌과 부검을 통한 사인 판정을 요구했다. 그러나 회사 측의 방해로 결국 제대로 마무리 짓지 못한 채 지친 유족들은 사망 86일째인 3월 31일에 장례를 치르기로 했다.

유족과 원노협 회원들은 영결식을 치르기 위해 시신을 들고 고인이 일했던 회사 안을 돌고자 했다. 하지만 회사 측과 경찰은 그것마저 봉쇄했다. 분노한 유족과 원노협 회원들은 회사 정문 앞에 시신을 놓고 다시 투쟁을 시작하자, 소식을 접한 전국의 시민사회단체들이 몰려왔다. 장례 투쟁이 사회적으로 부각되자 정치권도 움직이기 시작했다. 국회 노동위원회의 진상조사가 이루어졌고, 결정적으로 사회적 지지에 고무된 원진레이온 노조가 파업을 선언했다. 결국 노동부와 회사는 무릎을 꿇었다. 이황화탄소에 대한 업무상 재해 인정 기준안이 만들어지고 퇴직 직업병 판정자 평균임금 산정 방법 개정을 통한 특례 적용이라는 커다란 성과물을 얻어 냈다. 그리고 사망 137일 만인 5월 21일 김봉환은 모란공원에 묻혔다.*

당시 원진레이온 투쟁에 결합했던 인의협의 김록호는 그 투쟁의 의미를 다음과 같이 기술했다.

"원진 직업병 투쟁은 직업병의 희생자들이 주체로 조직되어 전문적 역량과 결합한다면 정부와 기업을 상대로 적절한 보상을 받을 수 있음을 보여주었다. 특히 전문가의 운동적 결합은 피해보상 투쟁의 성과가 환자 개인의 복리 증진으로 끝나지 않고 노동자 일반의 대의를 추구하도록 하였다. (그리고) 그것을 상징적으로 보여주는 것이 원진녹색병원의 출범이다."95)

• 이를 이른바 '제2기 원진레이온 투쟁'이라고 한다. 그 후 원진레이온 폐업과 원진녹색병원 설립까지의 과정을 '제3기 원진레이온 투쟁'이라고 한다. 1999년 지어진 원진녹색병원은 초대 원장 김록호를 비롯하여 인의협의 양길승·김봉구·정일용 등이 원장을 맡아 병원 운영을 맡아 왔으며, 지금도 많은 인의협 회원들이 각 진료과에서 환자들을 돌보고 있다.

3

의문사 진상 규명 운동의 시작: 이철규 의문사 사건 등[96]

1989년 5월 10일, 광주시 청옥동 제4수원지에서 시신 한 구가 떠올랐다. 국가보안법 위반 혐의로 지명수배 중이었던 조선대학교 학생 이철규였다.

82학번인 이철규는 당시 많은 대학생이 그랬듯 민주화 운동에 헌신했다. 1985년 '반외세반독재투쟁위원회' 활동으로 구속되었고, 1987년 석방된 뒤에도 학원 민주화 투쟁에 나서 전횡을 일삼던 조선대학교 재단을 몰아내는 데 앞장섰다. 민족 자주에 대한 열망이 깊었던 그는 1989년에는 교지 《민주조선》의 편집장을 맡아 〈미제 침략 백년사〉라는 글을 게재하기도 했다. 그리고 이 글이 문제가 되어 국가보안법 위반 혐의로 수배자가 되었다. 특별반이 편성되고 현상금으로 300만 원과 1계급 특진이 걸렸던 만큼 당시 경찰은 그를 잡기 위해 혈안이었다. 그렇게 조여 오던 수사망은 1989년 5월 3일 밤 광주시 청옥동 제4수원지 부근에서 그를 검문하기에 이르렀다. 경찰의 추격을 피해 도망갔던 이철규는 일주일 만인 5월 10일, 왼쪽 눈알이 튀어나오고 전신에 피멍이 든 변사체로 발견되었다.

5월 11일, 전남 지역 학생들과 교수, 그리고 시민들이 모여 '애국학생 고 이철규 열사 고문살인 규명 대책준비위원회'를 구성했다. 약 1만여 명이 이철규의 시신이 안치된 전남대병원 앞에서 진상 규명을 요구하며 시위를 벌였다. 시위대의 압박으로 광주에서 개업하고 있던 인의협 회원 박태훈이 부검 참관인으로 들어갈 수 있었다. 그러나 박태훈이 여러 의문을 제기했는데도 수사 당국은 이철규의 사망 원인을 '단순 익사'라고 발표했다. 이는 더 큰 공분을 사, 전국 곳곳에서 '이철규를 살려 내라'는 구호가 울려 퍼졌고, 5월 25일에는 전남대 영안실 앞과 서울 명동 성당에서 수백 명이 진상 규명을 요구하며 단식 농성에 들어갔다. 여론이 거세지자 국회는 5월 27일 이철규 변사 사건 조사특위를 구성했다. 그러나 검찰은 국립과학수사연구소(이하 국과수)의 부검 결과를 근거로 실족으로 인한 익사라고 최종 수사 결과를 발표하며 수사 종결을 선언했다.[97]

그러나 인의협은 포기하지 않았다. 인의협은 5월 25일 서울대학교 법의학교실 이정빈 교수를 초청해 '법의학의 사회적 의무'라는 주제로 토론회를 개최했다. 이 토론회에서 박태훈 등 현지 조사에 참여한 인의협 회원들의 날카로운 질문에 이정빈 교수 역시 국과수가 익사의 근거로 든 플랑크톤과 혈중 알코올 농도는 한계가 있다는 점을 인정했다.[98] 하지만 그는 "법의학 전문가가 아닌 일반 의사들이 부검 및 조사 과정에 관여해 의견을 표명하는 것은 무책임한 일"이라고 덧붙였다. 이에 인의협은 국과수에서 부검을 담당한 의사 중 법의학 전공자는 없다는 구체적인 사실과 함께, 역사적으로 "전문가가 힘 있는 자의 논리에 과학성을 더해 주는 경우가 많았"고, "법의학의 세부적인 결과는 상식적인 상황과 동떨어진 것이 되어서는 안 된다"며 의학의 근본적 한계에 대해 지적했다.[99]

이와 같은 인의협의 끈질긴 문제 제기를 바탕으로 다시 여론이 들끓기 시작했다. 여론을 의식한 국회는 단일 사건으로는 10여 년 만에 처음으로 현지 국정감사를 실시했다. 6월 1일부터 시작해 10여 일 동안 60여 명을 불러내고, 3000쪽이 넘는 검찰 수사 기록을 검토했다. 그러나 별다른 성과를 남기지는 못했다. KBS와 MBC 노조가 이철규 의문사 특집 프로그램을 제작해 분위기 반전을 꾀했으나 이 역시 차단당하고 말았다.[100] 이철규 사망의 진실을 밝힐 수 있는 돌파구는 전부 막힌 듯했다.

부검 결과를 뒤집는 논리를 제시하지 못하는 이상 국면을 전환하기는 쉽지 않았다. 법의학적 대응으로 정면 돌파할 수밖에 없다고 판단한 인의협은 6월 13일 부검 결과의 법의학적 문제점을 정리해 〈이철규 씨 의문사 사건에 관한 인도주의실천의사협의회의 견해〉를 발표했다.[101]

인의협은 이 입장서를 발표하는 동시에 미국 인권의사회 소속 법의학 권위자인 커시너 박사(Dr. Kirschner)를 초청해 이철규 시신 재부검을 요청했다.[102] 객관적인 재부검의 정당성을 제시하고 이러한 역할을 해줄 전문가까지 초청하자 국회도 재부검 요구에 나설 수밖에 없었다. 국회와 여론의 압박에 결국 검찰도 "사법적으로 독자적 부검에 문제가 없다"는 공식 답변을 발표했다. 6월 30일 오후 3시 30분, 인의협은 전남대

이철규씨 의문사 사건에 관한 인도주의실천의사협의회의 견해

1. 이철규씨 사건에 대한 인도주의실천의사협의회의 입장

인도주의실천의사협의회는 창립 정신에 따라 국민들이 건강하게 생활할 수 있는 권리를 확보하고 그렇게 되기 위한 제반 조건들을 갖추기 위하여 부단히 노력하여 왔다. 그러한 노력의 하나로서 의학적 전문지식이 필요함에도 불구하고 그것이 결여됨으로 인하여 발생하는 문제들에 대해서도 해결에 도움이 되고자 우리의 힘이 닿는 한 관심을 기울여 왔다.

최근 발생한 이철규씨의 죽음은 온 국민들에게 지극히 충격적인 사건이었다. 우리는 이 사건의 진실을 밝히는 데 중요한 역할을 할 의학적 소견들이 객관적이고 과학적으로 판단되어 그의 사망에 대한 의문이 공정하게 규명되기를 간절히 희망하였다. 그러나 불행히도 검찰의 수사 결과에 대하여 심각한 의문이 제기되어 있으며, 시간이 갈수록 혼란이 더하여 가고 있다.

우리는 이철규씨의 죽음의 원인을 의학적으로 규명함에 있어 적어도 다음과 같은 원칙이 지켜져야 한다고 생각한다.
첫째, 사인의 규명은 사망에 이를 수 있는 모든 가능성이 다양하게 그리고 철저하게 검토되어야만 제대로 진실이 파악 될 수 있다.
둘째, 법의학적 검사의 전 과정은 과학적 수칙들이 엄격히 준수되어야 하며 그리고 공개로 진행되어야 한다.
셋째, 의학적 소견들은 정황적 증거와 함께 정확한 논리적 추론에 의해서만 해석되어야 하며, 어떤 예단이나 편견이 개입되어 증거들이 의도적으로 취사선택됨으로써 왜곡된 판단이 내려져서는 안된다.

인도주의실천의사협의회는 본 회의 취지에 입각하여 이 사건이 위와 같은 원칙에 따라 진행되었는지에 대해 검토하여 보고, 또한 그 검토의 결과에 대하여 우리의 견해를 밝히는 것을 의무로 여기지 않을 수 없다. 이에 본 회는 검찰의 '조선대생 이철규 변사사건 수사결과' 발표문, 국립과학수사연구소의 발표, 본 회가 파견하였던 광주현지 방문단의 보고, 부검 및 가검물 감정 등에 참관하였던 의사들의 소견과 증언 등을 토대로 하여 이철규씨의 사망에 관련된 의학적 소견과 그 해석에 대하여 다음과 같이 견해를 밝힌다.

- 1 -

J3   77813

이철규 의문사 사건에 관한 인의협 입장서의 글머리.

병원 영안실에 있는 이철규의 시신을 '독자적'으로 재부검하겠다는 의사를 전달했다.[103]

인의협은 약속된 6월 30일에 커시너 박사를 대동하여 전남대병원으로 갔다. 그러나 검찰은 약속과 달리 입구를 막아섰고, 끝내 이철규의 시신을 내주지 않았다. 지금까지 5000여 구를 부검했는데 이번처럼 "정부가 반대하여 부검을 못한 경우는 처음"이며, "한국 정부가 재부검을 허용하면 다시 오겠다"는 말을 남기고 커시너 박사는 미국으로 돌아가야 했다.[104] 그러나 재부검 기회는 끝내 찾아오지 않았다. 사망한 지 178일 만인 1989년 11월 4일 1만여 명이 모인 가운데 조선대학교에서 이철규의 장례식이 치러졌다.

인의협의 갖은 노력에도 불구하고 결국 이철규의 죽음은 의문사로 남았다.* 뼈아픈 경험이었지만 인의협은 이철규 의문사 진상 규명 운동을 통해 한층 더 성장할 수 있었다. 특히 공권력의 부검 '활용'을 직접 경험했고, 부검 관련 사안에 대한 대응 방법을 익혔다. 이러한 경험 덕분에 인의협은 그 후 수많은 의문사 사건에 기여할 수 있었다. 특히 이철규가 묻힌 지 2년도 되지 않아 맞은 강경대의 죽음에서 결정적인 역

---

* 2001년에 의문사진상규명위원회가 이 사건에 대한 진상조사를 시작해 안기부가 개입했을 가능성이 높다는 일부 사실을 확인했지만, 국정원의 내사 자료 거부 등으로 2002년에 '조사 불능' 결정을 내렸다. 2004년에 제2기 의문사진상규명위원회에서는 1989년 안기부 광주지부 한 간부의 업무일지를 입수해 조사한 결과 이철규의 죽음에 안기부가 조직적으로 개입했음을 밝혔다. 2007년에 진실화해를위한과거사정리위원회에서 다시 이 사건에 대한 조사를 개시했으나 아직 완전히 밝히지는 못한 상태다. 1989년 당시 인의협 회원으로 이철규 의문사 사건을 접했던 황상익이 이 의문사진상규명위원회에서 활동하며 진상 규명을 위해 노력했다.

할을 했다.

1991년 4월 26일, 학원 자주화 투쟁에 나섰다가 '백골단' 사복경찰이 휘두른 쇠파이프에 맞아 쓰러진 명지대학교 학생 강경대의 죽음을 놓고 다시 부검 논쟁이 벌어졌다. 국가에 의해 자식을 두 번 죽일 수 없다며 유족들은 결사적으로 부검을 반대했다. 부검 자체에 대한 불신을 차치하고, 강경대의 죽음이 명백히 가리키고 있는 공권력의 폭력이 부검에 의해 가려질 수도 있는 상황이었다.[105]

이철규 사건에서 보았듯이 인의협이 의사로서 부검 자체를 반대하는 것은 아니었다. 하지만 부검만이 사인을 결정 내릴 수 있는 유일한 수단인 것으로 착각하는 '부검 만능주의'는 오히려 진실을 왜곡할 수 있었다. 더욱이 유가족이 원치 않았고, 법의학자들의 정치적 중립도 기대하기 어려운 상황이었다. 인의협은 유족 측과 협의하여 끝까지 부검을 전제하지 않은 검안을 주장했다. 결국 검찰 측이 이를 받아들여 사망 5일 만인 5월 1일 검찰 측과 유족 측이 각각 반수씩 추천한 여덟 명의 의사가 공동 검안을 진행했다. 유족 측 추천 의사 4인은 고한석, 변박장, 양길승, 최병수 등 모두 인의협 의사로 구성되었다.[106]

CT와 엑스레이 등을 활용한 검안 결과 부러진 갈비뼈가 확인되었고, 이로 인한 심낭막 내 출혈로 판명되었다. 가슴에 있는 외상 흔적과도 일치했기 때문에 경찰 폭력에 의한 사망을 검안만으로도 충분히 제시할 수 있었다. 이런 결과를 두고도 법의학자들은 끝까지 부검을 해야 한다는 입장이었지만,[107] 인의협 의사들의 끈질긴 반대와 이어진 '분신 정국' 탓에[108] 검찰과 법원은 검안 결과를 수용할 수밖에 없었다. 그리고 공권력에 의한 타살로 밝혀진 이상 노태우 정권은 대가를 치러야 했다. 5월 2일에 대통령이 간접적인 사과의 뜻을 밝혔고, 사건과 관련된 서장과 중대장을 직위 해제했으며, 진압 전경 다섯 명을 구속했다. 그럼에도 정국이 가라앉지 않자 '범죄와의 전쟁'을 총괄했던 노재봉 국무총리가 자진 사퇴했고, 4개 부처 장관을 경질하여 내각을 개편했으며, 5월 28일에는 민심 수습 대책을 발표하면서 내각제 개헌 포기를 명시했다.[109]

이처럼 80년대 말, 90년대 초에 한국 사회의 민주화를 위한 몸부림에 인의협은 의사로서 함께했다. 안타깝게도 의문사는 이철규로 끝나지 않았고 이경현,[110] 김귀정[111] 등 죽음의 행렬이 이어졌다. 그리고 한국 사회는 이러한 억울한 죽음이 생길 때마다 자연스럽게 인의협을 호출했다.[112]

4

반핵평화운동과
매향리 미공군 사격장 폐쇄 운동

'핵전쟁방지를 위한 국제의사기구' 참여와 영광 핵발전소 주변 주민 역학조사

1980년대만 해도 핵 위험에 대한 인식이 매우 낮았고, 인식이 있더라도 문제 제기를 할 수 없는 분위기였다. 그러나 1986년에 체르노빌에서 핵발전소 사고가 발생하면서 시민들의 인식이 달라지기 시작했다. 이러한 변화는 1987년 항쟁을 거치며 반핵운동이라는 새로운 영역의 운동으로 성장했다. 전문 환경운동 조직의 반핵운동과 지역 주민들의 경제적 피해보상 운동 및 지역 보호주의가 결합하면서 운동의 비중은 빠르게 커져 갔다.[113] 한편 반핵운동은 환경운동, 지역 운동적 성격과 더불어 핵무기 확산을 우려하는 평화운동적 성격도 짙게 배어 있었다.[114]

제국주의 문제에 관심을 가진 회원이 많았던 인의협은 창립 초기부터 반핵운동에 뛰어들었다.[115] 인의협은 1988년 5월부터는 반핵소위를 만들어 피폭자 문제에 관해 강연회를 여는 등 회원들에게 반핵운동의 중요성을 알렸다. 또 1989년에는 양길승 등이 핵전쟁방지를 위한 국제의사기구(International Physicians for the Prevention of Nuclear War, IPPNW) 총회에 직접 참여해 핵 확산 방지에 대한 한국 의료인들의 관심을 확인해 주었을 뿐 아니라 한국 지부 건설에도 일조했다. 1990년 8월에는 각 직능 보건의료인들을 모아 필리핀에서 열린 IPPNW 아시아태평양 지역회의에 참여하기도 했다.[116] IPPNW 활동 외에도 국내에서 대외적으로 민주사회를위한변호사모임(이하 민변)과 함께 '핵 안전관리를 위한 법률안(가칭)' 제정을 위해 노력했으며,[117] 1990년 9월 22일에는 인의협이 주축이 되어 13개 보건의료 단체와 함께 '한반도의 반핵과 군축을 위한 보건의료인대회'를 개최하여 한국 반핵운동이 한 단계 도약하는 계기를 만들었다.[118]

특히 반핵운동은 인의협 광주전남 지부가 탄생하는 배경이 되기도 했다. 인의협이 탄생하기 전에 이미 광주전남 지역에는 환경운동에 관심을 가진 의사가 많았다. "우리나라 환경운동의 선구자"인 서한태가 고향인 목포에서 개업을 하고 있었고,[119] 전홍준이 서인근(서한태의 장남)과 함께 1989년 3월 17일 환경공해연구회를 발족해 환경운동을 하고 있었다.[120] 그러던 차에 1989년 5월 이철규 의문사 사건이 발생하면서, 진상조사에 참여했던 박태훈을 중심으로 지역의 진보적 의사들의 규합이 이루어졌고, 이를 계기로 1989년 7월 인의협 광주전남지회가 탄생하기에 이른 것이다.[121]

이런 배경 탓에 인의협 광주전남지회는 창립 초기부터 반핵운동에 관심을 쏟았다.[122] 결정적 계기가 된 것은 영광 핵발전소에서 업무를 맡았던 김 씨의 아내 박 씨가 연이어 무뇌아를 출산한 사건이었다. 김 씨가 핵발전소에서 근무하기 전에는 건강한 아이를 출산했으며, 본인 역시 건강에 문제가 없었다면서 두 번에 걸친 무뇌아 출산을 핵발전소의 영향 때문이라고 주장한 것이다. 이에 환경단체들이 결합하여 핵발전소의 부실한 작업안전 관리와 핵폐기물 처리 실태를 폭로하면서 빠르게 전국적 이슈로 부상했다. 점차 의학적 판단이 중요해짐에 따라 인의협 광주전남지회는 원전 지역 주민을 대상으로 역학조사를 진행했고, 백내장 등 다양한 증상을 보이던 김 씨에 대해서도 산재를 신청했다.

하지만 기술적·물리적 여건상 의학적으로 명확한 해결점을 제시할 수는 없었다.[123] 실질적 성과를 만들어내지는 못했지만,[124] 당시 인의협의 역학조사 결과가 언론을 통해 확산되며 사람들에게 방사능에 대한 경각심을 일깨웠다.[125] 또 인의협 광주전남지회는 역학조사를 진행하고 김 씨의 병원비 모금 운동을 벌이면서 지역사회에 빠르게 뿌리내릴 수 있었으며, 아울러 전남대학교 의과대학 학생회와 긴밀한 협력관계를 구축할 수 있었다.[126]

매향리 미공군 사격장 폐쇄 운동

인의협은 반핵과 유사하게 제국주의 문제와 환경문제가 결합된 사안인 매향리 미공군 사격장 폐쇄 운동에도 참여했다.

매향리 미공군 사격장 주변 주민들은 1951년부터 미공군의 폭격으로 건강상의 피해를 호소하고 있었다.

제3장 인의협의 초창기 활동: 1988년부터 1991년까지

하소연 한 번 못 하고 살던 매향리 주민들은 1987년을 기점으로 목소리를 내기 시작해 한국 최초로 '미군 기지 점거 시위'까지 전개했다. 그러나 미군의 무관심과 한국 정부의 탄압에 좌절해야 했다. 그들은 지푸라기라도 잡고 싶은 심정으로 인의협을 찾아왔다. 인의협은 1989년 4월 매향리 사격장 주변 주민들 150명을 대상으로 건강 피해 실태조사를 진행했다. 임현술과 조성일이 주도한 이 역학조사를 통해 인의협은 미군 폭격 때문에 지역 주민들에게 청력 저하와 심혈관계 질환이 증가했다는 사실을 제시할 수 있었다.[127) 인의협 조사 결과가 언론에 보도되며 사회적으로 큰 이슈가 되었지만 미군을 상대로 한 싸움에서 이길 수는 없었다. 그럼에도 이 역학조사 결과는 매향리 주민들의 문제가 더 이상 방치될 수 없는 문제라는 것을 한국 사회에 각인하는 결정적 계기가 되었다. •

• 매향리 역학조사 사업은 2000년에도 이어져 주영수를 중심으로 더 정밀한 역학조사를 진행했다.(주영수·송병호·이상윤·임정수·우석균, 〈매향리 미군 사격장 피해 주민 역학조사〉, 대한예방의학회 추계학술대회, 2000) 인의협의 이러한 노력을 바탕으로 2004년 1월에는 대법원으로부터 국가배상 판결을 받아 냈고, 2005년 8월 마침내 매향리 미군 사격장이 전면 폐쇄됨에 따라 환경운동에 큰 이정표를 세웠다.(신동호, 〈(秘錄 환경운동25년) 유비를 삼고초려한 제갈량—매향리 사건(1)〉, 《뉴스메이커》 687호, 2006년 8월 15일; 〈매향리 주민 16년 싸움끝에 '사격장 폐쇄'〉, 《프레시안》, 2004년 4월 19일)

5

의료 제도 개혁 운동의
시작

의료보험제도가 실질적으로 한국 사회에서 시작된 것은 의료보험법이
제정된 지 14년이 지난 1977년부터였다. 당시 박정희 정권이 가장 두려
워한 것은 노동운동과 반정부 투쟁의 결합이었다.[128] 다시 말해, 유신
체제를 유지하기 위해서는 의료보험이라도 도입하지 않을 수 없었다.
이러한 정권의 빈약한 의지는 의료보험 시행 과정에서 여실히 드러났
다. 500인 이상 기업의 노동자에게만 먼저 도입되었고, 정부는 돈을 한
푼도 내지 않고 기업과 노동자가 각각 절반을 내는 형태로 운영되었다.
신문 지상에서는 여전히 돈이 없어 치료를 받지 못하고 사망하는 사례
를 다룬 기사가 넘쳐났다. 박정희 정권의 마지막 해인 1979년이 되어서
야 겨우 공무원과 사립학교 교직원까지 보험 대상자로 편입되었다. 하
지만 가난한 민중을 대상으로 삼기 위해서는 결국 1987년을 지나야 했
다.[129]

1988년 1월 농어촌 지역에 의료보험제도가 실시되었고, 1988년 7월에는 5인 이상 근로자의 사업장까지 직장의료보험이 적용되었다. 그러나 여전히 도시 영세민들에게는 그림의 떡인 상황이었고, 건강보험 재정이 지역조합과 직장조합으로 분리되어 있어 가난한 농어촌 지역 주민들에게 과도한 보험료가 부과되는 모순이 생겼다. 급기야 현실적으로 보험료를 감당하기 어려웠던 도서 지역 주민들로부터 시작해 산발적인 보험 거부 운동이 일어났다.[130]

농민들의 자연발생적인 저항은 전국으로 확산되어 군단위의 의료보험대책위원회가 조직되었다. 이어 농민 단체들, 도시빈민 단체들, 그리고 건강사회실현약사협의회(건강사회를 위한약사회의 전신)와 인의협 회원들이 다수 포진되어 있던 빈의협, 기독청년의사회(이하 기청의)가 이 사안을 적극적으로 끌어안음으로써 본격적인 '의료보험 시정 운동'이 시작되었다.[131]

싸움이 장기화될 양상을 보이자, 인의협은 빈의협과 기청의 소속 회원들에게 맡기는 데 머물지 않고 인의협에 의료보험소위원회를 만들었다. 약 5개월간 검토를 거친 끝에 인의협은 '건강한 삶을 위한 의료 제도'라는 심포지엄을 열어 '조합 방식 대 통합일원화 방식'을 뛰어넘어 직접세(의료보장세)에 의한 국가책임제를 주장했다. 즉 조세 방식으로 의료보장세를 새로 만들어 실질적인 종합소득에 대해 부과하고 면세점 이하의 저소득층에게는 이 세금을 받지 않으며, 소득 재분배를 충분히 이룰 수 있을 만큼 소득에 따라 누진적으로 차등 부담시키는 방안을 제시한 것이다.[132]

인의협의 이러한 주장은 치열한 논쟁 끝에 전국의보대책위에 받아들여져,[133] 1988년 후반기부터는 내용은 조세 방식, 형식은 통합관리 체계를 담은 입법 투쟁이 전개되었다. 그러나 1988년 하반기에 접어들면서 농민들의 투쟁이 점차 소강상태로 접어들었다.[134] 인의협은 동력이 떨어져 가는 이 입법 투쟁에 힘을 싣기 위해 보건의료인들을 모았다. 이렇게 1988년 11월 15일에 열린 '국민건강권 확보를 위한 보건의료 단체 연합대회'는 전국의보대책위의 주장을 확인하고 지지했다. 이 대회에는 인의협을 주축으로 건강사회실현약사협의회, 빈의협, 기독청년의료인회, 보건과사회연구회, 연세민주치과의사회, 청년치과의사회 등이 참여했다. 이는 "의료보장 문제와 관련하여 보건의료인 대중조직이 독자적으로 연 최초의 집회"였다.[135]

이러한 지지를 바탕으로 전국의보대책위는 그간의 이론적 성과를 근거로 '통합관리 운영 체계', '누진적 보험료 징수'를 골자로 하는 '국민의료보장법안'을 만들고 대국회 입법 투쟁을 진행했다. 다행히 여소야대의 정치적 상황과 공화당사 점거까지 불사한[136] 농민들의 막판 투쟁에 힘입어 1989년 3월 9일 여야 만장일치로 국회를 통과할 수 있었다. '국민의료보험법'이라는 이름으로 국회를 최종 통과한 이 법안은 보험료의 누진적 적용, 지역의료보험 피보험자의 소득에 따른 차등 부담, 상병수당, 건강진단의 보험급여화 등의 내용을 담고 있었다.[137]

그러나 승리를 자축하기에는 아직 일렀다. 곧바로 조합주의 세력의 반격이 시작됐다. 보건사회부의 주무 부서인 사회보험국에서는 "통합의보가 실시되면 봉급생활자들의 부담이 2.8배 정도 늘어날 것"이라는 내용의 보도자료를 만들었고, 김종대 공보관이 이 보도자료를 가지고 기자설명회를 열었다. 주류 언론들은 이에 편승해 보도자료가 배포된 뒤 약 1주일간 통합의보의 문제점을 집중 보도했다. 그리고 3월 16일 국무회의에서 국민의료보험법안에 대한 대통령 거부권 행사 건의가 의결되었고, 결국 노태우가 "사유재산권을 침해할 우려"가 있다는 이유로 거부권을 행사함에 따라 법안 통과는 무산되고 말았다.[138)

그럼에도 이 '의료보험 시정 운동'은 사회보장 문제에 대한 최초의 집단적 문제 제기로서 의미를 갖는다.[139) 특히 보건의료 단체들의 연대가 이루어졌고 그 연대가 울타리를 넘어 농민들과 연결되었다는 점, 그리고 비록 대통령 선에서 거부되었지만 온전히 아래로부터의 힘으로 의료보장 개혁안을 국회까지 통과시켰다는 점은 보건의료 운동사와 사회보장 운동사에 길이 남을 일이었다. 또한 이는 이후 운동의 시작점을 달리 만드는 실질적 기반이 다져지는 것이기도 했다. 아울러 이 운동을 통해 인의협은 보건의료 단체들의 연대 운동을 건설하고, 의료보장 운동을 위한 이론적 토대를 마련함으로써 질적인 성장을 이룰 수 있었다.

6

그 밖의
활동

인의협 초창기 약 3년간은 '초창기'라는 말이 무색할 정도로 인의협 30
년 역사의 어느 시기보다 방대한 활동을 펼쳤다. 특히 1990년부터는 다
양한 연대 운동을 건설하기 시작했다. '산재추방 결의대회'와 '한반도 반
핵과 군축을 위한 보건의료인대회'를 개최했으며, 인권단체들과 함께
'재소자 인권수호 대책위원회'를 발족했다. 한편 '의료 분쟁과 국민 건
강', '산업보건종합센터 건립', '정신보건법에 대한 문제' 등을 주제로 심
포지움을 개최하여 보건의료계 내부의 전문적 논의에도 적극적으로
참여했다.[140]

　그러나 인의협이 꼭 의료계 안팎의 예민한 문제에만 관여한 것은 아
니었다. 일반 국민의 건강에 대한 관심이 높아지는 것에 부응하여 상시
적인 의료 지원에도 노력을 기울였다. 이를 위해 인의협은 초기부터 상
근의사 제도를 시행했다.[141] 상근의사들은 사무실에서 대면 상담은 물

론 전화와 우편을 통한 의료 상담까지 처리했다. 그뿐 아니라 경제적 어려움을 호소하는 환자들의 경우 인의협 회원들에게 연결하여 치료를 받을 수 있게 했다.[142] 1989년 3월부터는 한겨레신문사와 공조하여 지상(紙上) 건강 상담 활동도 진행했다.[143] 상담부와는 별도로 진료부에서는 성남시와 상계동에 진료소를 차리고 주말 진료 활동을 진행했다.[144] 의료 소외 지역에 대한 정기 진료 활동 외에도 1989년 여름 갑자기 내린 폭우로 나주 지역에 수해민이 발생했을 때에는 긴급 진료반을 편성하기도 했다.[145]

안팎의 여러 사업으로 바빴지만, 회원들을 위한 사업도 게을리하지 않았다. 학술부에서는 거의 매달 정기강좌를 열어 인의협이 개입하고 있는 현안이나 관심 가질 만한 과제를 회원들과 함께 논의해 나갔으며, 회보 역시 다달이 간행하여 집행부가 집중하고 있는 각종 활동을 알리고 회원들 간의 소통을 도모했다.[146]

지역 모임도 알음알음 꾸려져, 1988년 6월 24일 충남대학교 병원 내과 교수로 있던 김삼용을 중심으로 인의협의 첫 지역 지회인 대전충남지회가 결성됐다.• 이어 1989년 7월 22일에 광주전남지회가, 1991년 1

• 충남대병원 B강의실에서 충남지회 회원 15명, 중앙 회원 닷서 명, 기타 학생 및 내빈 20명이 참석한 가운데 제1차 충청지부 모임을 가졌다. 이날 중앙에서 파견된 안용태, 양요환, 김용익의 주제발표에 이어 충남지회 윤환중이 '전공의가 바라본 인의협'이란 제목의 발표를 했다. 발표가 끝난 후 대표간사로 김삼용 교수를 선임했다. 실천 활동으로, 1988년 8월 14일부터 대화동 빈들교회에 있는 주말 진료소 활동에 격주로 두 명씩 참여했다. 실질적인 체계는 1989년 1월 20일 제3회 모임에서 갖춰져 회장에 신영태, 평의원에 김삼용, 간사에 윤지열이 선출되었다.(최충식, 〈충남지회소식〉, 《인의협 회보》 제12호, 1989년 2월, 19쪽)

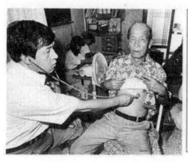

일간지에 보도된 인의협
상계진료소 진료 지원 활동.
〈기획 90년대 주목받는
단체들 (11): 건강사회
파수꾼…소외 계층에 인술〉,
《한겨레》, 1990년 9월 18일.

월 19일에 전북지회가 창립되었다. 이 밖에도 인천·부천·강동에서는
지역 모임이 만들어져, 1987년 185명으로 시작한 회원이 1991년에 이
르면 500명을 넘어섰다.[147]

또한 1988년에는 인도주의실천의사상(賞)을 제정하여 인의협 회
원이 아니더라도 한국 사회에 인도주의를 실천한 의사를 선정해 상패
를 수여했다. 1988년 제1회 시상식에서는 당시 목포에서 목포의원과 한
산촌이라는 결핵요양소를 차리고 30여 년간 결핵 환자를 돌봐 온 여성
숙 의사가 수상했다. 1990년 제2회 수상자로는 1974년부터 12년간 국
립 소록도병원장을 맡아 환자들에게 '소록도의 슈바이처'로 불린 신정
식 의사가 선정되었다.•

이러한 인의협의 초창기 활동은 한국 사회에 적지 않은 기여를 했

•1992년 제3회 수상자로는 나환자 치료, 특히 재건수술에 헌신한 여수애양재활병원
유경운 원장이 선정되었으며, 1995년 제4회 수상자는 장기려 박사가 선정되었다.(《인의
협 10년사》, 1997, 112-114쪽) 마지막이 된 제5회 인도주의실천의사상은 2000년 인의
협 회원으로 경남 지역 보건의료 운동 건설에 헌신하다 의약분업 사태 때 절명한 한일
권에게 수여되었다.

고, 한국 사회도 이를 인정해, 인의협은 '90년대 주목받는 단체' 중 하나로 발돋움했다. 인의협의 초창기 활동에 대한 한국 사회의 평가는 당시 한겨레신문사가 신문사가 거의 한 면을 통째로 할애해 보도한 내용을 통해 가늠해 볼 수 있다.

기획 90년대 주목받는 단체들 (11): 건강사회 파수꾼…소외 계층에 인술

(…) 인의협은 이제까지의 연구와 진료 활동을 바탕으로 90년대에는 난마처럼 얽힌 의료 문제를 조금씩이나마 해결해 나갈 수 있는 명실상부한 의료인 단체로서 자리잡아 나가고 있다.

인의협의 조성일(31, 성수의원) 씨는 "인의협이 지금까지는 다수의 힘없는 국민들의 건강을 위해 문제를 제기하는 수준에 머물렀다"면서 "앞으로는 정책 대안의 제시와 입법화 추진, 기금 조성 등을 통한 독자적인 진료 연구활동 등 실질적으로 의료 문제를 해결할 수 있는 건강하고 진보적인 의료인 단체로서 자리잡아 갈 것"이라고 앞으로의 계획을 말한다.

인의협의 이 같은 활동 계획과 목표는 지난 3년 동안 이 단체가 펴 온 활동에 비추어 볼 때 상당한 기대를 갖게 한다.

인의협은 지난 87년 말 발족된 이래 서울 중랑구 상봉동 연탄공장 주변 주민의 진폐증 역학조사, 고 이철규 씨 의문사 사건의 진상조사, 경기도 화성군 매향리 미군 사격장 주변 주민의 소음 피해 조사, 각종 작업장의 직업병 산재 환자 실태 규명 등의 굵직굵직한 사회문제를 제기해 주목을 받아 왔다.

이와 함께 회원들이 각 분과별로 나뉘어 학술연구 활동, 달동네·재해지역에서의 각종 진료 활동, 인의협을 찾는 환자들에 대한 상담 활동 등을 지속적으로 벌여 왔다.

지난 88년 7월 인의협은 서울 중랑구 상봉동 연탄공장 주위의 2600여 주민들에 대해 방사선 검진, 컴퓨터 촬영, 조직 검사 등의 역학조사를 실시했다. 인의협은 이 조사를 통해 진폐증이 단순한 직업병이 아니라 분진이 많이 발생하는 사업장 주변 주민들도 걸릴 수 있는 공해병임을 과학적으로 입증했다.

인의협 소속 의사들은 매주 일요일 오후면 번갈아서 서울 노원구 상계4동 '소망공부방'에 차려지는 상계진료소에 나가 달동네 주민들에게 인술을 베푼다. 이곳에는 일요일마다 노약자·어린이 등 30~40명의 동네 주민이 자신들의 질병을 호소하며 진료를 받고 돌아간다.

이곳에 세 번째 진료 활동을 나왔다는 김진경(38, 내과) 씨는 "이곳에 올 때마다 다른 곳에서 느끼기 어려운 '참의사'로서의 보람 같은 걸 느낀다"고 말했다.

인의협 소속 의사들은 자신들이 직접 진료를 나가지 못하는 경인지역의 달동네·공단지역 주민들에 대해서는 80여 개의 '소진료소'를 통해 도움을 주고 있다. 이들 소진료소에서 주민들을 돌보고 있는 약사나 간호원들이 본격적인 진료가 필요하다고 판단되는 환자를 담당의사에게 의뢰하면 인의협 소속 의사들은 이들에게 진료비를 싸게 해주는 등 최대한의 편의를 봐주고 있다.

인의협은 의료 제도상의 문제를 개선하기 위한 여러 제안을 내놓고 있다. 지난해 인의협은 의료보험제도와 관련, 현재의 보험 방식에서 소득에 따라 누진율을 적용하고 면세점을 설정하는 조세 방식의 의료보장제도 방안을 내놓아 주목을 끌었다.

이에 대해 한 회원은 "가뜩이나 의료수가가 낮은 현실에서 이것은 의사들의 이익에 반하는 생각이라고 말하는 사람도 있지만 장기적으로는 국민과 의사들 모두에게 유익한 길"이라고 외국의 예를 들며 설명한다.

또 인의협은 지난달 열린 의료사고 분쟁 심포지엄에서 의료 분쟁의 객관적인 해결을 위해 국가·병원·제약회사 등이 의료보상기금을 마련하고 법조인들이 참여하는 의료사고평가위원회의 구성을 제안해 놓고 있다.

김종구(30, 가정의학) 인의협 기획국 차장은 지난 3년간의 활동에 대해 "개인적으로만 문제의식을 갖고 있던 많은 의사들이 인의협을 통해 집단적으로 인도주의적 활동에 참여할 수 있게 된 데 큰 의의가 있다"며 "인의협이란 공개된 조직이 있음으로 해서 국민들이 보다 많이 우리들의 전문지식을 이용할 수 있게 된 것도 의미 있는 일"이라고 말했다.

그러나 인의협이 아직까지 결속력이 부족하고 몇몇 열의 있는 의사들 중심으로 운영되는 등 의사들의 대중적 조직으로서는 미약하다는 지적도 있다.

또 "당신들만 인도주의냐, 인도주의란 남의 눈에 띄지 않게 조용히 하는 것이 바람직하지 않은가"라는 바깥 사람들의 눈총을 받고 있기도 하다.

이에 대해 한 회원은 "의사로서 환자 개개인의 진료에 최선을 다하는 것이 중요한 인도주의적 실천 방식임을 부정할 수는 없지만 함께 지혜를 모아 연구하고 이를 사회적으로 널리 알리는 일도 의사로서 간과할 수 없는 중요한 일이라 믿는다"고 말했다.

인의협은 초창기 100여 명의 회원에서 출발해 지금은 480여 명으로 늘어날 만큼 꾸준히 성장해 오고 있다. 현재 회원들은 개원의 83명, 일반 병원 등에서 일하는 봉직의 66명, 의대 교수 41명, 인턴·레지던트 등 전공의 180명, 공중보건의 103명으로 짜여 있고 이들은 학술부, 진료부, 상담부, 출판부 등에 소속돼 활동을 벌이고 있다.

특히 학술부의 환경·핵분과, 산재·직업병분과는 창립 때부터 꾸준히 활동을 벌여와 상당한 연구 실적을 축적해 왔고 의료보장제도분과, 정신보건분과, 장애인분과 등도 최근 활발한 활동을 벌이고 있다.

지난 89년에는 지방에서 충남·대전지회와 전남·광주지회가 구성됐고 올해는 충북·전북·강원 등지에서 지회 준비모임이 만들어지는 등 전국적인 조직으로 발돋움하고 있다.

인의협은 오는 22일에 보건의료 단체들과 공동으로 '핵무기와 전쟁을 반대하는 보건의료인대회'를 갖고 반핵평화운동의 가능성도 타진할 계획이다.

인의협은 또 건강구현의사회, 건강사회구현약사회, 건강사회를위한치과의사회, 참의료실현을 위한 청년한의사회, 보건과사회연구회, 노동과건강연구회 등의 보건의료 관련 단체들과의 연대 활동도 앞으로 더욱 강화할 계획도 세워 놓고 있다.

인의협 진료부장 최병수(40) 씨는 "인의협이 국민 건강을 위해 사회적 차원의 활동을 벌여 왔다고 해서 통상적인 재야 단체로 보는 것은 잘못"이라며 "어려운 현실 속에서 의사로서의 직분을 망각하지 않고 조금이나마 사회에 봉사하길 원하는 소박한 사람들의 모임일 뿐"이라고 말했다.

제4장

김영삼 정부
시기

1

방향 전환을 위한
조직 정비

1990년대 초는 세계사적으로나 한국사적으로나 많은 변화가 일어난 시기였다. 1989년 11월 9일, 전후 유럽 분단의 상징이었던 베를린장벽이 무너진 것을 시작으로 동유럽 국가들이 연쇄적으로 붕괴했다. 그리고 1991년 '사회주의' 상징체로 존재하던 소련이 붕괴하면서 국제 좌파들 역시 극심한 혼란에 빠졌다. 한국에서는 1992년 말 삼당 통합으로 말미암아 대통령 선거에서 김영삼이 당선되었다. 이러한 국내외 정세는 한국의 진보 진영에 적지 않은 충격을 주었다.

사회와 유기적으로 호흡해 온 인의협 역시 사기가 떨어지고 방향 설정에 혼란을 겪었다. 당시 인의협 간부수련회에서 논의한 내부 활동 평가 기록을 보더라도 이러한 고민과 혼란이 여실히 묻어났다.

"1991년은 다른 여타의 진보적인 단체가 그러하듯 인의협도 저조한 활동을 벗어나지 못한 한 해였다. 그것은 활기 없는 대외 행사, 일부 회원만이 참여하는 대내 행사, 재정 위기, 회원 증가 둔화 등등의 모습으로 나타났다. 그것에 대한 비판도 다양한 편차를 보인다. 새로운 세대의 후배들은 인의협의 비대중성과 우리 사회 전체 운동과의 목적의식적인 결합의 부족을 이야기하는 반면 정반대로 인의협의 정치지향적 활동을 비판하는 사람들도 있다. 그러나 인의협의 활동력 있는 주체들은 지쳐 있다. (…) 일단 인의협 활동의 침체는 인의협만이 아닌 사회의 전반적인 진보적 움직임의 침체 속에 놓여 있다고 할 수 있다. 사회주의권의 몰락과 함께 온 전 세계적인 진보 세력의 위축, 그것을 이용한 미국과 현 기존 세력의 이데올로기적 공세, 제 민주 세력에 대한 압박이 그 침체 원인의 한 축이며 그것의 직간접적 영향에 인의협 역시 예외일 수는 없다."148)

사실, 1987년 이후 온갖 사회문제에 대응하며 숨가쁘게 달려온 만큼 숨을 고르며 재정비를 해야 할 상황이기도 했다. 우선 인의협의 실질적 리더십을 가졌던 기획국장이 양길승(1987~1989)에서 김용익(1990~1993)으로 바뀌었으며 곧이어 조홍준(1994), 김창엽(1995~1996)으로 바통이 넘어갔다. 이러한 변화는 사회활동가적 주체에서 의료정책가적 주체들로의 세대 교체를 의미했다.149) 즉 인의협 활동의 주무대가 의료계 외부에서 내부로 옮겨지는 것을 뜻했으며, 운동의 무게중심도 '민주화 운동'에서 '의료 정책 운동'으로 바뀌는 것을 암시했다. 인의협은 국내외 정세 전환의 시점이었던 1992년 초 이전의 활동을 평가하며 새로운 운동의 방향을 다음과 같이 제시했다.

광장에 선 의사들

"우선적으로 중요하게 비판적 평가의 대상이 되는 것은 인의협이 과연 전국의 양심적 의사 모두의 의사를 결집하고 있는 것인가라는 자문에서 주어진다. 애초 경인 지역에서 선도적 활동을 벌이고 있던 사람을 중심으로 출발할 수밖에 없었던 것이 당시의 불가피한 상황이기는 하였지만, 이후 각 지역에서 성장해 나온 의사들을 아직도 포괄해 내지 못하고 있는 상태다. 특히 대량으로 배출된 전공의와 공보의들의 적극적 참여가 부족했고 기존 회원들에 대한 지속적 참여 프로그램의 개발과 의사 결집의 통로 마련에 소홀했던 것은 부인할 수 없다.

(…) 또 하나 중요하게 제기될 수 있는 문제는 바로 의료계 내부에서의 인의협의 역할이다. 인의협은 이제까지는 특히 1992년 이전에는 의료계 내부 문제에 대해서는 그 문제점을 충분히 인지하면서도 병원 내부의 문제, 잘못된 의료 관행들에 대해서는 원칙적으로 비판을 하면서도 일정한 관망의 자세를 보인 것이 사실이라 보인다. 그러나 의료계의 양적인 팽창이 급속으로 진행되고 이에 따른 자본(병원, 제약 등)의 의료계에 대한 지배력이 급격히 커지고 있는 현 상황에서 이제는 의사 사회 내부의 문제에 적극적으로 대응해야 한다는 공감대가 형성되고 있다. 이러한 의료계 내부에서의 문제 제기는 의사들의 '정당한' 이해의 옹호와 더불어 의사 사회의 미래를 책임져야 할 인의협으로서는 기필코 풀어 나가야 할 숙제임이 틀림없다.

세 번째로 대국민적·대사회적 문제 제기가 자신의 논리(즉 의료인으로서의 논리)와 계획에 입각하여 제기되는 것이 부족했다는 평가다. 부족한 역량으로 사회운동과 국민들의 요구에 대응하는 것만으로도 벅찼다는 것도 인정되지만 그때그때의 대응만으로는 전체 사회의 민

주화에도 장기적인 기여를 할 수 없는 것이 분명할 때 계획과 논리를
가진 대응이 필요하다. 이제 의료 정책 사업과 그 조직적 틀은 이러한
조직적·계획적·주도적 대응을 가능하게 하는 단초를 열었다고 생각
되고 회원들의 참여와 의견 결집에 앞서 의료계 내부에 대한 문제 제
기 등과의 결합을 이룰 때 보다 균형잡히고 계획적인 것이 될 수 있지
않을까 생각된다."150)

즉 그간의 인의협 활동의 긍정적 측면에도 불구하고, 의사 대중 내
에서 대중 단체로서의 역할 정립과 이미지 형성에 성공하지 못했다는
인식, 사회적 환경의 변화로 말미암은 인의협에 대한 사회적 요구의 일
정한 감소, 인의협이 의사 전체를 대상으로 한 대안 집단으로서 역할을
해야 한다는 인식의 확산, 그리고 인의협 활동이 지도부 몇몇이 아닌
일반 회원의 동의와 참여에 기반을 두어야 한다는 인식 등이 이러한 방
향 전환을 이끌었다.151)

그러나 조직 정비가 단지 방향 전환을 선언한다고 저절로 되는 것은
아니었다. 기존 회원들과 새로운 자극을 줄 수 있는 젊은 의사들을 만
나며 조직을 새롭게 다져 나가는 섬세한 작업이 필요했다. 이를 위해 인
의협은 1992년 연초부터 전국 순회 간담회를 진행했다.152) '92 인의협
과의 만남'이라는 이름을 내건 이 사업은 조직국장 김종구의 주도로 진
행되었다.153)

1992년 1월 8일 광주를 시작으로 1월 21일 부산, 1월 22일 대구, 1
월 30일 서울에 이어 마지막으로 2월 8일 대전에서 진행된 이 전국 순
회 간담회에는 발제자로 김종구(부산·대구), 정정윤(광주), 윤여운(광주),

김용익(부산·서울), 심재식(서울), 김병후(서울), 곽영란(서울), 임지혁(서울) 등이 나섰다. 총 참석 인원은 163명밖에 되지 않았지만 인의협의 상황을 검토하고 미래를 전망해 보는 중요한 계기가 되었다.[154]

이 행사의 성과를 김종구는 네 가지로 정리했다. "1. 인의협의 현실의 모습을 스스로 확인하는 계기가 되었으며 조직 작업의 부재를 확인할 수 있었다. 2. 현 단계에서 전국의 양심적 의사들의 모습과 구체적 현 단계의 조직적 상황들을 살펴볼 수 있었으며, 이 중에는 '청년의사'[155]들의 노력을 긍정적으로 파악하게 된 것도 포함된다. 3. 인의협의 자기비판적 모습을 드러내고 불필요한 오해를 피하고 이해를 구할 수 있었다. 4. 인의협의 구체적 노력의 모습들을 보여 앞으로의 조직 작업 및 논의의 기초가 마련될 수 있었다".[156]

기존 회원들에게 다가가고 새로운 젊은 회원들을 만나기 위한 노력은 1994년 서울경기지회와 청년 모임을 만드는 작업으로 이어졌다. 고한석 위원장을 중심으로 발족된 서경지회 준비위원회는 인의협을 더욱 회원 중심적이고 의료 현장 중심적으로 견인하고자 했다. 이러한 방향은 1995년 인의협 전체 기조에도 반영되어, '전체 의사와 함께하는 양심!'을 표어로 세우고 '의사 대중 단체로서의 활동 내용, 조직, 정신'을 갖추는 것을 활동 목표로 삼았다. 이러한 방향 전환에 따라 첫 번째 실천 과제로 '의사들의 일상생활에 단초를 둔 활동 내용과 모임의 개발'이 제시되었다. 이에 서경지회가 앞장서 '서경지역 회원과 함께하는 인의협 회원의 날' 행사를 여는 등 회원들의 친목을 북돋기 위해 노력했다. 또 개원의들을 중심으로 의보 수가 문제에 대한 토론회를 개최하는 등 의료 현장 중심적인 논의를 이끌었다. 끝내 '준비위원회'를 폐지 못했지만 서경지회 준비위원회는 인의협의 활동 방향에 대한 설문조사를 진행하고 자체 회보까지 만들어 "지역의 의사들이 주인으로서 참여할 수 있는 다양한 활동 방안"을 제시했다.[157)]

청년 모임의 경우 인의협이 전공의, 공보의로 대표되는 젊은 의사들에게 한층 더 가까이 가기 위해 구상된 것이었다. 이를 위해 '21세기 의사광장' 준비모임이라는 별도의 이름을 걸고 추진했다. '21세기 의사광장' 준비모임은 다음과 같이 취지를 제시했다. "인의협으로 대변되는 선배 의사들은 1980년대를 거치면서 그 시대와 사회의 요구에 부응하면서 의사로서 사회적 책무를 다해 왔다. 그러나 1995년 이전 의료 운동의 성과를 계승하고 현재의 사회 변화에 적응하면서 의료 운동을 발전시키는 새로운 운동의 필요성이 증대되고 있다. 이 운동의 주체는 바로 20~30대의 젊은 의사들이다."[158)] 원제환을 운영위원장으로 하여 상당히 호기롭게 시작했으나 오래 유지되지는 못했다.[159)]

그럼에도 이러한 노력을 발판으로 회원 간의 화합을 도모하고, 새로운 젊은 의사들을 인의협으로 끌어들이고자 하는 시도가 계속해서 이어졌다. 1993년 이후 폐간된 인의협 회보를 되살려, 1996년 《사람과의료》라는 계간지가 출간되었으며,[160)] 의협이 의뢰한 전공의 실태조사 사업을 통해 '(가칭)전국전공의협의회조직을위한준비모임'이 만들어졌다.[161)]

2

의료계 안으로
파고들기

1991년 초부터 '서울 지역 의대 4학년 졸업 준비모임 연합'을 중심으로 형성된 '청년의사' 모임은 언론과의 인터뷰에서 인의협에 대해 "산재·직업병, 의료보험제도, 반핵 문제 등에 초점을 맞춰 이 부문에서 실천적 성과를 내고 있지만 이는 의료계 외부 활동에 치중하는 감이 있다"고 평했다. 이는 인의협과는 다른 '청년의사'의 정치적 지향을 말해 주는 것이기도 했지만, 당시 인의협의 안팎에서 제기되는 핵심적인 비판이기도 했다.[162] 인의협은 이러한 비판을 건설적으로 수용하여 조직과 함께 활동 방향 또한 정비해 나갔다.

그러나 방향을 의료계로 돌렸을 뿐 인의협의 예리한 비판정신이 무뎌진 것은 아니었다. 우선 1992년 초 보건사회부에서 강제 입원 절차를 골자로 하는 정신보건법 제정을 추진하는 것에 대해 의료계 내에서 반대 여론을 만들어 내는 데 앞장섰다. 당시 인의협 사무국장이자 정신과

의사로서 상당한 인지도를 확보하고 있던 김병후를 앞세워 "강제 입원만을 강요하기보다는 환자에게 양질의 치료를 제공해 주고 정신질환자들이 받는 사회적 불이익을 제거해 주는 것"이 선행되어야 함을 강조했다.[163] 이러한 문제의식은 1992년 11월 서울시가 1000병상 규모의 민간 위탁 정신병원 건립 계획을 발표할 때도 운동 진영의 중요한 반대 근거로 활용되었다.[164]

또 인의협은 전국 남녀 의사 284명을 대상으로 설문조사를 시행하여 의료계의 구조적인 여성 차별에 대한 문제를 지적했다. 조사 대상자의 85.2퍼센트가 "여의사가 차별 대우를 받고 있다"고 응답했으며, 91.6퍼센트가 특히 "전공의 선발 과정에서 불이익을 당한다"고 대답했다. 당시로서는 상당히 예민한 문제였지만 인의협은 이 문제를 선구적으로 공론화했다.[165]

인의협은 이어 인턴·레지던트의 근무 실태에 대해서도 설문조사를 진행했다. 전국 10개 대형 병원에서 근무하는 전공의 243명을 대상으로 실시한 설문조사를 통해 레지던트 1년차는 하루 평균 15.1시간, 인턴은 14.6시간, 레지던트 2~4년차는 12.6시간의 노동에 시달리고 있다는 것을 폭로했다. 또한 한 달 평균 당직 일수는 인턴이 16.7일, 레지던트 1년차가 16.1일, 레지던트 2~4년차가 7.9일이었으며, 조사 대상자의 72.8퍼센트가 "월급이 적고 근무가 힘들다"고 응답하는 한편 32퍼센트는 "제대로 배우고 있는지 의심스럽다"는 반응을 보였다며 전공의들의 열악한 노동환경 문제를 제기했다.[166]

인의협은 환자-의사 관계에 놓인 예민한 문제도 놓치지 않았다. 1992년 11월 보건사회부에서 의료 분쟁 조정 법안을 추진하며 의료계와 소비자 사이에서 갈등이 형성되자,[167] 인의협은 의사 86명을 대상으로 '방어 진료 실태'에 대해 심층 조사하여 좀 더 근원적인 접근의 필요성을 제시했다. 이 심층 조사에 응한 의사 대부분이 의료 분쟁을 의식해 방어 진료를 하고 있다고 답했다. 방어 진료의 행태로는 비싸지만 좀 더 확실한 검사를 시행하거나, 드문 합병증도 발생할 수 있다고 설명하거나, 다른 과나 병원으로 옮기게 하는 것 등이었다. 응답한 의사들은 이러한 방어 진료가 결국 "국민 의료비의 전반적 상승"을 가져오고, "의사와 환자 사이의 불신감을 조장"하며 "의사들의 소극적 치료나 진료 기피" 등의 부정적 결과를 가져올 수 있다는 점을 지적했다. 또 이러한 의료 분쟁의 근본적 원인으로 "기득권 의사들에 대한 국민들의 반발심"이나 "국민들의 권리의식 함양"을 꼽기도 했지만, 전공의의 경우 "경영 우선의 병원 정책", "선배 의사들의 권위적인 태도"를 지적하기도 했다.[168]

의료계의 문제점에 대한 논의가 인의협 내부에서 어느 정도 활발히 진행되자, 자신감을 회복한 인의협은 1993년 하반기에 과감하게 의료개혁위원회를 띄웠다. 이는 연초에 기획된 사업은 아니었으나, 김영삼 정부의 개혁 정책에 대한 신속한 대응이 필요하다는 판단하에 긴급 기획된 것이었다.[169]

당시 김영삼 정부는 '의료 제도 개혁'과 '의료계 개혁'이라는 투 트랙을 내놓았다. 의료 제도 개혁은 '경제행정규제 완화조치' 및 '신경제 5개년 계획' 아래 병원 간호사 정원의 완화, 의료기기에 대한 사전 검사의 완화, 병상 신·증설 및 병원 신설의 자율화를 추진하는 것과[170] '지역 균형발전 계획' 아래 전국 각지에서 의과대학 신설을 허용하는 것이 골자였다.[171] 내용에서 알 수 있듯이, 지극히 경제적인 관점에서 접근하고 있어 사실상 병원 경영자와 기득권층을 위한 '개악'에 가까웠다.[172] 그러나 의료계 개혁이라는 이름으로 정부는 의료계의 비판을 틀어막았다. 검찰이 병원의 의약품 구매 비리, 전공의 선발 과정에서의 비리, 과잉 진료·과다 투약·진료비 과잉 청구 등을 캐내며 의사들을 구속했고, 이로 인해 의료계에 대한 국민의 불신은 극에 달했다.[173]

　의료계의 적극적인 반성과 자정이 전제되지 않는 한, 정부의 어떠한 의료 개악 공세에도 수세적일 수밖에 없었다. 부랴부랴 의협은 의료개혁추진위원회를, 병협은 병원부조리시정소위원회를 만들었고, 병원마다 환자의 권익을 위한 특별 기구가 세워졌다. 하지만 의료계에 대한 국민의 불신은 그 정도로 해소될 수 있는 문제가 아니었다. 사실, 의료계 내에서 국민들의 눈높이에 맞는 자정을 요구하고, 국민들의 신뢰를 바탕으로 이를 실천할 수 있는 집단은 당시로서 인의협밖에 없었다. 이러한 의료계의 위기는 의사 사회 내부에 뿌리내리기 위한 인의협의 노력과 맞물리며 인의협이 긴급히 의료계의 중앙 무대에 오르게 만들었다.[174] 인의협 의료개혁위원회가 기획한 의료개혁 연속토론회가 바로 그것이었다.[175]

　인의협 주최로 8월 28일부터 11월 13일까지 총 7차에 걸쳐 열린 이 연속토론회에는 의협, 소비자, 개원의, 전공의, 지역 의사회, 학계 등 각계각층을 대표하는 사람들이 총집결했다. 심지어 국회의원과 청와대 비서실에서까지 토론자로 참석했을 만큼 당시 이 토론회가 의료계뿐 아니라 한국 사회에서 갖는 무게감은 컸다.[176]

1. 의료! 이렇게 개혁합시다.

발제   심재식(인의협 공동대표)

지정토론 서경석(경실련 사무총장), 김종근(대한의학협회 의무이사), 인
호국(일하는 사람의 건강을 위한 의사회)

2. 의료개혁을 위한 의사의 반성

발제   이원락(대구 한일정형외과의원), 김철환(인제의대 가정의학과)

지정토론 인명진(정의사회를 위한 시민운동협의회 부정부패추방위원장),
심영보(대한의학협회 기획조사이사), 유영진(인의협 공동대표,
원자력병원 전공의)

3. 의료 제도 이렇게 바꿉시다

발제   김용익(서울의대 의료관리학교실)

지정토론 양봉민(서울대학교 보건대학원), 정영원(전주시 완산구 보건소
장), 박호진(박호진 내과의원), 송건용(한국보건사회연구원 보
건연구실장)

4. 의료보장 이렇게 바꿉시다

발제   김병익(한림의대 사회의학교실)

지정토론 양문희(민주당 국회의원), 김연명(중앙대 사회복지학과), 송태
희(소비자보호원 연구관리실장)

5. 의료보험수가 이렇게 바꿉시다

발제　　　안용태(안산내과의원), 조홍준(울산의대 가정의학과)

지정토론　윤경(연세산부인과의원), 권혁채(서울시의사회 대의원회 부의

　　　　　　장), 조우현(연세의대 예방의학교실), 김성숙(한국소비자연맹

　　　　　　사무처장)

6. 의사 단체 이렇게 바꿉시다

발제　　　김병후(연희신경정신과의원)

지정토론　이충원(이충원소아과의원), 우석균(서울대병원 전공의), 지삼

　　　　　　봉(서울시의사회 부회장), 조한익(서울의대 임상병리학교실)

7. 국민과 의사의 신뢰 회복을 위한 새로운 출발

발제　　　변박장(인의협 공동대표, 순천향의대 신경외과)

지정토론　강문규(대한YMCA연맹 사무총장), 문창진(청와대 교육문화비

　　　　　　서실), 강영석(강영석 내과의원)

　　토론회는 매회 성황을 이루며 성공적으로 치러졌다. 당시 기획국장
을 맡았던 조홍준은 이 연속토론회에 대해 다음과 같이 평가했다. "긍
정적인 면은 주제발표가 개인의 의사보다는 많은 회원의 의견을 수렴하
려는 노력을 기울였다는 점, 그간 '뜨거운 감자'로 여겨졌던 의료보험 수
가, 의협 등에 대한 나름의 견해를 제시했다는 점, 전체 의사 대중의 입
장에서 '보건 정책 사업'의 내용을 좀 더 구체화했다는 점, 의협과 초보
적인 관계를 이루었다는 점 등이다. 그러나 해결해야 할 점도 적지 않았
다. 가장 심각한 문제는 이 사업의 기획과 실행이 인의협의 현재의 조직

인의협 주최로 1993년 8월 28일부터 11월 13일까지 진행된 '의료! 이렇게 개혁합시다' 연속기획 토론회.

적 전망과 구체적 관련을 가지고 진행되지 못했다는 점이다. 이는 사업의 효과를 반감하는 결과를 초래했다. 그리고 여러 이유로, 의사 대중에 대한 홍보를 제대로 수행해 내지 못했다. 앞으로 토론회에서 수렴된 의견을 토대로 해서 구체적인 활동 내용을 잡아 가는 일은 내년의 중요한 과제가 될 것이다."[177]

이러한 평가를 바탕으로 인의협은 이 토론회의 발제문과 토론 내용을 담아 1994년 초에 책으로 출간했다.[178] 이 책에는 의료계의 "부끄럽고 가슴 아픈 '반성'"에서부터 수가와 의료보험은 물론 국민들의 건강권 확보를 위한 비전에 이르기까지 솔직하고 진지한 논의가 담겼다.[179] 이 일련의 작업은 소극적 활동에 머물러 있던 많은 회원을 지극했을 뿐 아니라, 국민의 불신과 정부의 압박 속에서 해결책을 모색하고 있던 의사 사회에 적지 않은 파문을 일으켰다.[180]

그러나 파문 정도로는 김영삼 정부가 주도하는 '의료계의 개혁'과 '의료 제도의 개혁'에 맞선 의사들의 운동을 조직할 수 없었다. 의사 사회를 더욱 전향적으로 이끌기 위해서는 의협 자체를 개편해야 했다. 인의협은 1994년 4월 의협 회장 선거를 활용할 필요가 있다고 판단하고 '청년의사'와 논의 테이블을 만들었다. 두 그룹은 '의협의 변화와 발전을 바라는 의사들의 모임(이하 의변모)'을 발족하고 의협 회장 선거 기간에 집중해 각종 활동을 기획했다.[181]

의변모는 1993년 3월 5일 세종문화회관 대회의실에서 '대한의학협회 변화와 발전을 위한 한국 의사 대토론회'를 열어 홍창의 전 서울대병원장, 기로석 전북의대 학장, 손재현 경남의사회장, 조한익 서울의대 교수 등 의료계 원로·중진급 인사들을 대표로 세우고 공식 발족식을 가졌다. 이어 3월 21일부터 의협 선거운동을 겨냥해 '의협 개혁을 요구하는 서명운동'을 전개했다. 이 서명운동에서는 대한의학협회장 직선제 요구와 더불어 공공의료 부문의 대대적 확충, 농촌 의료와 공중보건의 제도의 활성화, 잦은 의료사고에 대한 종합적 대책 수립 등을 주요 개혁 요구로 내세웠다.[182]

결과적으로 인의협의 이러한 노력에도 불구하고 의협 회장 직선제를 달성하지는 못했다. 그러나 이 과정에서 의협 개혁에 대해 의사 대중의 광범위한 지지를 확인할 수 있었다. 또한 이 활동으로 젊은 의사들이

의협의 활동에 직접 개입할 수 있는 발판을 만들어 냈으며, 인의협으로서도 의협 주최 의대 신설 토론회에 공식 초청되는 등 의사 사회 내에서 무시할 수 없는 단위로 자리매김할 수 있었다. 당시 인의협 기획국은 이러한 일련의 활동에 대해 정책 제안 수준을 넘어 "인의협이 의사 대중을 겨냥한 최초의 대중 사업이며, 의사 사회 내에서 인의협의 위상을 정립하기 위한 첫 시도"라고 평가했다.[183]

이러한 인의협의 노력은 1995년에도 이어져 의협 회원들의 요구에 따라 설치된 의협발전위원회에 홍창의, 김용익, 조홍준 등이 참여하여 의협의 개선 방안에 대한 의견을 개진하는 등 의사 사회를 견인하기 위한 작업을 지속해 나갔다.[184]

3

불씨를 살린
보건의료 제도 개혁 운동

농민들이 중심에 섰던 1989년 전국의보대책위의 건강보험 통합에 초점을 맞춘 '의료보험 시정 운동'은 앞서 살펴본 바와 같이 결과적으로 실패로 끝났다. 그러나 1992년 말, 대선이라는 중요한 정치적 시기가 다시 찾아오고 있었다. 인의협은 대선 정국을 맞아 보건의료 단체들을 규합하여 '건강사회를 위한 보건의료인 연대회의(이하 보건의료인 연대회의)'를 세웠다. 김용익이 의장을 맡은 보건의료인 연대회의는 각 단체의 의견을 모아 다음과 같은 5대 개혁 과제를 제시했다.

1) 모든 국민이 언제 어디서나 필요한 의료 서비스를 제공받을 수 있어야 한다. 이를 위해서는 보건소 설치 확대와 시설 보충, 방문간호사 양성 등을 통해 1차 의료를 강화해야 한다.
2) 예방에서 치료·재활까지 포함하는 포괄적인 보건의료 서비스를 제

공해야 한다. 이를 위해서는 수돗물 불소화 사업, 전 국민 건강검
진 사업, 농약중독과 농기계 사고의 산재보상보험 인정, 노동자의
산업안전보건위원회 참여, 산업보건 전문의 양성 등을 시행해야
한다.

3) 의료인 사이의 역할과 기능을 효율적으로 분담해야 한다. 이를 위
해 의약분업, 양한방 합동 연구소 설치, 한방의료보험 확대, 공중
보건한의사제 실시 등을 시행해야 한다.

4) 의료보장 제도가 개편되어야 한다. 이를 위해 의료보험 재정의 통
합 운영, 보험료의 소득누진제 부과, 본인부담률 10퍼센트 이하로
인하, 급여 내용·일수의 제한 철폐가 추진되어야 한다.

5) 보건의료 부문에 대한 국가 투자가 대폭 확대되어야 한다. 이를 위
해 국방비 등 체제 유지 비용 삭감, 조세제도 개편, 불로소득 중과
세 등이 시행되어야 한다.

　

노태우의 막판 거부권 행사로 반격을 당한 쓰라린 경험을 되풀이하
지 않기 위해서는 더욱 철저히 준비해야 했다. 단지 정책 제시에만 그치
지 않고 아래로부터의 힘을 확실히 보여주기 위해 보건의료인 연대회의
는 1992년 10월부터 5대 개혁 과제에 대한 '1만인 서명운동'을 펼쳤으며,
11월에는 각 정당과 시민사회단체의 대표자들을 불러 '보건의료 개혁
을 위한 정책 토론회'를 개최했다.[185]

보건의료인 연대회의는 이러한 활동을 취합하여 1992년 12월 9일 경
희대에서 '보건의료 정책 개혁 1만인 선언'을 발표했으며, 3당의 보건의
료 정책을 의료보험제도, 응급환자·정실진환자 대책, 한의학 발전 방

안, 노동자 건강, 약의 오남용, 노인 건강, 농어민 건강 등 10개의 주제별로 분석하여 비판을 가했다.[186] 또한 보건의료인 연대회의는 이러한 내용을 총정리하여 '건강사회를 위한 보건의료'라는 제목의 책을 출간했다.[187]

이처럼 1989년에 농민을 중심으로 시민사회단체와 보건의료 단체들의 광범위한 연대가 이루어졌지만 건보 통합에 실패하며 일단락됐던 '의료보험 시정 운동'은 1992년 인의협이 주도한 보건의료인 연대회의 활동을 통해 재활할 수 있었다. 보건의료인 연대회의 활동이 1993년에는 한약 조제권 분쟁의 여파로 침체를 겪기도 했지만,[188] 그들이 다져 놓은 조직과 내용은 그 후 새로운 보건의료 연대 운동을 건설하는 데 교두보가 되었다. •

한편 1994년 1월 11일 김영삼 정부는 '의료보장개혁위원회(이하 의개위)'를 발족해 의료 분야에 대한 개편 논의를 본격적으로 시작했다. 그러나 의개위는 '개혁'을 운운하면서도 개혁의 핵심 사안인 의보 통합에 대해서는 철저히 외면하는 방향으로 논의를 이끌어 갔다.[189] 이에 시민·노동단체들의 대응 논의가 시작되었고, 1994년 4월 11일 노동자·농민·시민·보건의료인 등 총 77개 단체와 6개 지역연대회의를 포괄하는 대규모 연대 조직인 '의료보험통합일원화 및 보험적용확대를 위한 범국

• 당시 한겨레신문사는 보건의료인 연대회의 활동에 대해 "통합의료보험제 실시, 응급전문의제 도입, 보건소 기능 강화 등 연대회의가 요구한 대안들은 앞으로 보건의료 정책이 나아갈 방향을 제시함과 동시에 의료인의 적극적인 사회참여 의지를 나타냈다는 점에서 나름대로 의미를 평가받았다"고 평했다.(〈'92 결산 ④ 보건의료: '뇌사입법' 뜨거운 공방〉, 《한겨레》, 1992년 12월 25일)

민연대회의(이하 의보연대회의)'가 결성되었다.[190]

의보연대회의는 보건의료인 연대회의 의장을 맡았던 김용익을 집행위원장으로 세우고 결성 취지문을 통해 "1989년 의료보험이 실시됐지만 환자가 내는 진료비 부담이 50퍼센트를 웃돌고 농촌의 경우 보험료를 내면서도 의료기관이 부족해 제때 진료를 받지 못하고 있다"며 "이는 현행 의보제도가 조합 방식으로 운영되고 있기 때문"이라고 지적했다. 구체적인 활동 목표로는 '의료보험의 통합일원화', '보험 적용 확대', '공평한 보험료 부담 달성'을 내걸었다.[191]

의보연대회의는 당시 한국 사회 최대의 연대체였다. 하지만 단지 그 연대의 넓이만 넓어진 것이 아니었다. 의보연대회의에 결합한 민주노총(준)이 의료보험 통합을 임금단체협약투쟁(임단투)과 연결함으로써 노동운동이 구체적인 사회보장 개혁 투쟁에 참여하는 역사적 계기를 만들어 냈다. 이는 1989년 전국의보대책위 운동의 한계를 극복하는 질적인 발전이었다.• 이 밖에도 의보연대회의는 입법 청원 운동, 보험료 납부 거부 투쟁, 서명운동, 보험료 인상 저지 투쟁 등 다양한 투쟁 전술을 펼치며, 꾸준히 의료보험 통합일원화와 보험 적용 확대 문제를 쟁점화했다.[192]

인의협의 활동을 중심으로 살펴보면, 먼저 1994년에 의사 사회 내에서 통합에 대한 여론을 만들어 갔다. 9월 15일 의료보험 통합일원화와 보험 적용 확대를 위한 5000인 의사 서명운동을 전개했다. 또한 정치적

• 노동계가 의보 통합 운동에 결합하게 되는 데에는 김용익의 역할이 컸다고 한다.(비판과대안을위한건강정책학회·전국사회보험지부, 《국민건강보장쟁취사》, 2010, 92-93쪽)

의료보험 통합일원화와 보험 적용 확대를 위한 의사 서명운동.

영향력을 가진 의료계 인사들과 논쟁을 벌이며 통합을 위한 여론을 조성해 나갔다.[193]

1995년에는 지방자치제의 실시에 맞춰 다양한 활동을 벌였다. 5월 24일에는 6월 27일 지방선거를 앞두고 의보연대회의 주최로 '지방자치시대의 보건의료 개혁방안' 토론회를 개최했다. 9월 1일에는 인의협, 참여연대, 환경련 공동 주관으로 '지방자치시대의 환경, 보건, 복지정책 워크샵'을 개최하여 지방의회의원, 단체장 등을 대상으로 김용익, 김창엽, 조홍준 등이 의료보험 통합일원화의 필요성을 주장했으며,《지방자치와 보건의료》라는 자료집도 발간하여 지자체 관계자들에게 배포했다.[194]

인의협은 보건의료인 연대회의를 꾸려 의료보험 통합의 불씨를 살려 냈고 의보연대회의가 구성될 수 있는 기반을 제공했다. 이 의보연대회의는 김영삼 정부 의개위의 퇴행적 움직임을 차단했고, 노동계까지 끌어들여 강력한 사회운동을 건설했다. 결국 이는 대선을 코앞에 둔 1997년 말에 신한국당마저 단계별 통합을 제시할 수밖에 없도록 만들었다. 그 후 의보연대회의는 신한국당의 의보 통합 방안을 전술적으로 지지했고, 마침내 11월 18일 복지부의 반대에도 불구하고 이 통합법안은 국회를 통과했다. 그러나 의보연대회의는 노태우 정권 시절의 뼈아픈 전철을 밟지 않기 위해 자만하지 않고 실질적으로 의보 통합을 시행할 대선 후보들을 계속 압박해 나갔다.[195]

4

전국 단위
조직으로의 성장

1990년대 들어 인의협을 이끄는 주축 멤버들이 젊어지고 의사 사회 내부에 대한 관심이 높아진 것은 맞지만, 그렇다고 그 이전보다 활동성이 더 올라가거나 회원들이 많아진 것은 아니었다. 오히려 국내외 정치적 상황은 변하고 있었고, 집행부나 회원들의 열정도 창립 초기에 비해 많이 가라앉은 상태였다.[196] 게다가 청년의사처럼 상대적으로 젊고 의사 사회 대중운동에 방점을 찍은 새로운 조직이 등장하며 회원들의 이탈도 발생했다.[197] 집행부 내부에서는 조직의 확대·재생산은커녕 "온존·유지가 걱정"된다며 위기의식마저 돌고 있었다.[198]

이러한 반성에서 막대를 구부리며 의사 사회 내부 문제에 관심을 기울이긴 했지만, 그렇다고 인의협이 의사 대중운동의 모든 내용을 포괄할 수는 없었다. 색깔 없이 '대중' 속에 녹아들기보다는, 그 대중 속에서 평등하고 보편적인 의료의 정착과 인도주의적 실천에 함께 힘쓸 의사들을 찾아내는 것이 중요했다. 깨어 있는 젊은 의사들을 만나기 위해 진행한 1992년의 전국 순회 간담회와 1993~1994년에 의협 및 의사 사회 내부에 비판적으로 파고들었던 일련의 시도는 이러한 조직 사업과 별개의 문제가 아니었다.

이러한 노력은 기존 회원들의 이탈을 위로할 만한 새로운 조직적 성과로 이어졌다. 먼저 1994년 4월, 부산경남지회가 창립되었다. 부산경남지회 결성은 부산 지역 진보적 의사들의 모임이었던 '일하는 사람의 건강을 위한 의사회'가 앞장섰다. 이 모임을 주축으로 1993년 12월부터 인의협 가입 논의가 진행되어, 1994년 2월 25일에는 143명의 발기인이 모였다. 그 후 4차에 걸친 준비모임을 거쳐 1994년 4월 23일 부산대학교 병원에서 창립대회를 가졌다.[199]

중앙과 특별한 연고 없이 부산을 중심으로 자체적으로 활동하고 있던 경남 지역의 진보적인 의사 200여 명이 단체로 인의협에 가입한 것이다. 인의협에는 그 규모 자체만으로도 큰 자극이었다. 아울러, 그 젊은 의사들이 인의협을 '선택'했다는 사실은 그간 인의협이 지켜온 활동의 가치를 입증받는 것이었기에 그 의미가 남달랐다.[200] 물론 대전충남지회(1989), 광주전남지회(1989), 충북지회(1990), 전북지회(1991)가 이미 있었지만, 부산경남지회가 갖는 지정학적 의미와 파급력은 남다른 것이었다.[201] 그 영향력은 곧장 인근 지역인 대구경북에서 나타났다.[202]

사실 경남과 경북 지역 의사들의 인의협 가입이 늦어진 것은 그 지역에 진보적인 보건의료 운동이 없어서가 아니었다. 오히려 정반대였다. 부산경남 지역에서는 1988년부터 노동자 건강권에 관심을 가진 예비 의료인들이 '일요 건강상담소'를 꾸려 활동해 오다 '일하는 사람의 건강

1994년 4월 23일 거행된 인의협 부산경남지회 창립대회.

을 위한 의사회'로 발전했던 것이고, 대구경북 지역에서도 경북의대·계
명의대·영남의대에서 각각 진료소 활동을 하던 학생들이 1991년 대구
경북 지역 진보적 의사 조직 건설을 위한 모임을 가진 뒤[203] 경북의대
가 앞장서 1993년 '올바른 의료 실현을 위한 경북대 의사모임(올경의)'를
꾸린 상황이었다.[204]

　　그런데 올경의는 창립 당시부터 대구경북 지역에 통합 조직이 만들
어지면 해산한다는 내부적 합의를 가지고 있었다. 따라서 올경의는 자
체적인 활동을 꾸려 나가면서도 계명의대, 영남의대 그룹과 함께 더욱
체계적인 의사 운동 조직을 건설하기 위한 논의를 이어 나갔다.[205] 구
체적으로 '인의협이냐 청년의사냐, 아니면 독자 조직으로 갈 것이냐' 하
는 내부 논쟁이 이어졌다. 이런 지난한 논의 끝에 그들이 최종적으로
결정한 것은 대구경북 인의협 건설이었다.[206]

1995년 6월 1일 거행된 대구경북 인의협 창립대회.

인의협에 가입하기로 결정 내린 뒤에도 조직을 구성하는 데 상당한 공을 들였다. 학생 때부터 의료계 개혁에 대해 고민해 온 이종우, 강종문 등이 졸업 후 공중보건의로 재직하며 사람들을 조직해 나갔다. 이들은 선배 의사들을 설득하고 지역사회에 영향력을 가진 인물들까지 포섭하여 최종 138명의 의사를 모았다.[207] 1995년 1월 대경인의협 설명회, 2월 대경인의협 준비 겨울캠프, 4월 8일 발기인대회 및 건준위 발족식을 거쳐 마침내 6월 1일에 대구경북 인의협이 탄생했다.[208] 창립 집행부에는 상임대표에 여운재, 공동대표에 황성수·김건우·김익수, 감사에 권오종·권경순을 세웠으며, 정책국장에 천병렬, 편집국장에 김병준, 사무국장에 이탁을 앉혔다.[209]

1991년 시작된 논의가 1995년 6월 1일 대구경북 인의협 탄생으로 매듭지어지기까지 꼬박 4년이 걸린 것이다.[210] 이처럼 인의협 지회 중 가장 늦게 탄생했지만, 치열한 고민과 치밀한 준비를 거쳐 탄생한 만큼 조직의 독자성과 견고함은 어느 지회보다 돋보였다.[*] 부산경남, 그리고 대구경북까지 지회가 만들어지면서 인의협은 명실상부한 전국 단위 조직이 되었다. 하지만 전국 단위 조직 체계 구축이 갖는 의미는 단지 회원 수 확대나 위상 강화 또는 침체된 분위기의 전환에 머물지 않았다. 1990년대 후반 건강보험 통합일원화, 노숙인 지원 사업, 북한 어린이 의약품 지원 사업, 의약분업과 같은 운동을 추진하는 데 있어 때론 지역의 기지가 되어 주었고, 때론 선봉이 되어 주었다.

---

[*] 현재까지도 대구경북 인의협은 '지회' 형태가 아닌 독자적인 하나의 단체로서 그 위상과 활동 역량을 유지해 오고 있다. 또한 대구경북지회만이 창립 때부터 지금까지 독자적인 잡지를 발행해 오고 있다.(김병준 인터뷰, 〈대경인의협 20년…"올바르고자 하는 그 열망으로"〉, 《평화뉴스》, 2015년 11월 25일)

5

—

그 밖의
활동

일반 대중을 위한 책자 발간

1990년대 초중반에 인의협은 의사 사회 내부에 개입하고자 하는 노력을 많이 기울였다. 이것이 회원들의 전반적인 관심을 모을 수는 있었지만, 의료 현장에 있는 대다수 회원들이 직접 참여할 수 있는 것은 아니었다. 또한 그동안 인의협은 많은 사회문제에 개입하며 어려움에 처한 사람들을 도왔지만, 일반 대중을 위한 작업은 많지 않았다. 일반 회원들을 위한 노력, 그리고 일반 대중을 위한 노력이 필요했다. 1994년에 인의협은 이에 대한 아이디어로 의료 상식 관련 책자 발간을 기획했다.

이는 잘못된 건강 정보의 홍수 속에서 올바른 건강 정보에 목말라하는 일반 대중의 욕구를 풀어 주고, 전국에 있는 700명의 인의협 의사들이 모두 기여할 수 있는 일석이조의 사업이었다. 특히 물리적으로 거리가 먼 지역 회원들에게 소속감을 느끼게 할 수 있는 사업이었다. 건강식품, 사소한 증상들, 진료과별 의학 상식 등 많은 사람들이 궁금해하는 의료 상식 100가지를 추려 전국의 회원들에게 각 꼭지를 나누어 맡겼다. 회원들이 합심하여 기획에 들어간 지 1년도 안 되는 짧은 기간에 《잘못 알려진 건강상식 100》이라는 결과물이 나왔다.[211]

1994년 7월 20일, 한울출판사를 통해 출간된 이 책은 상당한 국민적 관심을 불러일으키며 베스트셀러 반열에 올랐다. 책 자체도 많이 팔렸지만, 책에 담긴 정보가 많은 언론을 통해서 알려졌다. 인의협 자체를 국민에 알리는 역할도 톡톡히 했다.

또한 이 활동은 회원들의 참여와 비회원 의사들의 관심을 끌어내 인의협의 가장 성공적인 의사 대중 사업으로 평가받았다.[212] 이 책자의 성공에 고무된 인의협 집행부는 바로 두 번째 책자 기획에 착수하여 2년 뒤인 1996년에 《꼭 알아야 할 건강상식 105》(한울)라는 책까지 출간했다.[213]

5·18특별법 제정 촉구 의사 서명운동

인의협은 청년의사와 함께 5·18특별법 제정을 위한 의사 서명운동을 펼치기도 했다. 1995년 7월에 검찰이 12·12 및 5·18 사건 관련자를 불기소 처분함에 따라 국민들로부터 거센 비난 여론이 일었는데, 이에 청년의사 측이 공동 대응을 제안하여 5·18특별법 제정 촉구 의사 서명운동에 나선 것이다.

인의협과 청년의사는 1995년 10월 17일까지 2376명의 의사들로부터

인의협과 청년의사가 주도한 '5·18특별법 제정 촉구' 기자회견 모습.

서명을 받았다.[214] 시민사회단체는 물론 의사들까지 압박에 나서자 11월 24일에 김영삼은 5·17쿠데타 관련자 처리를 위한 특별법 제정 지시를 내릴 수밖에 없었고, 검찰도 재수사에 나서 결국 노태우·전두환은 죗값을 치러야 했다.

그러나 김영삼의 진보적 제스처는 거기까지였다. 특히 1996년 4월 국회의원 선거에서 여당이 승리하면서 노골적으로 보수적 성격을 드러냈다. 이는 8월 한총련 사태, 9월 북한 잠수함 표류 사건 등으로 나타났다. 이러한 반동적 분위기에서 전반적인 사회운동은 침체를 겪었고, 보건의료 운동 역시 적지 않은 영향을 받았다.[215]

인의협 역시 1994~1995년 부산경남·대구경북지회 결성으로 활기가 살아나는 듯했으나, 1996년에 이르면 또다시 침체를 겪었다. 1996년의

주요 활동을 보더라도 "전국적 차원의 사업은 북한 수재민 돕기 모금 정도"에 불과했다.•

•활동이 적었다는 것이지 이 모금 운동의 의미가 적다는 것은 아니다. 당시 '북한 수재 민돕기 보건의료인 모금본부(본부장 임종철)'까지 결성되어 약 2500만 원의 거금을 모 았다. 인의협 차원에서는 약 500만 원을 모았으며, 이 돈은 유니세프를 통해 전달되었 다. 이 운동은 1997년 벌어진 북한 어린이들을 위한 의약품 지원 운동의 씨앗이 되었 다.(어린이의약품지원본부, 《북녘어린이와 희망을 나눠온 어린이 의약품 지원본부 10년 의 발자취와 비전(1997~2006)》, 2007, 254쪽)

광장에 선 의사들

제 5장

김대중 정부
시기

인의협이 탄생한 지 꼭 10주년이 되는 1997년에 한국 사회는 다시 커다란 혼란과 변화를 겪었다. 바로 IMF 구제금융으로 대표되는 경제위기와 50년 만의 선거를 통한 야당으로의 정권교체였다. 인의협 역시 이러한 변화에서 어떤 활동을 펼칠 것인지 많은 고민을 해야 했다. 정권과의 관계가 과거와 분명 달라졌지만 그것에 의존할 수는 없었다. 절차적 민주주의를 넘어 그 민주주의가 사회 곳곳에서 실현될 수 있도록 전문가 단체로서 역할을 고민해야 했다. 이는 의사 사회와 의료 제도를 바꾸기 위한 더욱 '적극적인 자세'와 민중과 함께 IMF 경제위기를 극복하기 위한 '인도주의의 실천'을 인의협에 요구했다.

1

인의협
부활 운동

인도주의 실천주간과 인의협 학술대회

1996년에 인의협은 심각한 침체기를 겪었다. 초창기인 1987년의 기운을 받아 열정 가득 뭉친 의사들이 인도주의라는 이름 아래 사회 개혁과 의료 개혁 두 마리 토끼를 모두 잡는 초인적인 에너지를 발휘하기도 했지만, 시간이 지나면서 그 열정도 식어 갔다. 지역 지회가 건설되었고 회원 수도 늘었지만 인의협의 활동에 참여하는 정도나 방향성에 동의하는 수준은 분명 낮아지고 있었다. 결국 사회 개혁과 의료 개혁 중 인의협이 집중해야 할 것이 무엇인지, 의사를 개혁 주체로 삼을지, 개혁 대상으로 삼을지 등 인의협 창립 초기부터 이어져 온 논쟁이 다시 부상했다.

이와 관련해 인의협은 아예 10주년 기념 특집으로 문제를 공론화했다. '인의협의 우선 과제, 사회 개혁인가 의료 개혁인가' 그리고 '의사, 개혁의 주체인가 대상인가'에 대해 두 차례에 걸쳐 열띤 토론을 벌였다. 첫 번째 논쟁에서 정일용은 의료 개혁이 사회와 동떨어져 이루어지는 것이 아니기에 인의협이 사회 개혁에 관여하지 않을 수 없다고 주장했고, 김병후는 일반 의사들은 인의협을 현실성이 결여되어 있는 소수 의사들의 모임으로 보고 있다며 신랄한 비판을 가했다. 두 번째 논쟁에서는 조병식이 의사 대중에 대한 인의협의 동료의식 고취를 강조한 반면 조홍준은 의료 제도에 대한 국민의 불만이 높아지면서 이에 대한 개혁 요구가 점증하고 있는데도 의사 집단은 어떻게 해결할 것인가에 대한 기본적인 방향조차 알지 못하고 있다며 이런 상황에서는 개혁의 대상이 될 수밖에 없다고 주장했다.[216]

사실 사회 개혁 문제도, 의료 개혁 문제도, 의사 대중을 끌어안는 문제도, 의사들을 바꿔 내는 문제도 시기와 상황에 따라 무게중심을 달리할 수 있을지언정 그 어느 것 하나 인의협이 소홀히 할 수 있는 문제가 아니었다. 인의협은 10주년을 맞아 의지를 새롭게 다지며, 어느 한 방향을 택하기보다는 각 방향에 열정을 가진 젊은 인재들을 중앙집행부에 고루 배치해 균형을 맞추는 방법을 택했다. •

•1997년 중앙집행부를 보면 다음과 같다. 고문: 구연철·김일순·홍창의·서한태·윤종구 / 공동대표 : 고한석(교직의, 인제의대 정형외과)·심재식(봉직의, 한국보훈병원 산부인과)·김종구(개원의, 사당의원)·이준구(전공의, 신촌세브란스병원 내과) / 기획국 국장: 윤석준(서울의대 의료관리학교실), 차장: 신재기(강서제일병원 정형외과)·강민종(한국의료관리연구원)·우석균(성동주민의원)·정윤(서울백병원 인턴)·김영태(부천성가병원 마취과) / 편집실 실장: 김선민(서울의대 의료관리학교실), 차장: 주영수(서울의

인도주의 실천주간 활동 모습.

　심재식이 다시 인의협 공동대표와 10주년 기념사업준비위원장을 맡
으며 조율자로 나섰다.[217] 그리고 중앙집행부는 10주년을 맞아 '인의협
부활 운동'을 선포하고 부활을 위한 발판으로 두 가지 사업을 제시했
다. 바로 '인도주의 실천주간'과 '인의협 학술대회'였다. 이러한 사업들로
회원들의 활동성을 고취해 연말 인의협 10주년 기념행사로 총화한다는
계획이었다.[218]

　먼저 인도주의 실천주간은 김유호의 주도로 4월의 소년소녀 가장 주
치의 맺어주기 행사를 비롯하여 장애인, 철거민, 외국인 노동자 등 우

대 예방의학교실) / 조직국 국장: 김유호(유소아과의원), 차장: 김봉구(동수원병원 일반
외과)·이형근(단국대병원 일반외과)·김영삼(공중보건의, 연세의대) / 사업국 국장: 정
일용(연천군보건의료원 일반외과), 차장: 강영호(서울의대 의료관리학교실).

리 사회의 소외받은 이웃들을 대상으로 집중 의료 지원 활동을 벌이는 사업이었다.[219)

한겨레신문사의 후원으로 진행된 이 인도주의 실천주간 사업은 많은 실수와 시행착오도 있었으나 회원들과 일반 대중에게 글이 아닌 몸으로 직접 다가가는 대중적 활동의 단초를 제공했다.[220)

인도주의 실천주간 사업과 함께 '인의협 부활 운동'의 일환으로 진행된 또 하나의 사업은 인의협 학술대회였다. 그전에도 물론 다채로운 학술대회가 있었지만, 1997년에는 회원들의 좀 더 적극적인 참여를 이끌어 내고자 지나치게 정치적이고 정책적인 문제보다는 많은 회원들이 평상시 관여하고 있고 고민하고 있는 문제들로 기획했다. 구체적으로 '박애, 평등, 그리고 건강한 의료 공동체', '성폭력의 실태와 대응 방안', '장애인의 의료 현실과 대책' 등의 주제를 다루었으며, 매회 약 70여 명의 회원이 참여해 성황을 이루었다.[221) 그리고 이러한 '인의협 부활 운동'을 토대로 1997년 11월 15일에는 인의협 역사의 첫 매듭이라고 할 수 있는 창립 10주년 기념식을 성공적으로 거행했다.

인의협이 1997년에 시도한 인도주의 실천주간 사업은 시혜적인 일회성 봉사가 아니었다. 1998년에는 첫해에 드러난 한계를 보완하여 더 체계적으로 접근했다. 특히 중점을 둔 소년소녀 가장 주치의 맺어주기 사업의 경우 사회복지 관련 전문가 및 활동가들과 협력하여 '요보호 아동 건강관리 사업'으로 명칭을 바꾸고 "지역사회에서 보건 분야와 복지 분야의 유기적 결합을 통한 포괄적인 요보호 아동의 건강관리 체계를 마련하기 위해 개발된 사회 안전망의 한 모형"을 만들고자 노력했다.[222)

비록 오래 지속되지는 못했지만[223) 이 사업은 IMF 시기 지역사회에 직접 다가가 민중의 고충을 함께 나누고자 했던 인의협의 인도주의 실천 의지가 고스란히 담긴 사업이었다.[224]

사단법인 인의협으로의 전환

하나의 조직으로서 열 살을 넘기며 역사적 기반이 생기고, 인도주의 실천주간 사업 등으로 그나마 조직 기반이 다시 다져짐에 따라, 인의협은 공신력을 갖춘 틀거리인 법인화를 추진했다. 원래 인의협 창립 초기부터 법인화 추진이 거론되었으나 "과거 서슬 퍼렇던 시기에는 법인 설립 허가가 가능할까"라는 회의가 있었고, 또 "정부의 불필요한 간섭을 초래할지 모른다는 우려" 때문에 미뤄져 왔다. 그러나 김대중 정부가 들어서며 인의협과 같은 우려를 하던 여러 시민사회단체가 법인화를 시도해 긍정적인 선례를 보여주었고, 노숙인 지원 사업 등 정부나 사회단체의 지원을 받을 일이 생김에 따라 법인화 필요성이 높아졌다.[225]

1999년에 인의협은 본격적으로 법인설립추진위원회를 만들어 전국 회원들의 의견을 수렴하고 사단법인 체제로 전환하기로 결정했다. 다만 사단법인 체제로 전환하더라도 "조직상의 본질적 변화를 추진하지 않는다"는 원칙을 제시하여 내부의 혼선을 최소화했다. 전국 단위 이사회를 새롭게 구성하고 중앙운영위원회, 정관 등의 정비를 마친 인의협은 1999년 4월 17일에 사단법인 창립총회를 열어 새로운 출발을 알렸다.[226]

2

북한 어린이
의약품 지원 운동

1997년은 한반도 전체가 정치·경제·사회 모든 면에서 위기 상황이었다. 개혁의 실패와 이로 인한 정치적 권위의 상실을 만회하려는 막판 김영삼 정부의 발악은 1997년 초의 노동법 개악으로 정점을 보였다. 그러나 한국 사회의 역동성은 그 정점에서 다시 꿈틀대기 시작했다. 1987년 이후 꼭 10년 만에 기층 민중의 광범위한 노동악법 철폐 투쟁이 일어났고, 자본에 유리한 산업구조 조정을 국민에게 강요하려는 정권의 시도를 좌절시켰다.[227] 노동악법 철폐 투쟁으로 정치적 치명상을 입은 문민정부는 이후 김현철 사건까지 터지며 '준무정부 상태'로 전락했다.

노동법 개악 강행으로 노동자들의 총파업과 시민사회의 저항이 일며 사회운동이 살아났지만 1987년과 극명하게 다른 경제 상황 속에서 그러한 분위기가 계속 유지되기는 어려웠다. 더욱이 IMF라는 초유의 사태로 치달으며 사회 전체가 침체기로 빠져들었다. 북한의 상황은 더 심각했다. 대기근으로 참혹한 재난 상황에 봉착했다. 3년째 계속되는 홍수 피해와 가뭄 등으로 수십만의 사망자와 수백만의 난민이 발생하고 있었다.

한반도 전체가 침체인 상황이 역설적이게도 인의협에게는 침체를 벗어날 기회를 제공했다. 인의협의 가장 근간에 자리잡고 있는 '인도주의'를 '실천'하자는 단순 명료한 길이 제시되었기 때문이다. 이 문제에서만큼은 내부 논쟁이 필요 없었다.

인의협은 우선 북녘 동포들을 돕는 운동에 방점을 찍고 의료인으로서 할 수 있는 방안을 모색해 나갔다. 먼저 부산에서 움직였다. 1997년 3월에 부산경남 인의협은 부산 지역의 의사, 치과의사, 한의사, 약사들을 모아 '북녘동포돕기 부산지역 보건의료인 모금본부'를 결성했다. 한두 달 만에 모인 돈은 약 5000만 원에 달했다.[228] 부산경남 인의협의 활동 소식이 전해지며 인의협 중앙 차원에서도 움직이기 시작했다. 인의협 중앙은 원래 예정되어 있던 4월 인도주의 실천기간에 긴급 사안으로 북한 어린이 지원 문제를 추가했다. 전체 회원들에게 '기근과 질병에 시달리는 북한 어린이에게 의약품을!!'이라는 제목의 호소문을 보내며 전국 차원의 모금 운동을 전개했다.[229]

1997년 들어 정부에서도 식량 지원을 허용하면서 전 국민의 관심이 식량 지원에 맞춰졌지만, 인의협은 일단 허가된 식량 지원을 위한 모금에 힘을 보태면서도 기아와 동시에 발생하는 질병을 극복하기 위한 의약품 지원으로 무게중심을 옮겨갔다. 의료인들을 설득하기 위해서는 북한에 의약품이 필요하다는 사실을 의학적으로 증명해야만 했다. 인의협은 북한 당국이 시인한 134명의 어린이 사망 보도, PC통신을 통

북녘동포를 도웁시다 P1.5.30 한겨레

"병든 겨레 직접진료 하고 싶지만…"
인의협, 의약품보내기 운동

'인의협'이 다음달부터 북한에 의약품 보내기운동을 펼친다.

인의협(인도주의실천의사협의회) 김종구(사랑병원 원장) 공동대: 29일 "오는 6월께 보건의료계를 비롯해 명망있는 인사들을 중심으로 '겨레살리기 의약품 지원본부'를 꾸려 북한에 의약품 보내기운동을 적극적으로 펼칠 예정"이라고 밝혔다.

인의협은 그러나 당장은 북한에 대한 식량지원이 시급하다는 인식 아래 지난 4월부터 벌여온 대북식량 지원을 위한 모금운동에 전념하기로 했다. 인의협은 보건의료인들을 대상으로 지난 4월 2천만원, 5월엔 3천만원의 성금을 모았다고 밝혔다.

인의협은 앞으로 의약품 지원을 본격화하면 항생제와 예방백신 등 어린이를 위한 기초의약품 지원에 중점을 둘 예정이다.

인의협의 한 관계자는 "의료인은 국적과 이념, 종교 등 차이에 관계 없이 환자를 진료해야 할 의무가 있다"면서 "북한 어린이들을 직접 진료할 수 없는 상황에서 최소한의 의약품 지원에라도 적극 나서야 한다"고 말했다.　김경무 기자

인의협의 북한 의약품 보내기 운동을 보도한 기사. 《한겨레》, 1997년 5월 30일.

해 어렵게 구한 유엔인도지원국(UN Department of Humanitarian Affairs, UNDHA) 자료, 유니세프에 공식 요청하여 입수한 자료 등을 취합하여 자료집을 만들었다.[230]

객관적인 자료를 구축한 인의협은 '건강사회를 위한 보건의료단체 대표자회의(이하 보건의료대표자회의)'를 통해 진보적 보건의료 운동 단체들과 연대하여 의약품 지원에 방점을 찍은 통합적인 운동을 건설함과 동시에,* 장기적으로 각각의 직능별 대표 5단체(의협, 치협, 대약, 한의협, 간협)

---

* 보건의료대표자회의는 논의를 통해 '겨레사랑북녘동포돕기운동본부'에 동참하기로 결정했다. 당시 보건의료대표자회의에는 인의협 외에도 건강사회를 위한 약사회, 건강사회를 위한 치과의사회, 기독청년의료인회, 노동과건강연구회, 참된의료실현을 위한 청년한의사회, 진보와 연대를 위한 보건의료운동연합, 평등사회를 위한 민중의료연합 등 9개 단체가 참여했다.(어린이의약품지원본부, 《북녘어린이와 희망을 나눠온 어린이 의약품 지원본부 10년의 발자취와 비전(1997-2006)》, 2007, 254쪽)

까지 설득해 보기로 했다. 이러한 기획 아래 심재식, 김종구는 인의협 공동대표 자격으로 의협 회장을 만나 의약계 대표 5단체의 결합을 설득했고, 마침내 6월 28일에 '북한어린이살리기 의약품지원본부(이하 의약품지원본부)'라는 이름의 역사상 가장 광범위한 보건의료계 운동이 건설되었다.[231]

당시 인의협이 주도한 보건의료대표자회의 차원의 운동 전개는 단지 의료계로만 뻗친 것이 아니었다. 인의협은 대북 지원 운동을 확대하기 위해서는 전 국민에게 북한 어린이들의 참혹한 실태를 알리는 것이 중요하다고 판단했다. 실제로 어린이들의 건강 문제가 심각하기도 했지만, '어린이'에 초점을 맞춘[232] 의약품 지원 문제는 '북한에 보낸 쌀, 포탄되어 돌아온다'는 보수 단체의 공격과, 이를 이용해 언론을 통제하고 있는 정부의 책략을 넘어설 수 있는 발판이기도 했기 때문이다.•

보건의료대표자회의는 이러한 보수의 준동과 정권의 탄압에 맞서, 전 국민적인 캠페인으로 확대하기 위해 신문사를 접촉했다. 우선 한겨레신문사와 접촉하여 캠페인에 대한 합의를 끌어냈으나 좀 더 광범위한 선전을 위해 동아일보사와도 접촉을 시도했다. 동아일보사가 사장실에서 최종 승인이 나야 한다며 시간을 끌어 보건의료대표자회의는 경로를 두 가지로 나눴다. 인의협을 비롯한 진보적 보건의료 단체들은

• 실제로 자유총연맹이 내건 구호이고, 당시 곳곳에 이 구호를 쓴 현수막을 걸기도 했다. 진보 진영에서는 이 논리를 깨는 것이 중요했다.(우석균, 2015년 10월 30일 페이스북) 그리고 당시 통일원은 (모금) 창구 단일화와 언론 방송 자제를 강요했다고 한다.(김종구, 〈북한어린이살리기 의약품지원본부 현황과 과제〉, 《사람과의료》, 1997년 7·8월, 21쪽)

종교계, 한겨레신문사와 손을 잡고 먼저 '북녘 어린이에게 생명을' 캠페인을 진행하고, 의협을 포함한 직능 대표 단체들이 포함된 '북한어린이살리기 의약품지원본부'는 구독자 규모와 정치성을 고려해 동아일보사와 진행하기로 한 것이다.[233]

의약품지원본부의 캠페인은 동아일보사의 비협조적인 태도로 결국무산되고 다른 방법을 모색해야 했지만,[234] 인의협을 비롯한 보건의료대표자회의 소속 주요 단체들이 한겨레신문사를 통해 전개한 '북녘 어린이에게 생명을' 캠페인은 대성공을 거뒀다. 한겨레신문사가 광고를 적극적으로 연일 1면에 개제했고, 인의협에서 북한 어린이들의 건강 상태에 관한 새로운 내용을 지속해서 제공한 덕택이었다.[235]

캠페인에 대한 반응이 뜨겁게 달아오르자 보건의료대표자회의는 그여세를 몰아 '북녘어린이 살리기 어깨동무 통일대행진'을 추진했다. 7월19일 파주시 경모공원에서 통일전망대 광장까지 약 3.4킬로미터를 걷는이 행사는 30도를 웃도는 땡볕의 날씨에도 약 3000여명이 참석해 성황을 이루었다. 이 행사에는 문익환 목사를 비롯한 종교계 인사들과 이부영·김홍신·장영달 국회의원, 양대 노총 대표자들은 물론 파주시장까지 참여했다. 실향민 묘역인 파주 경모공원에서 거행된 행진 발대식 격려사는 홍창의 인의협 고문에게 맡겨졌으며, "제발 북녘 아이들이 죽지만 말아 달라고 모두 기도하자"는 그의 울음 섞인 발언은 참가자들에게깊은 감동을 주었다.[236]

8월부터는 의약품지원본부도 동아일보사를 통한 캠페인 전개를 포기하고 한겨레신문사에서 진행하는 캠페인으로 결합하면서 본격적인 범보건의료계 운동이 시작되었다.[237] 8월 말에는 대구경북과 대전충남에 지역본부가 결성되었으며,238) 질적으로도 빠르게 성장해 나갔다. 1997년에만 의약품지원본부 차원에서 세 권의 자료집을 발간했으며,239) 사진 자료에 의학적 설명을 넣은 〈누가 이 아이의 설움을 달랠 수 있습니까〉라는 슬라이드 영상을 만들어 지역 상영회를 개최했다.240) 또 인요한(유진벨) 선생 초청 '북한 의료 상황 보고회'를 두 차례 개최했고, '굶주림과 영양실조, 그리고 죽음'이라는 학술 심포지엄을 주관했다.241)

이러한 노력은 전 사회적 호응을 이끌어 냈다. 1997년 말까지 약 반년이 채 안 되는 기간 동안 진행된 '북녘 어린이에게 생명을' 캠페인을 통해 10억이 넘는 금액이 모였다. 당시 IMF 외환위기로 모두가 허리띠를 졸라매던 상황인 것을 감안하면 가히 놀라운 액수였다.242) 의약품지원본부의 기부금품 모집 허가 신청서에 대해 '불허 처분'을 내리며 의약품 지원을 위한 모금 운동을 방해하던 정부도 결국 두 손을 들어 9월 24일에 제1차 의약품 북송이 이루어졌다.243)

북한 어린이 의약품 지원 운동은 한겨레신문사 주최로 1997년 12월 5, 6일 양일간 열린 '북녘 돕기 운동의 평가와 전망' 국제 심포지엄을 통해 일차적으로 갈무리되었다.244) 그 후 의약품지원본부는 '어린이의약품지원본부'로 이름을 바꾸어 독립된 단체로 성장했으며, 현재까지도 인의협 회원들이 주요 직책을 맡아 활발한 활동을 이어 가고 있다.

1997년에 시작된 북한 어린이 의약품 지원 운동은 한국 사회에, 보건의료계에, 그리고 인의협에 많은 의미를 남겼다.

우선 전국의 이름 모를 민초들의 의약품 지원 모금 행렬이 이어지면서 적십자사도 의약품 지원의 필요성을 거론하게 되었고, 심지어 정부

기관조차 의약품 지원의 정당성과 시급성을 인정하게 되었다.[245] 이러한 변화가 이루어지기까지는 한겨레신문사의 홍보 효과도 중요했지만 무엇보다도 인의협을 중심으로 "북한 어린이들의 상황을 나름대로의 전문성을 바탕으로 접근하여 그 심각성을 민족의 건강과 미래의 차원에서 조명함으로써 북녘동포돕기운동의 대국민적 설득력을 한껏 높인 것"이 주요했다. 특히 어린이들은 어른들과는 달리 일시적인 영양실조로도 영구적인 신체적·정신적 장애를 입는다는 점을 국민들에게 알린 것이 매우 중요했다. "굶주린 어린이들을 놓고 정치적 흥정을 벌이고 있는 동안 어린이들의 피해는 되돌릴 수 없는 것이 되고 민족의 장래 또한 되돌릴 수 없는 피해를 입게 된다는 것"이 의학적 사실로 제시되며 국민들의 마음을 움직였던 것이다.[246] 이처럼 북한 어린이 의약품 지원 운동은 식량 지원에 대한 보수 진영의 궤변을 넘어 한국 사회에 새로운 통일 운동 모델을 제시했다.[247]

북한 어린이 의약품 지원 운동이 보건의료계에 미친 영향은, 무엇보다 보건의료계가 '민족을 위한 인도주의적 실천'을 중심으로 광범위한 연대 운동을 건설했다는 점이다. 앞서 언급했듯이 의협을 비롯한 각 직능 공식 조직의 대표들이 의약품지원본부에 참여한 것도 의미 있는 성과였지만, 진보적인 보건의료 진영 내에서도 적지 않은 의미를 지녔다. 한약분쟁 이후 소원했던 보건의료대표자회의의 참여 단체들이 그간의 앙금을 털고 다시 유기적 연대를 구축하는 계기가 된 것이다.[248]

인의협에도 북한 어린이 의약품 지원 운동은 그간 멀어져 있던 회원들이 다시 결합할 수 있는 기회가 되었을 뿐 아니라, 그동안 침체되어 있던 중앙은 물론 지방 및 지회 조직까지 활성화되는 계기가 되었다. 아울러 인도주의 실천주간 활동과 시너지 효과를 내며 모처럼 외향적 활동을 지향하는 회원들과 내향적 활동을 지향하는 회원들 모두를 충족시킬 수 있었다.[*]

---

[*]1997년 6월 28일 결성된 의약품지원본부는 2001년에 더 전문적이고 안정적인 지원을 위해 (사)어린이의약품지원본부로 전환되었다. 인의협의 심재식·홍경표·나동규 등이 이사장을 맡았으며, 김유호·백재중·윤여운 등이 주도적인 역할을 하고 있다.

3

IMF 시기
대국민 지원 사업

1997년에 IMF 외환위기를 맞은 이후 많은 국민이 경제적 어려움을 겪었다. 특히 1998년 3월부터 서울역, 청량리역, 용산역 등지에 노숙인이 급증하며 새로운 사회문제로 부상했다. 인의협은 사회 안전망이 열악한 한국에서 경제적 파탄은 곧 의료적 무방비 상태로 이어진다는 점을 주목했다.

인의협이 인식한 노숙인 문제는 당시 한국 사회의 구조적 문제와 직결되는 것이었다. 즉, "일할 의지가 없고 구걸로 생계를 해결하는 게 편하다고 느끼는 일반적 노숙자와는 달리 우리나라 노숙자는 구직 과정에서 일시적으로 어려움을 겪는 사람들"이 많았다. 이는 "서울 지역 노숙자들의 절반가량이 IMF 사태 이후 노숙을 시작"했다는 데서도 확인할 수 있었다. 문제는 갑작스럽게 노숙자로 전락한 이들은 위생이나 영양 상태 등이 열악한 환경으로 인해 "몸과 마음이 황폐해지고 병들게 인의협의 노숙인 진료소를 보도한 기사.
〈'실직 노숙자 육체의 病에도 무방비'―
인도주의실천의사협의회 진료팀장
정일용 씨〉, 《한겨레》, 1998년 5월 20일.

마련"이라는 점이었다.[249]

이러한 문제를 해결하기 위해서는 노숙인들의 현황을 파악해 사회
구조적 해결을 촉구하면서도, 당장 그들의 건강을 돌보아야 했다. 이
두 마리 토끼를 모두 잡기 위해 인의협은 노숙인들을 위한 무료진료소
를 꾸렸다. '안타깝게도' 1998년 5월 1일 을지로 3가 지하도에 차린 인
의협 노숙인 무료진료소는 개소한 지 한 달도 안 돼 노숙인들로 넘쳐났
다.[250]

노숙인 진료소 사업 착수에 '성공하면서' 인의협은 두 마리 토끼를 모
두 쫓을 수 있었다. 인의협이 예상한 대로 "노숙자 대부분은 최근에 거
리로 나온 사람들"이었다. 그리고 "그들은 조금 더 그대로 지나면 영원
한 노숙자가 될 가능성"이 많았다. 그렇기 때문에 인의협은 "그전에 국
가적인 대책이 나와야" 한다고 호소했고, "육체적인 병은 약으로 치료
가 가능하지만 실직자들의 마음의 병은 일자리 외에 다른 처방은 없다"
고 근본적인 해결을 촉구했다.[251]

그러나 인의협의 정확한 '진단'과 '처방'대로 '치료'가 진행되지는 않았
다. 정부와 서울시는 1998년 말 3000명 정도를 수용하면 충분할 것이
라며 '희망의 집', '서울의 집'을 세우는 것으로 문제 해결을 운운했다. 하

지만 접근 방법 자체도 잘못됐지만 그 수조차 전혀 실정에 맞지 않았다. 인의협이 조사한 바로는 서울역과 을지로의 노숙인만 합쳐도 최소 5000명이 넘었고, 그 수는 계속 늘고 있었다. 국가기관에 의존할 수 없는 상황임을 인지한 인의협은 약 한 달 반 동안 직접 노숙인들의 실태를 조사해 발표했다.[252] 특히 노숙인들의 건강 문제에 대한 서울시와 복지부의 안일한 대응에 대해 강력히 비판했다.[253]

인의협의 예견대로, 수용 시설을 지었는데도 서울역 앞 노숙인들이 줄지 않자 서울시와 정부 관계자들은 뒤늦게나마 문제의 심각성을 깨닫고 인의협을 찾았다.[254] 실제로 당시 노숙인들에 대한 실증적 데이터를 확보하고 노숙인들과 직접 접촉하고 있는 곳은 인의협밖에 없었다.[255]

그 후 인의협은 서울시의 요청으로 노숙인 건강검진을 실시했고, '자유의 집' 진료소, 서울역 지상진료소, 영등포 '보현의 집' 진료소 등 서울시가 관여하는 거의 모든 노숙인 의료 사업을 책임졌다. 또한 노숙인 정책 논의에 직접 참여하여 의견을 제시했으며, 복지부의 요청에 주영수와 정일용이 자문을 해주었다. 이에 따라 복지부의 '미소꿈터'라는 노숙인 결핵 프로그램이 만들어졌고, 인의협 회원들이 헌신했던 각종 진료소에 공중보건의가 배치되었으며, 수용 시설에 입소할 때 기본 건강검진을 받도록 하는 등 노숙인을 위한 의료 제도가 체계를 갖췄다. 인의협은 이런 제도화 과정에 개입하면서도 초심을 잃지 않고 인의협의 노숙인 진료소를 서울역으로 옮겨 사업을 꾸준히 이어 나갔다.•

IMF 외환위기에 민중의 고통을 함께 나누고자 했던 인의협의 노력은 노숙인에게만 머물지 않았다. 노숙인이 아니더라도 대다수 서민들이 병·의원 진료에 부담을 느낄 것을 예상하고 이들을 위한 대책을 강구했다. 우선 이들이 병·의원을 더 저렴하고 수월하게 이용할 수 있도록 1998년 5월부터 동아일보사, 한겨레신문사, MBC〈여성시대〉등 여러 언론사에 각종 의료 정보를 제공했다.

인의협은 노숙자로 전락하지는 않았지만 실직으로 고통받고 있는 사람들을 위해 1998년 5월부터 실직자 진료비 감면 사업을 시작했다. 구체적으로 실직자들의 외래진료비를 50퍼센트 감면해 주자는 것이었다. 처음 약 4개월간은 인의협 회원들을 중심으로 진행했으나 실직자가 하루에도 수천 명씩 늘어나는 상황을 감당할 수 없었다. 다행히 민간 실업 대책 기구인 실업극복국민운동본부가 인의협의 활동을 위해 1억 763만 원을 지원함에 따라 인의협은 체계를 가다듬고 사업을 새롭게 시작했다.[256]

광고를 통해 전국 250여 개 병·의원을 모은 인의협은 1998년 10월부터 1년의 활동 기간을 설정하고 '실업자 진료비 감면 전국네트워크(이하 네트워크)'라는 임시 조직을 띄웠다.[257] 인의협은 상근의사 체계를 부활시켜 전국의 실직자들을 대상으로 직접 상담을 해주고 추가 진료가 필요할 경우 가까운 곳에 있는 네트워크 소속 병·의원을 소개해 주어 네

• 하루에 수백 명을 진료해야 했을 만큼 금요일 저녁이면 노숙인들이 진료소를 찾았다. 초창기에는 정일용과 우석균이 진료에 헌신했고, 주영수가 역학조사를 맡았다. 그리고 서울대, 연세대, 경희대, 한양대 등 전국의 수많은 의대생들이 자원봉사자로 활약했다.(정일용 인터뷰) 노숙인 진료소는 인의협의 가장 오래된 사업으로 현재까지도 유지되고 있다. 다만 정일용과 주영수가 이끌던 사업은 2012년에 일단락되었다.(주영수 인터뷰)

트워크의 센터 역할을 맡았다.[258] 또한 인의협은 이 사업을 위해 별도의 소식지를 제작하여 네트워크 참여 병·의원의 활동을 공유하고 고무하였으며, 민주노총과 한국노총을 통해 전국 노동자들에게 네트워크 활동을 홍보했다.[259]

사실, 인의협을 통해 의료 상담을 해오는 실직자 중에는 50퍼센트 감면된 금액도 힘겨운 실직자들이 많았다. 이에 인의협은 실직자들을 대상으로 무료 건강검진을 실시하기도 했으며,[260] 출산처럼 긴급한 경우에는 각종 사회복지기관에 연결하여 혜택을 받을 수 있도록 했다.[261] 또한 노숙인 사업과 유사하게 단지 진료를 제공하는 데 그치지 않고 설문조사를 진행하여 실직자들의 열악한 실태를 사회에 알리기도 했다.[262]

IMF 외환위기에 인의협 회원뿐 아니라 전국의 의대생과 의식 있는 의사들이 합심하여 민중의 고통을 함께 나눈[263] 이러한 활동은 한국 역사상 의료인의 사회적 역량(social competency)을 가장 크고 분명하게 보여준 사례일 것이다. •

• 사회적 역량은 현대 사회에서 의료인의 전문직업성 중 강조되는 덕목으로 "의사와 환자의 관계에 비추어 의사가 살고 있는 삶의 세계와 환자들이 살고 있는 세계, 특히 그중에서도 가난의 굴레 속에서 살고 있는 환자들과의 거리를 극복하기 위한 지식과 기술과 태도에 기반한 극복 과정"으로 정의할 수 있다.(안덕선, 〈의사의 사회적 역량이란 무엇인가〉, 《대한의사협회지》 57-2, 2014, 100쪽)

4

의료보험 통합
일원화 달성

의료보험 통합 역사는 크게 세 시기로 나뉜다. 제1기는 박정희 집권 말기 조합 방식의 의료보험이 도입된 1977년부터 시민·노동단체의 본격적인 연대 활동이 이루어지기 전까지다. 제2기는 1988년 시민·노동 사회가 의료보험 통합을 운동의 목표로 전국의료보험대책위원회를 꾸려 국민의료보험법의 국회 통과까지 달성했으나 노태우 대통령의 거부권 행사로 무산되는 시기다. 제3기는 건강보험 통합 쟁취기로 김영삼 정부 출범 이후 정부의 정책에 대응하여 민중 진영에서 의보연대회의를 만들어 통합 운동을 전개하고 마침내 통합을 이루어 내는 시기까지다.264)

이 제3기 운동의 구심점 역할을 한 의보연대회의는 김용익이 집행위원장을 맡아 1994년에 결성되었으나 본격적인 활동은 1997년에 시작된다. 의보연대회의는 경제위기와 대선 국면이라는 상황 속에 여야 정당을 압박하여 1997년 말 단계별 통합법안의 내용을 담은 국민의료보험법을 통과시키게 만들었다.[265] 물론 이 법안은 한나라당 황성균 의원이 대표발의한 것이어서 얼핏 "한 보수 정객의 '의협심'으로 이루어진 것처럼 보이지만", "지난 10년 동안 꾸준히 정치권을 포함한 전 국민을 대상으로 전개된 대중 홍보(투쟁)의 산물"이었다.[266]

이 과정에서 복지부는 반대 입장을 표명했으며, 국민의료보험법이 통과되고 김대중이 당선된 뒤에도 여전히 대체입법을 추진하는 등 통합 저지에 대한 미련을 버리지 못했다.[267] 이러한 복지부의 움직임에 대응하여 의보연대회의는 김대중 정부 인수위를 압박했다. 인수위 발족을 하루 앞둔 1998년 1월 22일 프레스센터에서 'IMF 시대의 의료보장 정책, 어디로 가야 하나?—신정부에 바라는 의료보장 개혁 방안' 토론회를 개최했고,[268] 바로 다음 날 인수위에서 마련한 의료보험 정책 토론회에서 다시 한 번 신정부의 확실한 입장을 촉구했다.[269]

1998년 2월부터는 의보연대회의의 핵심 동력이었던 노동계를 앞세워 압박했다.● 2월 6일에는 민주노총의 제의로 신정부가 참여하는 제1기 노사정위원회가 열려 완전한 의료보험통합법의 연내 제정에 합의했고,[270] 이를 바탕으로 대통령직 인수위원회가 의료보험 통합을 100대 국정 과제로 선포했다.[271] 이어서 3월 23일에 각계 인사 30명으로 구

● 김용익은 의보연대회의의 활약 가운데 이 지점을 높이 사 "의보통합 운동에 노동운동이 주체로 나섰던 것이 극적인 효과를 거둔 것"이라고 평가했다.(김용익, 〈의료보험 통합을 향한 지난한 여정의 의미〉, 《복지동향》 창간준비2호, 1998, 9쪽) 실제로 김용익, 조홍준 등 인의협 출신들이 전국의 노조에 교육을 다니며 의보통합 운동에 노동계가 결합할 수 있도록 물밑 작업을 했다고 한다.(조홍준 인터뷰)

성된 '통합추진기획단'이 발족되었고, 3월 28일에는 국민의료보험법 시행을 위한 준비기구인 '국민의료보험관리공단설립위원회'의 업무 개소식이 열렸다. 이렇게 의료보험 통합이 정치적 "논쟁의 수준에서 벗어나 사실상 통합을 위한 구체적 실천 단계에 진입"하게 되었다.[272]

그러나 의보연대회의는 통합된 의료보험이 실제로 가동되기 전까지 방심하지 않았다. 통합에 반대하는 인사를 핵심 요직에서 배제할 것을 김대중 정부에 요구했다. 특히 조합주의의 수장격인 윤성태 의료보험연합회 회장이 사회복지 수석 후보로 거론되자 의보연대회의 각 단체는 일제히 반대 성명을 발표해 결국 이를 저지했다.[273] 그러나 의보연대회의는 이것으로 만족하지 않았다. 윤성태가 전 보건사회부 차관으로서 영향력을 미칠 것을 우려해 5월 2일부터 7월 9일까지 8주 연속 의료보험연합회와 각 당사 앞에서 윤성태의 회장직 퇴진 투쟁을 전개해 의보통합의 흐름이 흐트러지지 않도록 단속했다.[274]

의보연대회의의 우려는 머지않아 현실로 다가왔다. 전국직장의료보험노조(이하 직장의보노조)가 결성되어 통합 반대 운동에 나선 것이다. 또한 의보연대회의를 결성할 때 통합에 찬성했으나 그 후 유보적 입장을 취해 오던 한국노총이 직장의보노조를 지원하며 통합 시 근로자의 부담이 커진다는 주장을 펼쳤다. 여기에 조합주의 학자들과 보수 언론까지 기름을 부으며 "1989년 통합 논쟁을 재현하는 듯한 양상으로 전개"되었다.[275]

1998년 11~12월 국민의료보험법보다 한 단계 나아간 '국민건강보험법'[276]의 국회 심의를 두고 의보연대회의와 직장의보노조는 치열한 성명전을 벌였다. 다행히 11월 7일 KBS 1TV에서 생방송으로 진행된 〈의료보험 통합의 과제〉 토론에서 의보연대회의가 조합 측을 압도하며 여론의 우위를 점했고, 그 여세를 몰아 '국민건강보험법' 제정을 위한 비상투쟁 계획을 선포하여 신문 광고를 통해 여론의 지지를 끌어올렸다. 의보연대회의는 최종 쐐기를 박기 위해 12월 9일 한나라당 앞에서 통합법안 촉구 범국민 결의대회를 열었다. 이 집회에 1만 6000명이 모여 의보연대회의 대표단은 이회창 총재로부터 의보 통합을 지지하겠다는 약속을 받아 냈다.[277)]

결국 1998년 12월 3일 국회에 상정된 국민건강보험법은 직장의보노조의 방해를 뚫고 12월 23일에 국회 보건복지위원회를 통과한 뒤 마침내 1999년 1월 6일에 국회 본회의까지 통과했다. 그리고 1999년 1월 22일 의보연대회의는 '의료보험통합 쟁취 축하의 밤'을 열어 승리를 만끽하고 10년 넘게 이어 온 투쟁을 갈무리했다. 1992년 2월 8일에 마침내 법률 제5854호로 국민건강보험법이 공포되었고, 이로써 의보연대회의의 존재 이유가 사라져 자연스럽게 해산 절차를 밟았다. •

하지만 의료보험 통합의 길은 아직 끝난 것이 아니었다. 직장의보노조와 한국노총은 의보연대회의가 해산되기를 기다렸다는 듯이 반격을 가했다. 이들은 노동자만 부담이 증가하는 꼴이라며 노동자와 자영자 간 보험료 형평성에 대해 집중적으로 문제를 제기했다. 왜곡되고 과장된 주장이었지만 IMF 외환위기라는 사회 상황을 이용해 상당한 여론

• 정책위원장으로서 의보연대회의를 이끈 조홍준은 의보연대회의 활동에 대해, 여러 한계가 있었지만 "우리나라에서 최초로 사회보장제도 운동을 성공시킨 사례로 기록될 수 있을 것이다"라고 평가했다.(비판과대안을위한건강정책학회·전국사회보험지부,《국민건강보장쟁취사》, 2010, 124쪽)

을 형성했다. 급기야 직장의보노조와 한국노총은 의보 통합 반대 1000만 서명운동을 시작했고, 1999년 10월 500만 명의 서명을 근거로 의료보험 통합 시행을 2년 연기하는 청원을 국회에 제출했다. 총선을 앞둔 청와대와 여당은 결국 이들의 요구를 일부 수용하여 시행을 6개월 연기하는 방안을 발표했다. 의보 통합에 급브레이크가 걸리며 1989년의 악몽이 되살아나는 듯했다.[278]

정치권을 지켜만 볼 수 없게 되자, 인의협을 비롯한 의보연대회의에 주력했던 단체들이 다시 모여 건강연대라는 새로운 조직을 만들었다.• 건강연대는 정부의 의보 통합 6개월 연기 방침에 저항하며 성명서, 기자회견, 토론회 개최, 신문 광고, 방송 출연,[279] 명동성당 철야 농성 등 온갖 수단을 동원해 여론을 다잡고자 노력했다.[280]

그러나 500만 명 서명운동에 버금가는 대응 카드를 내놓지 않는 이상 이미 발표된 6개월 연기 계획을 철회시키기는 어려웠다. 판을 뒤집기 위해서는 특단의 조치가 필요했다.

이에 김용익은 국회 보좌관을 설득해 국회에 보관되어 있는 서명용지를 확인하는 작업에 들어갔다. 조사 결과 동일인의 필체로 추정되는 서명용지가 여러 장 있었고 서명자에 사망한 사람이 포함되어 있는 등 조작의 흔적들이 발견됐다.[281] 조작을 확신한 인의협은 다른 진보적 보건의료 단체와 연대하여 11월 7일 보건의료인대회를 열었고, 건강연

• 의보연대회의에서 김용익(초대 집행위원장), 조홍준(정책위원장), 김창엽(정책위원), 강영호(정책위원) 등이 중책을 맡았으며, 그 후 건강연대에서도 조홍준이 의료보험대책위원장을 맡는 등 많은 인의협 회원이 의보 통합 운동에 기여했다.

의보 통합 연기 철회를 요구하는 인의협의 가운시위 모습. 의보 통합 연기 철회를 내걸고 모든 단위의 보건의료인들이 참여한 이 보건의료인대회는 "근 10년 만에 열리는". 연대집회였다고 한다. 인의협, 《제13차 정기총회 및 사단법인 제2차 정기총회 자료집》, 2000년 1월 29일, 13쪽.

대는 MBC(11월 6일)와 《한겨레》(11월 8일)를 통해 조작 의혹을 폭로하며 총공세를 가했다.[282]

'국정농단'이라는 비판이 점차 거세지고 건강연대가 직장의보노조에 대한 검찰 고발까지 진행하자 한국노총은 11월 18일 〈의료보험 반대 서명지 논란에 대한 우리의 입장〉이라는 성명을 통해 의보 통합 반대 서명에 문제가 있었다는 것을 인정했다. 사실상 조작을 시인한 것이다. 그 후 국회 차원에서 두 차례의 '의보 통합 반대 서명 진상조사'가 진행되어 조작이 확증됨에 따라 한국노총과 직장의보노조는 더 이상 재반격의 기회를 잡을 수 없었다. 그 후 건강연대는 "의보 통합 연기 계획의 명분이 없어졌다"며 정부를 압박했고,[283] 끝내 의보통합을 완수해 냈다.•

•1999년 12월 7일에 조직통합은 2000년 7월 1일, 공교·직장 재정 통합은 2001년 1월 1일, 직장-지역 재통합은 2002년 1월 1일부터 시행하는 것을 구체적으로 명시한 국민건강보험법중개정법률안이 국회를 통과했으며, 2000년 7월 1일자로 국민의료보험관리공단과 139개 직장의료보험이 통합하여 통합의료보험 체계인 국민건강보험공단이 출범했다. 그러나 완전한 재정 통합은 한나라당의 훼방으로 2003년 7월 1일에 가서야 완성되었다.(비판과대안을위한건강정책학회·전국사회보험지부, 《국민건강보장쟁취사》, 2010, 130, 137쪽)

5

올바른 의약분업 시행을
위한 고군분투²⁸⁴⁾

2000년 7월 1일은 한국 근대 의료사에서 기념비적인 날이다. 앞서 언급한 의료보험 통합이 시행된 날이기도 하지만, 그와 함께 의약분업이 시행된 날이기도 했다. 그런데 이 의약분업이 인의협 역사에서 갖는 의미는 한국 사회의 그 어느 단체보다 특별했다. 인의협의 역사를 의약분업 전과 후로 나눌 수 있을 정도였다. 의약분업이라는 정책을 추진하는 과정에서 인의협의 활약도 컸지만, 그 과정에서 겪어야 했던 고충 또한 '지나치게' 컸기 때문이다.

의약분업이 한국 역사에 처음 등장한 것은 1963년 약사법이 개정되면서였다. 1982년 7월부터 3년간 목포에서 의약분업 시범 사업이 진행되기도 했으나 의약 당사자 간의 의견이 대립되면서 시범 사업은 더 이상 이어지지 못하고 1984년에 중단되었다. 1987년 전 국민 의료보험 실시를 앞두고 정부가 '국민의료정책심의위원회'를 구성하면서, 의약분업은 다시 현안으로 등장했다. 심의위원회는 1987년 12월, '단계별 의약분업 실행 방안'을 도출했는데, 약사회의 보험 내 분업, 조제료의 대폭 인상 요구와 의협의 완전 분업 즉각 실시 요구가 대립되면서 1989년 5월 무기한 연기되었다.

그러나 1993년, 김영삼 정부는 한약 분쟁을 겪으면서 이런 분쟁의 근본적인 해결을 위해서는 의약분업을 실시해야 한다는 원칙을 밝혔다. 그리고 약사법을 개정하며 1999년 7월로 의약분업 시행 시한을 못 박았다. 이에 따라 1996년 11월, 국무총리의 한시적 자문기구로 의료계와 약계, 관련 학계 및 소비자 대표가 참여한 의료개혁위원회(이하 의개위)가 구성되었다. 1997년 12월에 의개위는 1999년 7월 이전 의약분업 실시, 전국적 범위에서 실시, 의약분업의 대상 의약품 범위 단계적 확대 등을 골자로 의약분업 모형안을 제시했다.* 1997년 말 들어선 김대중 정부 역시 100대 국정 과제 중 하나로 의보 통합과 함께 의약분업을 제시함에 따라 복지부는 1998년 의약분업추진협의회(이하 분추협)를 결성하고 의개위의 의약분업 모형안을 토대로 정부의 시행 방안과 추진 계획을 마련했다. 1998년 8월, 분추협에서는 병원을 제외한 의료기관에서 모든 전문의약품(주사제 제외)을 대상으로 하는 의약분업 모형에 합

• 당시 의약분업안의 세부 사항과 관련해 의사협회와 약사회가 상이한 견해를 제출했는데, 의약분업의 실시 시기와 지역적 범위에 대해 의사협회는 1997~1999년에 전국적으로 동시에 실시할 것을, 약사회는 충분한 준비 기간을 가진 뒤 전국적으로 동시에 실시할 것을 제안했다. 의개위는 의약분업은 제도 자체로는 이미 서양에서 수백 년간 충분한 실험을 거쳤으며, 더 이상 연기할 합리적 명분이 없다고 보고 의사회의 손을 들어 주었다.(백한주, 〈현 의약분업안의 전사〉, 《국민건강을 위한 의약분업 자료집》, 2000년 6월)

의했다.*

인의협이 본격적으로 의약분업 논쟁에 개입하게 된 것은 이 무렵부터였다.[285] 1998년 5월, 김유호를 위원장으로 하여 의약분업 대책위를 결성하고 회원들 간에 의약분업에 대한 기본 인식을 공유하고 건약과의 공조 체계를 만들어 나갔다.

1998년 8월에 분추협에서 병원을 제외하는 의약분업 모형이 나오자 인의협은 1998년 9월 10일 토론회, 19일 비상전국운영위를 열어 병원을 제외하려는 분추협의 의약분업안에 대해 비판하고 의약품 분류 원칙에 대해서도 더욱 엄격한 기준을 적용할 것을 논의했다. 아울러 실거래가 조치 및 약가 인하—수가 인상 연동제의 필요성을 확인하고 이러한 내용을 정리하여 바로 다음 날인 9월 20일 공개토론회를 통해 대외적으로 주장했다.**

그러나 보건복지부는 11월에 결국 병원을 제외하고 임의 조제에 대한 조치가 없는 4차 분추협안을 골자로 약사법 개정안을 국회에 제출했

• 당시 관련 사항으로 이미 약가 마진을 최소화하는 내용이 포함되어 있었다.(백한주, 〈현 의약분업안의 전사〉, 《국민건강을 위한 의약분업 자료집》, 2000년 6월)
•• 의약분업에서 병원을 제외하는 안은 병원 자본과 제약 자본에게 숨통을 터주고 의원급 의료기관에만 경제적 부담을 전가하는 것이었다. 또한 의약분업이 되면 임의 조제를 포기하는 대신 병·의원 처방에 의한 조제를 통한 수입으로 보전을 받아야 하는 약사들에게도 전체 의료기관의 반을 차지하는 병원급 의료기관이 의약분업에서 제외되어 처방전이 병원 바깥으로 나오지 않는 상황을 받아들이기는 어려웠다. 말하자면 "정부가 제시한 병원 제외 의약분업 안은 병원-제약회사의 이익을 최대한 보장하여 개원의와 약사에게 마이너스섬 게임을 강요하는 안"이었다.(우석균, 〈의약분업으로 살펴본 김대중정부의 의료개혁—개혁연합의 실패와 수구연합으로의 회귀〉, 《사회비평》, 2002년 5월 15일)

다. 이에 의협이 반발하여 제5차 분추협 회의에서 퇴장했다.* 그 후 의협·병협·약사회 모두 의약분업을 3~5년 정도 연기할 것을 국회에 청원했고, 1998년 12월 열린 국회 보건복지위원회 법안심사소위원회에서 다수의 의원들도 의약분업 연기를 주장함에 따라 논의는 1999년 1월 임시국회로 미뤄졌다. 정부가 제시한 퇴보된 의약분업안 때문에 36년 만에 제대로 된 의료 체계의 초석을 놓을 수 있는 기회가 무산될 위기에 처하자 인의협은 의료계와 국민들 사이에서 적극적인 조율자로 나설 수밖에 없었다.

병원 자본과 제약 자본의 저항으로 정부마저 무게중심을 잡지 못하는 상황에서 국민들, 그리고 평범한 의사들과 약사들을 설득하지 못한다면 의약분업은 물거품이 될 공산이 컸다. 인의협은 급히 의약품 실거래가와 의약품 오남용 실태조사에 착수했다.[286] 고스란히 국민 부담으로 전가되는 제약회사에 의해 부풀려진 약가 마진과 바로 이 약가 마진에 의존하기 때문에 발생하는 의사·약사들의 의약품 오남용 문제를 밝히지 않는다면 의약분업은 아무도 달가워하지 않는 '불편한' 제도쯤으로 인식될 수 있었다.[287] 대략적인 조사가 마무리되자 인의협은 시민사회단체를 적극 끌어들이고, 의협·약사회·국회의원 등을 설득하며 의

약분업을 본궤도로 올려놓기 위해 안간힘을 썼다.●

　의약분업의 불씨를 살리기 위해서는 무엇보다 국민들에게 의약분업의 필요성을 설득해야 했다. 이를 위해서는 시민단체가 가교 역할을 해주어야 했다. 인의협의 적극적 제안으로 참여연대가 나섰다. 참여연대는 인의협의 협조를 받아 기자회견을 열고 약가 마진에 대해 폭로했다. "제약회사들이 보험약가를 평균 2배 이상 부풀려 책정하여 약 1조 2800억 원의 의료보험 재정 손실을 초래케 했"으며, 이는 "의약품의 평균 할증률이 114퍼센트"이며 "약 하나 값에 덤으로 하나를 더 준다는 의미로 보험약가가 최소한 2배 이상 부풀려 책정되고 있음을 의미한다"고 밝혔다.[288] 즉 정부가 보상해 주는 보험이 정한 약값보다 실제 약값이 반값밖에 안 된다는 것이고, 이 차액을 의료기관 및 제약회사가 부당하게 이득으로 취하고 있다는 내용이었다. 기자회견이 미치는 파장은 예상보다 컸다. 〈9시뉴스〉에서 톱으로 다루어졌고, 〈2580〉 등 여러 시사 프로그램에 집중 보도되며 의약분업에 대한 여론을 환기시켰다.[289]

　인의협의 노력으로 여론이 의약분업에 관심을 갖기 시작하며 꺼져가던 의약분업의 불씨가 되살아났다.●● 시민사회단체의 압박과 여론을 무시할 수 없었던 정부 여당은 1999년 2월, 각 계열을 조율하여 의약분

● 이 과정에서 김용익은 참여연대를 비롯한 시민사회단체장은 물론 의협 회장, 약사회 회장, 다수의 국회의원들을 직접 만나 설득했다고 한다. 의보 통합은 계급적 문제를 내포한 사안이었기에 민주노총 등 노동자 단체 설득에 힘을 쏟았으나, 의약분업은 전 국민적 사안이었기에 시민사회단체 설득에 주력했다고 한다.(김용익 인터뷰)
●● 이 과정에서 김용익이 참여연대 소식지에 쓴 대통령에게 보내는 편지가 《조선일보》에 보도되며(〈제자들이 '醫盜' 소리 들어서야…〉, 《조선일보》, 1998년 11월 21일), "의사들을 도둑으로 몰았다"는 비판이 거세게 일었다. 김용익은 당시 참여연대에서 김대중

업을 1년만 연기하되 의사회와 약사회가 시민단체와 함께 2개월 합의를 도출하고 합의에 실패할 경우 정부 방침을 따르는 안을 관철시켰다. 이에 따라 의약분업 실시가 2000년 7월 1일로 연기되기는 했지만, 1999년 3월 '의약분업 실현을 위한 시민대책위원회(이하 시민대책위)'가 구성되어[290] 의약분업 논의를 공론화할 수 있는 장이 마련되었다.

하지만 인의협에게는 병원을 제외했던 분추협안을 물리치고 약가 거품을 제거하면서도 평범한 의사와 약사들에게 피해가 가지 않는 방안을 도출해 내야 하는 어려운 과제가 남아 있었다. 다시 말해, 약가 거품이라는 음성적 수입을 걷어 내는 데 그치는 것이 아니라 이를 투명한 진료 수익으로 바꿔 내는 데까지 가야 제대로 된 전환이었고, 실질적으로 의료계를 설득할 수 있었다. 이는 시민단체들의 입장과도 결이 다른 것이었다. 시민사회단체는 인의협의 '약가 인하−수가 인상 연동제' 주장에 동의하지 않았다.• 따라서 인의협과 건약이 의사와 약사의 이익을 대변할 수밖에 없을 것이라는 이유로 시민대책위에서 배제해야 한다는 얘기까지 나왔다. 인의협은 결국 '자문' 자격으로 시민대책위에 참여했

대통령에게 전달할 것이라고 해서 쓴 것이었고 공개되는 것일 줄 몰랐다고 한다.(김용익 인터뷰) 원래의 문건은 "제약업체와 공무원의 유착관계 속에서 결정되는 약가 결정과정에 대통령이 직접 개입해서 의사들이 더 이상 사람들의 비난을 받는 醫盜가 되지 않도록 해달라"는 청원이었다. 그러나 《조선일보》에 醫盜만 부각되었고 의약분업 당시 인의협이 의사들에게 비난의 대상이 되는 가장 큰 요인이 되기도 했다.(김진국, 〈동료 의사 분들께 드리는 글〉, 2000년 2월 11일) 하지만 김용익은 《조선일보》의 보도가 왜곡된 것이긴 해도 어찌 됐든 그런 빌미를 제공한 것은 실수였다고 인정했다.(김용익 인터뷰)
•1998년 12월 16일 인의협, 건약, 참여연대 공동 주최로 의료보험 약가 정상화를 위한 공청회를 열었다. 이 자리에서 인의협과 건약은 약가 인하−수가 인상 연동제를 주장했으나 시민단체는 반대 입장을 표명했다.

다. 인의협은 1차 의료를 살리기 위해 병원을 분업 대상 기관에 포함하고, 의약분업이 실효를 거두기 위해서는 일반의약품만으로 처방이 구성되지 않도록 일반의약품의 범위를 축소해야 한다고 주장하며 시민대책위를 설득해 나갔다. 다행히 인의협의 주장이 상당 부분 받아들여져 분추협안과는 달리 병원을 포함한 모든 의료기관, 주사제를 포함한 모든 전문의약품을 대상으로 하는 시민대책위 초안이 만들어졌다. 의사회와 약사회도 이 내용에 합의함에 따라 1999년 5월 10일, 정식으로 시민대책위안이 발표되었다. 1999년 6월, 정부도 이를 수용해 최종적으로 합의된 의약분업 설계도가 완성되었다. 이는 시민단체가 주도한 의료 개혁의 첫 출발이었고, "36년만의 옥동자"였다.[291]

인의협은 의약분업 추진을 위해서는 합의안만으로는 부족하고 이 합의안에 대한 평범한 의사들의 공감대가 뒷받침되어야 한다는 판단 아래 의협 후원으로 '위기의 의사 사회, 무엇을 어떻게 해야 할 것인가' 라는 제목의 전국 순회 토론회를 개최했다. 부산, 광주, 대전, 대구를 돌며 회원들과 지역 의사들에게 의약분업 합의안의 내용을 설명하고 향후 과제에 대해 토론했다. 그사이 1999년 7월 2일, 정부 차원의 의약분업 실행위가 출범했고, 그렇게 본궤도에 오른 의약분업의 시동이 순조롭게 걸리는 듯했다.[292]

그러나 의약분업 실행위 회의에서 의협과 병협은 약사의 임의 조제 근절, 대체 조제 시 의사의 동의, 주사제 분업 제외, 3차 의료기관의 외래조제실 존치 등을 주장했고, 급기야 1999년 9월 제2차 실행위 회의에서 확정된 의약분업 시행 방안에 "의료계의 의견이 거의 반영되지 않은 안을 받아들일 수 없다"며 퇴장했다. 이때부터 의사들의 정부 의약분업안에 대한 반대 움직임이 시작되었다. 지역별로 결의대회가 열리고 의협과 신문광고를 통해 본격적인 반대의 뜻을 밝히기 시작했다. 병협은 한 발 더 나아가 의약분업안 반대 서명운동에 돌입했다.

이런 가운데 복지부는 1999년 11월 15일에 급작스럽게 의약품 실거래가 조치를 시행했다. 이에 연동된 수가 인상이 9퍼센트에 머무르자 개원의들의 불만이 폭발했다.* 이 약가 인하-수가 인상 연동 조치는 약가 거품을 제거하고 이를 수가 인상으로 보전해야 한다는 인의협의 주장을 바탕으로 추진된 것이었으나 정부의 실제 집행은 전혀 그 취지와 맞지 않았다. 1조 2000억 원의 약가 거품 중 9000억 원만 제거되었으며, 7000억 원의 수가 인상분 중 4분의 3이 병원 측에 돌아가도록 수가 인상이 이루어졌다. 병원급 의료기관과 제약회사에 절대적으로 유리한 조치였고, 게다가 제거되지 않은 약가 거품 3000억 원은 고스란히 제약회사의 몫이 되었다.** 이 조치로 개원가 의사들은 1인당 월 수백만 원씩 손해가 발생했다. 그 결과 그나마 의약분업에 호의적이거나

---

* 약가 인하로 생기는 재정을 수가 인상으로 사용하려던 정부의 방침은 약가 마진 규모를 잘못 추산하고 수가 항목 간의 적절한 배분에 실패함으로써 내과, 소아과, 가정의학과 개원가 수입이 급격히 감소하는 결과를 초래했다.

** 정부가 추진한 실거래가는 '비관세장벽'의 철폐를 주장한 다국적 제약회사들의 압력 때문에 졸속으로 실시되었으며, 그 시기도 매우 부적절했다. 병원/제약 자본에 유리한 정부의 실거래가(약가 인하)-수가 인상 조치는 정부의 고의가 아니라 수가 조정으로 인한 이해집단 간의 이해득실을 구체적으로 계산할 수 없었던 무능력 탓이라는 견해도 있다. 일설에 따르면 수가 조정에 따른 의사 내부의 각과별, 개원의/병원별 손익계산 시뮬레이션 프로그램은 실거래가 조치 때에는 없었고 다음해 4월 1일 수가 인상 조치 때에 처음 사용되었다고 한다. 이러한 주먹구구 행정으로 이익을 보는 측은 언제나 시장의 강자라는 사실도 주목할 필요가 있다.

중립적이던 개원의들이 의약분업의 가장 격렬한 반대 세력으로 돌아서고 만 것이다.[293]

개원가의 분위기가 심상치 않자 복지부는 국회에 제출된 의약분업 실행위안이라도 수정하여 가라앉히고자 했다. 1999년 11월 26일 국회 보건복지위원회에서 수정하여 통과된 개정법안에는 의료계의 요구대로 조제의 정의가 신설되었고, 약사의 임의 조제 금지도 포함되었다. 11월 15일 약가 인하로 인한 의료기관의 경영난에 대해서도 스스로 인정하며 의료 수가 및 진찰료 적정화를 통해 보완하겠다고 밝혔다. 그러나 한번 떨어진 신뢰를 추스르기는 어려웠다. 11월 30일에 전국의 의사 2만여 명이 서울 장충동에 모여 대규모 집회를 열었고, 이로 인해 1만 6000여 곳의 병·의원이 휴업을 했다. 단 하루 휴업이었지만 '의사—약사 간 밥그릇 싸움으로 피해를 본다'는 여론이 형성되기 시작하며, 한국 역사상 전무후무한 '의약분업—의사 폐·파업 사태'의 서막을 알렸다.[294]

인의협은 평범한 개원의들의 피해에 공감하며 잘못 끼워진 첫단추를 다시 맞추기 위해 노력했다. 1999년 12월 18일 인의협은 가정의학과개원의협의회, 기독청년의사회, 대한공보의협의회, 대한전공의협의회, 밝은누가의사모임, 청년의사와 공동 주최로 '의약분업, 1차 의료기관의 현실과 전망' 포럼을 열어 의약분업을 바로잡기 위한 논의를 이끌었다. 2000년 1월 16일에는 동네의사살리기운동본부와 명동성당 앞에서 대정부 시위를 했고, 일주일 뒤인 1월 23일에는 가정의학과개원의협의회, 동네의사살리기운동본부, 내과개원의협의회, 민주의사회와 '동네의원을 살리기 위한 의사결의대회'를 열었다. 이 자리에서 의사단체연대 준비위를 결성해 의약분업을 바로잡기 위한 연대체를 모색하기도 했다.

하지만 정부의 잘못된 정책 방향과 그것 자체를 무로 돌리려는 의사들의 폐업 방침을 바꿔 내기에는 역부족이었다. 초기에 인의협과 뜻을 같이하던 청년의사마저 모임을 깨고 의약분업 반대로 돌아서며 의사 폐·파업의 전면에 나섰다. 정부는 끝끝내 제약 자본과 병원 자본의 부당한 이득을 평범한 의사들과 국민에게 돌려주는 조치를 취하지 않았고, 개원의들에 이어 전공의들이 파업을 주도하는 최악의 사태로까지 이어졌다. 그리고 정부는 이를 무마하기 위해 의보 수가만 네 차례 인상하는 땜질 처방으로 일관했다. 약사들의 조제료도 덩달아서 올라갔다. 의약분업 제도의 근본 취지는 점점 퇴색했고, 폐업으로 인한 불편과 의보 수가 인상으로 인한 의료비 부담만 고스란히 국민들에게 전가됐다.•

또한 의사—국민—정부 사이의 골은 점점 깊어졌다. 의사 집단에 대한 국민들의 인식은 극도로 악화되었으며,[295] 정부에 대한 불신과 불만이 커진 의사 집단은 한층 더 보수화되었다.[296] 2001년 의사협회는 전경련, 자유시민센터, 경총, 한국노총과 함께 의보 통합마저 무산시키

• '의료 이용 시 국민의 추가 부담이 없는 의약분업'이라는 가장 기본적인 원칙부터 무너져서 환자의 본인 부담금이 높아졌고 이에 따라 의료에 대한 접근권이 제한된 것을 비롯하여 정책에 참여할 권리, 알 권리, 진료의 질을 보장받을 권리, 선택권 등 의료 이용자의 권리 전 분야에 걸쳐 커다란 후퇴가 일어났음을 알 수 있다. 의약분업이라고 지칭되는 것은 같지만 애초에 시민단체 주도로 추진된 의약분업과 관련 이해단체의 의사 폐업을 비롯한 압력으로 왜곡된 의약분업은 전혀 다른 '의약분업'인 것이다. 이 과정에서 약사들마저 의약분업에 반대하면 의약분업 제도 그 자체도 지킬 수 없다는 정부의 '정치적' 판단 덕에 약사 집단 또한 폐업 한 번 없이 어부지리로 의사협회와 더불어 막대한 이득을 챙겼다.(우석균, 〈의약분업으로 살펴본 김대중정부의 의료개혁—개혁연합의 실패와 수구연합으로의 회귀〉, 《사회비평》, 2002년 5월 15일)

려고 했다. 정부의 무책임하고 보수적인 대책 역시 이어졌다. 수조 원에 달하는 건강보험 재정 파탄에 직면하자 '근거 없고 불법적인' 의보 수가 인상의 원상회복을 외치는 시민사회단체들의 주장에도 불구하고 2002 년 들어 수가를 2.9퍼센트 인하했을 뿐 재정 적자폭의 대부분을 환자 본인 부담금과 보험료 인상, 보험 혜택 축소로 메꿨다.

국민과 평범한 의사들을 보호하며 제대로 된 의약분업을 만들고자 했던 인의협은 큰 상처를 입었다. 의협 내 극우 세력은 의약분업을 인의 협이 주도했다고 주장하며 희생양으로 삼고자 했고, 인의협 회원 명단 까지 의협 게시판에 공개하며 마녀사냥을 했다. 일부 대학에서는 회원 한 명 한 명에게 전화해서 인의협 탈퇴를 종용했다. 병원에서 파업에 동참하지 않고 꿋꿋이 응급실을 지켰던 인의협 회원들은 동료 의사들 에게 비난을 받았고,[297] 의사 폐·파업 기간에 문을 연 인의협 개원의 들은 협박까지 받았다.[299]

의약분업 당시 인의협의 의료 개혁과 파업 철회 촉구를 위한 기자회견.[298]

지역의사회와 유기적 관계를 맺고 있던 지회일수록 그 고통은 더욱 심했다.[•] 특히 '의약분업 공적(公敵)'으로 몰린 김용익과 조홍준은 의사협회에서 제명됐으며,[••] 부산과 서울을 이틀이 멀다 하고 오가며 회의를 이끌었던 한일권은 과로로 운명을 달리했다.[•••] 의약분업 이전에 1000여 명에 육박하던 인의협 회원 수는 의약분업 과정에서 거의 반토막이 났다.

[•] 대구경북 인의협의 원로인 김병준과 김진국의 경우 대구시의사회에서 활동하며 상당한 영향력을 가지고 있었기에 인의협과 의협 사이에서 곤경을 겪었다.(김병준, 김진국 인터뷰) 광주전남 인의협의 홍경표 역시 의사회에서 중책을 맡고 있어 많은 어려움을 겪었다.(홍경표 인터뷰) 김병준은 의약분업 당시를 회상하면 아직도 눈물이 날 정도라고 한다. 그래도 당시 인의협 대표였던 김유호의 격려 전화가 큰 힘이 됐다고 한다.(〈대경인의협 20년… "올바르고자 하는 그 열망으로"〉, 《평화뉴스》, 2015년 11월 25일)

[••] 대한개원의협의회는 김용익과 조홍준에 대해 각종 단체를 통한 반의료계 행위 및 건강보험 책임 파탄, 의약분업 강행, 의료계 매도, 건전한 의학 교육을 왜곡했다는 등의 책임을 물어 의협에 징계를 요청했고, 의협중앙윤리위원회(위원장 한동관)는 "특정 정책을 주장하고 이를 관철하기 위해 회원 다수의 명예를 훼손하는 표현을 사용했을 뿐 아니라 이로 인해 의료인의 명예를 부도덕한 사람으로 매도해 인술을 왜곡했다면 책임을 지는 게 타당하다"며 김용익에게는 '회원 권리 정지 2년', 조홍준에게는 '회원 권리 정지 1년'을 결정했다. 이에 김용익과 조홍준은 신상진 전 의협 회장을 상대로 회원 권리 정지 처분 무효 확인 소송을 내 승소하여 의협 회원 자격 인정은 물론 1000만 원의 손해배상금까지 받아 명예를 회복했다.(〈'김용익-조홍준 교수' 승소 판결에 의협 대응 관심 첨예한 자존심 대결 양상〉, 《의학신문》, 2003년 12월 24일) 황상익은 대한의료윤리교육학회 부회장을 맡고 있었는데, 회장인 맹광호 교수가 의협 윤리위에 참석해 징계 찬성한 것에 반발해 부회장직에서 사퇴했다.(〈[커버스토리] 국민들의 반발에 직면한 의사 윤리〉, 《건치신문》, 2002년 11월 23일)

[•••] 부산경남 인의협 집행위원장이었던 한일권은 의약분업 당시 거의 매주 비행기를 타고 서울을 오가며 인의협의 의약분업 대응을 이끌었다. 한일권의 죽음은 인의협에게 의약분업 사태에서 가장 큰 아픔이었지만, 그의 열정 덕에 인의협은 끝까지 올곧은 자세를 견지할 수 있었다. 인의협은 그가 사망하고 20일 후인 2000년 1월 29일 제5회 인도주의실천의사상을 수여해 그의 뜻을 기렸다.(김영준, 정운용 인터뷰)

인의협 역사상 가장 큰 상처를 입은 사건이었지만, 그래도 분명 질적으로는 한 단계 나아가는 계기이기도 했다.* 의약분업의 취지와 인의협의 진정성을 지지하는 젊은 의사들이 새롭게 가입했고, 남아 있는 회원들의 참여도도 커져 오히려 회비는 늘어났다. 대국민적으로나 시민사회 안에서 인의협의 위상도 달라졌다.** 그리고 많이 왜곡되고 변질되긴 했으나 의약분업은 시행 자체만으로도 분명 진보였다. 보험에서 제외되었던 약에 대한 부분이 의료보험 내로 포함되었다는 것만으로도 큰 발전이었다. 또한 국민들의 의료 보장성이 강화되고 접근권, 참여권, 알 권리, 선택권 등 의료의 투명성이 높아졌다. 아울러 장기적으로 대다수 의사들의 이해와도 어긋나는 것이 아니었다. 의약분업은 인의협이 시작한 것도 아니고 인의협이 주도권을 잡을 수도 없는 것이었지만,[300] 의약분업이 좌초되지 않도록 하는 데, 그리고 있으나 마나 한 제도가 되지 않도록 하는 데 인의협의 역할은 적지 않았다.[301]

•만약 인의협이 국민들의 편에 서지 않았다면 오히려 인의협이라는 단체가 소멸되거나 존재 가치를 잃어버렸을지 모른다고 인터뷰한 회원들이 많았다. 특히 백한주는 폐·파업 반대를 결의했던 날의 감격을 회상하며 당시까지 중립적 입장인 줄 알았던 회원들이 단호하게 결의를 밝혀 무척 놀랐다고 한다.(백한주 인터뷰)

••국민들의 건강권을 위해 경제적·사회적 이해관계를 철저히 뿌리쳤던 인의협의 모습은 어느 시민사회단체도 보여주지 못한 모습이었다. 때문에 많은 시민사회단체 관계자들은 당시 인의협의 행보에 놀라워했다. 특히 김기식은 만약 변호사 사회에 이런 문제가 일어났다면 민변은 인의협처럼 나서지 못했을 것이라며 경의를 표했다고 한다.(강영호 인터뷰) 이후 시민사회단체 내에서 인의협에 대한 위상도 크게 달라졌으며, 특히 대구경북 인의협의 경우 의약분업 이후 지역사회 내에서 인의협이 제시하는 의견의 무게감이나 영향력이 크게 달라졌다고 한다.(이종우, 정의화 인터뷰)

6

그 밖의
활동

섬 의료 사업[302]

2000년을 전후해 인의협은 의약분업, 의보 통합과 같은 의료 개혁에 많은 역량을 투입했지만, 사단법인을 설립한 만큼 이에 걸맞은 공적 의료 사업에도 관심을 기울였다. 마침 대우재단으로부터 섬 의료 사업 위탁 제안이 들어왔다. 그러나 좋은 취지에도 불구하고 매년 적자가 날 수밖에 없는 조건이 발목을 잡았다. 하지만 몇몇 인의협 회원들에게 이것은 부차적인 문제였다. 이충열이 당장 의사가 필요하다는 얘기에 정식 논의가 진행되기도 전인 1999년 6월께 의뢰받은 4개 병원 중 하나인 신안 대우의원으로 내려갔다.

신안대우의원은 신안군 비금도에 있는 약 20병상 규모의 병원으로 당시 적자 규모가 심하고 지역 주민으로부터 상당히 외면당하고 있는

인의협을 대표해 진도대우의원을 맡아 섬 의료 사업에 헌신한 박태훈과 이충열. 박태훈, 〈섬 의료사업 이야기들의 마무리: 인의협 대우재단 삼도의료사업 (10)〉, 《건강미디어》, 2015년 6월 18일.

실정이었다. 하지만 이충열이 부임하면서 완전히 분위기가 바뀌었고, 지역 주민의 호응과 이용률이 높아지며 적자 규모도 급격히 줄어들었다. 이러한 경험을 토대로 이충열은 인의협 중앙집행위원회에 섬 의료 사업 수주를 강력히 제안했다. 당시 사업국장이었던 박태훈은 이충열의 제안을 안아 이사회 안건 상정 등의 실무적 절차를 적극적으로 추진했다.

그 결과 2000년 1월 1일 '3도의료사업협약서'가 체결되었다.[303] 인의협이 가장 우려했던 운영 자금 문제는 대우재단에서 전적으로 책임지기로 하고 3년간의 위탁 운영에 합의했다. 인의협은 3도 의료 사업을 계기 삼아 향후 공익적 의료 사업 수행을 위한 의료사업위원회를 구성했다. 의료사업위원회의 위원장은 심재식, 3도의료사업단 단장은 완도대우병원 최해관, 사업국장은 이충열, 실무 간사는 박태훈이 맡았다. 실무 간사였던 박태훈은 섬 의료 사업에 대한 책임감을 느끼고, 이충열의 뒤를 이어 2000년 1월 완도 노화도에 들어가 3년간 섬 의료 사업에 헌신했다.

이들의 헌신적인 노력으로 3년간 섬 지역의 의료가 정상 궤도에 올랐지만, 충분한 지원 없이 몇몇 회원의 희생만으로 이를 유지하기는 어려웠다. 심지어 국가로부터 보건소 건립을 요구하는 데 방해되는 걸림돌 취급을 받기도 했다. 원래 대우는 3년 후 완전 위탁을 고려했고, 섬에 내려간 회원들도 3년 이후의 계획까지 고려하며 헌신했지만, 현실적인 장벽에 위탁 사업 연장을 포기할 수밖에 없었다.[304] 하지만 섬 의료 사업은 사단법인으로서 시행한 첫 사업이었고, 인도주의를 실천하는 현장이었기에 그 존재만으로도 회원들에게 큰 자긍심을 주었다.[305]

의대생 섬 활동 사업

인의협은 2000년 섬 의료 사업과 더불어 학생 사업으로 섬 활동을 기획했다. 주영수를 중심으로 서울역 노숙인 진료 사업에 참여했던 의대생들을 모아 우리나라 의료 취약 지역의 실태를 파악하고 체험해 보는 프로그램을 기획한 것이다. 2000년 2월 신안군 비금도와 노화도 등 인의협 섬 의료 사업 지역의 역학조사로 시작된 섬 활동 사업은, 이후 매년 여름 진행하는 인의협의 주요 사업으로 발전했다. 섬 활동은 역학조사로 끝나는 것이 아니라 많은 인의협 회원들이 함께 내려가 지역 주민들에게 진료 지원을 하는 또 하나의 현장 사업이기도 했다. 아울러 섬 활동은 의료계 현안에 대한 인의협의 문제의식을 의대생들과 공유하는 장이기도 했다.306)

이 섬 활동의 역학조사 결과는 인의협의 섬 의료 사업을 진행하는 의사들이 지역사회의 현황을 파악하는 데 활용되었을 뿐 아니라 한국의 섬 의료 개선 방안을 요구하는 기초 자료로 활용되었다.307)

보건의료단체연합의 탄생과 보건의료 운동의 재건

인의협은 의약분업 과정을 거치며 비록 가치를 살렸지만, 너무 많은 에너지를 소진했다. 회원들의 이탈을 겪으며 물리적으로도 힘들었고, 인의협 이름 자체가 부담스러워질 만큼 정치적으로도 지쳐 있었다. 더불어 한약분쟁부터 의약분업 사태까지 이어진 직능간 갈등은 진보적 보건의료 단체들 사이에도 영향을 끼쳐 연대 사업도 여의치 않았다. 보건의료 운동을 재건하기 위해서는 이 두 가지 문제를 해결해야 했다.

우선 인의협을 재건하기 위해서는 의약분업을 통해 드러난 내부의 크고 작은 균열을 메울 안정적이면서도 새로운 인물이 필요했다. 마침 인천에서 개업하고 있던 김정범이 적극적으로 나서 대표를 맡았다.

진보적 보건의료 단체 간 연대를 재건하고 침체된 보건의료 운동을 회복하기 위해서는 노련하고 헌신적인 정치적 구심이 필요했다. 여기에는 인의협의 우석균과 상근간사였던 변혜진이 나섰다. 두 사람은 인의협을 비롯해 정치적으로 지쳐 있는 각 단체에 숨통을 틔워 주면서도 더 큰 운동을 건설할 수 있는 토대를 만들었다.[308]

그렇게 2001년 6월에 인의협, 건강사회를위한약사회, 건강사회를위한치과의사회, 노동건강연대, 참된의료실현청년한의사회가 연합하여 '건강권실현을 위한 보건의료단체연합(이하 보건의료단체연합)'이라는 연합조직이 탄생했다.[309] 인의협의 김정범은 보건의료단체연합에서도 상임대표를 맡아 전체 조직의 가교 역할까지 맡았다.

글리벡 투쟁

2001년 7월 1일 한국의 백혈병 환자들은 "이윤보다 생명이다. 글리벡 약가 인하하라!"라는 피켓을 들고 거리로 나왔다. 글리벡 보험 적용을 위한 서명운동을 위해서였다. 글리벡은 만성골수성백혈병의 치료제로 기적의 신약으로 불릴 만큼 탁월한 효과를 보였고, 그만큼 환자들에게 필수적인 의약품이었다. 그러나 다국적 제약회사인 노바티스는 신약 개발 후 무역관련지적재산권협정(Trade Related Intellectual Property Rights, TRIPs)에 따라 특허권을 획득했고, 이에 따라 최소 20년간의 배타적 권리를 누릴 수 있었다.

이러한 배타적 특허권의 보장으로 노바티스는 글리벡 한 알에 약 2만 5000원의 판매가를 정했고, 환자들은 한달에 300만~600만 원에 이르는 약값을 치러야 했다. 환자들은 치료제가 있어도 돈 때문에 먹을 수 없는 상황에 분노해 정부와 노바티스 간의 약가 협상에 문제를 제기하며 투쟁에 나섰다.

인의협은 이들이 거리에 나선 지 8일 뒤인 7월 9일 새빛누리회(환자단체), 건약 등과 함께 '글리벡 약가인하와 보험적용확대를 위한 환자·의료인 연대(이하 글리벡연대)'를 결성하여 투쟁에 함께했다.* 복지부와 노바티스는 글리벡연대의 강제 실시 요구를 어떻게든 무마하려 했다. 글리벡연대는 이에 굴하지 않고 연대 단위를 더 확대해 '글리벡 약값 인하와 의약품 공공성 확대를 위한 공동대책위(이하 글리벡공대위)'를 구성했고, 환자 단체와 함께 대응해 나갔다.310)

글리벡공대위는 노바티스의 특허에 맞서는 글리벡 강제 실시 청구를 위한 소송에 들어갔으며, 한국 노바티스 앞에서 환자복을 입고 거의 매주 집회를 가졌다. 또한 공대위는 한국 정부의 신자유주의 정책으로 인한 편협한 보험 적용 범위에 대해서도 항의하고 글리벡을 비롯한 희귀난치성 질환의 보험 적용 확대를 요구하며 보건복지부와 식약청 앞에서도 여러 차례 항의 집회를 열었다. 2002년 겨울에는 스위스 제네바를 방문해 노바티스 본사 앞에서 글리벡 약값 인하를 촉구하는 시위를 벌이기도 했다.311)

2003년 2월, 환자 단체와 공대위의 길고긴 투쟁의 결과, 한국 정부

---

* 우석균이 인의협 기획국장으로 참여했는데, 풍부한 경험을 살려 투쟁 방향을 제시했다. "이러한 활동에 있어서 세 가지 방향 1. 약값 인하—보건복지부, 노바티스사 대상으로 싸워야 함. 2. 본인부담율 20퍼센트로 확대 적용, 본인 부담금 상한제도 고려 대상에 넣어야 함. 3. 보험적용—급성기, 가속기, interferon resistance, CML 전체 환자에게 모두 적용이 되어야 함." (글리벡 약가인하와 환자부담금 20퍼센트 확대 적용을 위한 환자·의료인 연대 7월 9일 회의록, 참가자: 우석균, 윤영철, 송미옥, 이수훈, 홍성인, 강주성, 한욱, 강병수, 이성미)

가 약값 중 본인 부담금의 10퍼센트를 경감하고 노바티스가 10퍼센트를 상환해 환자들은 본인 부담금 10퍼센트(월 24만 원~48만 원)로 글리벡을 먹을 수 있게 되었다. 환자들에게 돌아가는 실질적인 혜택도 컸지만, 글리벡 투쟁이 보건의료 운동사에서 지닌 의미 또한 컸다. 글리벡 투쟁은 한국 보건의료 운동에서 첫 의약품 접근권 운동이었고, 한국에서 벌어진 가장 급진적이고 국제적인 환자 권리 운동이었다. 또한 진보적 어젠다를 공유하며 환자 단체와 보건의료 단체가 함께 정부와 다국적회사를 상대로 싸워 승리한 역사적 이정표이기도 했다.

진보의련 방어

의약분업과 의보 통합이라는 진보적 의제를 김대중 정권하에서 결국 달성했지만, 그 과정에서 김대중 정권이 보여준 모습은 '진보적'이지 못했다. 보수 세력과 자본의 입김에 휘둘려 많은 혼란을 자아냈다. 김대중 정권은 집권 후반기에 접어들며 더욱 퇴보해 급기야 군사정권의 유물인 공안 사건까지 일으켰다. 2001년 10월 7일 오전, '진보와 연대를 위한 보건의료운동연합(이하 진보의련)' 회원들이 경찰청 보안수사대 수사관들에 의해 국가보안법 위반 혐의로 강제 연행된 것이다.

경찰청 보안수사대는 당시 사회주의 혁명을 선동하는 사상학습을 진행하고, 1300여 종에 달하는 이적 문건을 제작·배포하였다는 혐의로 진보의련 회원 여덟 명을 연행하고 이 중 네 명에게 구속영장을 신청했다. 하지만 진보의련은 경희대 출신 의료인들이 모인 조직으로, 20여 명 남짓했고 그마저 내부 문제로 활동을 중단한 상태였다. 재판부 역시 두 차례의 구속영장 신청을 잇달아 기각해 무리한 수사임을 인정했다.[312] 그럼에도 경찰은 2002년 1월 30일에 주동자로 지목된 권정기, 이상이 2인에 대해 공소장을 발부했다.[313]

인의협은 의약분업 사태 직후였기에 정치적으로 민감한 사안에 나서기가 쉽지 않았는데도[314] 적극적으로 방어에 나섰다. 사건이 발생하자마자 보건의료단체연합을 중심으로 진보의련탄압공동대책위원회를 구성하여 성명과 기자회견을 진행하며 대응에 나섰다.[315] 그러나 정권은 끝내 권정기, 이상이에 대해 실형을 선고했다. 예상대로 보수적 의사단체들은 두 사람에 대해서는 물론 진보의련을 방어하는 인의협에게까지 '공산주의' 딱지를 붙여 공격했다.* 인의협은 이에 굴하지 않고 후원의 밤까지 열어 진보의련을 방어했고, 회원들에게 모금 운동을 벌여 두 사람의 법적 비용을 댔다.[316] 아울러 인의협을 비방하는 단체를 상대로 명예훼손 소송을 진행했다.**

인의협을 비롯한 진보 진영의 적극적인 대응으로 권정기, 이상이는

• 서울지방법원이 지난 6월 4일 '진보와 연대를 위한 보건의료운동연합(진보의련)'을 이적 단체로 판결하고, 권정기(의사)와 이상이(제주의대 교수)에 대해 각각 징역 1년에 집행유예 2년, 징역 10월에 집행유예 2년을 선고한 데 대해 대한의사협회와 개원의협의회는 "재판부의 이번 판결을 적극 환영하며", "이 나라에서 왜 의료사회주의 내지 의료공산주의화가 진행되면서 대부분의 의사들이 여러 가지 방법으로 정당한 수입을 수탈당하고 압박받고 있는지 그 이유를 확실히 알게 되었다"라는 성명을 발표했다.(〈"대한의협, 국가보안법 찬양하는가〉,《사람일보》, 2004년 6월 15일 참고)

•• 인의협은 비방의 핵심 인물인 장동익과 대한개원의협의회를 상대로 명예훼손 소송을 진행했고, 결국 승소했다. 대한개원의협의회는 단체이므로 명예훼손의 주체가 될 수 없어 장동익에게만 명예훼손이 적용되었고, 1000만 원의 위자료를 받아냈다.(김정범 인터뷰)

선고유예를 받을 수 있었고, 인의협 역시 명예훼손 소송에서 승소했다.

미 군 기 지 지 역 주 민 역 학 조 사

2000년에 인의협은 주영수를 중심으로 다시 한 번 매향리 미공군 사격
장 주변 주민들에 대한 건강 피해 실태조사를 진행해 높은 혈중 납농
도, 청력 이상, 고혈압 및 심혈관계 문제, 스트레스 및 정신질환 증가 등
주민들의 각종 피해 실태를 폭로했다.[317] 2001년부터는 아예 사업을 전
국으로 확대해 지역의 회원들과 함께 군산, 대구, 춘천 지역에 있는 미
군 비행장 인근 주민의 건강 피해 실태조사를 추진했다. 2001년 11월부
터 2002년 7월까지 진행한 이 조사를 통해 인의협은 지역 주민들이 소
음으로 인한 청력 저하와 수면 장애, 불임과 관련된 문제, 정신심리적
문제 등을 겪고 있음을 밝혀냈다. 인의협은 2002년 10월 8일 기자회견
을 열어 미군 기지 지역 주민 건강 피해를 한국 사회에 알렸으며, 일부
지역에서는 이 결과를 바탕으로 손해배상 소송을 진행하기도 했다.[318]
이 조사는 당시 '미선이·효순이 사건'으로 주한미군에 대한 불만 여론
이 들끓던 상황에서 진행된 것이었는데, 건강 피해라는 객관적인 문제
로 불공정한 한미 관계를 비판하는 의미도 가지고 있었다.[319]

구 금 시 설 재 소 자 건 강 실 태 파 악 을 위 한 조 사 사 업

국가인권위원회의 사업으로 '민주사회를 위한 변호사 모임'과 2002년
10월부터 프로젝트를 진행했다. 10여 군데의 구금시설을 직접 방문해

약 800명의 재소자를 대상으로 설문조사를 하는 방대한 사업이었다. 법적 절차도 까다로워 법무부의 협조를 얻는 데만 3개월이 걸렸다. 인의협은 이 사업을 통해 한국 사회에서 거의 진행된 바 없는 구금시설의 의료 실태에 대한 기초 자료를 만들었으며, 더 나아가 선진국의 재소자 건강관리 현황과 비교·고찰하여 재소자들에 대한 적극적인 의료 환경 개선을 제안했다.[320]

지역보건위원회 활동

의약분업 사태 이후 인의협은 일반 회원들을 위한 사업을 좀 더 진지하게 고민해야 했다. 이를 위해 지역보건위원회를 따로 만들어 상대적으로 회원 수가 많은 서울경기 지역의 회원들을 위한 사업을 구상해 나갔다. 구체적으로 장애인(시설, 재가), 아동(보육시설 아동, 영세 가정의 아동, 공부방, 미혼모 그룹홈 아동), 청소년(가출 청소년 쉼터), 노인(재가 독거노인)들을 위한 의료 사업을 기획했으며, 의료생협·건치·청한·독거노인주치의맺기운동본부·가건연·여성건축가협회 보육시설분과·한국보육교사회 등의 단체들과 협력하여 진행했다. 그 방식도 지역의 조건과 특성에 맞게 의료 지원, 활동가 교육, 비용 지원, 건강검진, 백신 접종 등 다채롭게 접근했다. 비록 체계성과 지속성 면에서 한계가 있었지만 각 지역 회원들의 참여를 도모하는 의미 있는 시도였다.[321]

노무현 정부
시기

의약분업과 의보 통합을 둘러싼 보건의료 분야의 진보와 보수 세력의 대립은 2002년 대통령 선거로 일단락되었다. 국민들은 민간 의료보험 도입 등의 노골적인 신자유주의 정책을 공약으로 내세운 한나라당보다 의료보장률 80퍼센트로 강화, 공공의료 비율 30퍼센트로 강화를 내세운 노무현 정부를 선택했으며, 무상의료와 무상교육을 내세운 민주노동당에도 100만에 가까운 표를 몰아주었다. 그 후 총선에서도 한나라당이 패배하고 민주노동당이 최초로 10석을 얻는 정치 지형의 변화가 이루어졌다.

그러나 노무현 정부의 공약인 의료보장성 강화와 공공의료 강화는 크게 진전되지 못했다. 기대에 못 미쳤을 뿐 아니라 오히려 공공 부문 민영화, 이라크 파병, 한미 FTA 추진 등 노골적인 신자유주의 정책이 추진되었다. 인의협은 이미 김대중 정부 때부터 민주당 정부에 대해 상당한 문제의식을 가지고 있었다. 따라서 노무현 정부에 대해서는 초기부터 더욱 분명하게 비판을 가했다.

1

—

'이라크 어린이들에게
폭탄이 아니라 의약품을'[322)]

—

2001년 9·11 사태를 계기로 미국 부시 행정부는 9·11 테러 배후로 알
카에다를 지목하고 이들을 보호하고 있는 아프가니스탄 탈레반 정권
을 몰아내기 위한 전쟁을 시작했다. 2003년 3월에는 이라크 후세인 정
부가 대량살상무기를 보유하고 있다는 거짓 의혹을 제기하며 바그다드
공습을 개시했다. 이 여파는 한반도까지 몰아닥쳤다. 부시 대통령은 이
미 2002년 1월 29일 이라크·이란·북한 3개국을 '악의 축'으로 규정했
으며, 2002년 한국 대선을 앞두고 북한의 핵개발 의혹을 제기했다. 당시
한국에서는 아프가니스탄 다음 전쟁 지역이 한반도가 될 수 있다는 우
려까지 일었다. 그러나 다행히도 이러한 전쟁 분위기에 맞선 국제적인 반
전평화운동이 거세게 일어났고, 한국의 진보 진영도 이를 빠르게 수용
했다.[323)]

그 선두에는 인의협을 비롯한 보건의료단체연합 소속 단체들이 있었

다. 진보적 보건의료인들은 2002년 말부터 '이라크 어린이들에게 폭탄이 아니라 의약품을' 캠페인을 시작했다.[324] 그러나 단지 모금 운동을 벌이는 데 그치지 않고, 직접 이라크에 의료진을 파견하는 기획으로 나아갔다. 이는 어느 단위보다도 빠르고 적극적인 움직임이었다. 물론 이전에도 북한어린이의약품보내기 캠페인을 성공적으로 펼친 경험이 있었지만, 민족주의적 감성에 호소할 수도 없고 한미 관계라는 정치경제적 문제가 깔려 있는 이라크 사안인지라 성공을 확신하기는 어려웠다.

2003년 2월 13일, 모금운동이 시작되었다.[325] 모금이 시작된 지 얼마 지나지 않은 2003년 3월 20일, 미국의 이라크 공습이 시작되었고 이틀 뒤인 3월 22일에는 국제공동반전평화대행진이 열렸다. 반전평화운동은 급물살을 탔고, 이미 준비되어 있던 보건의료단체연합은 이 흐름을 십분 활용했다. 바로 3월 25일 '전쟁과 민중의 건강' 반전토론회를 개최했고, 3월 28일부터는 '이라크 어린이들에게 의약품을' 캠페인을 확대하여 종교계, 여성 단체, 대북지원 단체 그리고 한겨레신문사와 공동으로 진행했다. 결과는 놀라웠다. 신문 광고가 나간 지 4일 만에 7000만 원이 쌓였고, 마무리될 무렵에는 총 6억 원에 가까운 돈이 모였다.[326]

이제 돈이 문제가 아니었다. 의약품은 충분히 구입할 수 있었지만, 사업이 실제로 진행되려면 현장에서 이를 배급하고 직접 진료 지원을 펼칠 의사들이 필요했다. 어떤 안전도 담보할 수 없는 상황이었지만, 인의협 의사들이 나섰다.[327] 이들을 중심으로 보건의료단체연합은 8월 초까지 일곱 차례에 걸쳐 의료지원단을 파견할 수 있었다.[328]

이라크에 파견된 의료진은 현지의 이라크평화네트워크 활동가들과 연대하여 바그다드 시내의 빈곤 지역인 뉴바그다드를 중심으로 진료소를

이라크에서 의료 지원 활동을 하고 있는 인의협 회원들의 모습. 인의협 회원 중 김나연, 김양중, 김정범, 김해룡, 송관욱, 우석균 등이 이라크 의료 지원에 참가했다.

운영하고, 여러 자치 보건센터와 쿠르드 난민촌에 의약품을 전달했다. 의료 지원은 단순히 진료에 머물지 않고 이라크 어린이들의 영양 상태 및 정신적 피해, 이라크 민중의 의료 이용 실태와 의료기관 현황을 조사해 한국은 물론 전 세계에 이라크 전쟁의 참상과 부당성을 알렸다.[329] 이러한 활동은 한국의 반전평화운동의 성장에도 크게 기여했다.•

인의협의 반전평화운동은 한국에서도 이어졌다. 2004년 11월 20일에는 '보건의료인 반전평화 총회'를 열어 이라크 상황을 공유하며[330] 보

• 2004년 인도 뭄바이에서 열린 세계사회포럼에서 송관욱은 'Iraq Under US Occupation: Health Situation & KFHR's medical support'라는 발제를 통해 포럼에 참가한 전 세계 사람들에게 이라크의 의료 실상을 알렸다.(송관욱 인터뷰)

2004년 6월 23일 열린 김선일 추모 및 이라크 파병 철회를 촉구하는 집회에 참가한 인의협 회원들.

건의료계에 반전평화운동의 중요성을 호소했다. 또한 매년 3월 20일과 9월 27일의 국제반전공동행동의 날은 물론, 김선일 씨 사망 사건을 비롯해 전쟁과 관련된 사안이 터질 때마다 보건의료참가단을 꾸려 집회에 참가했다.[331]

백남순이 단장을 맡아 이끈 '반전행동 보건의료참가단'은 '전쟁에 쓸 돈으로 의료보장 확대하라'는 주장으로 큰 호응을 이끌어 내며 한국 반전운동의 한 축으로서 역할을 톡톡히 해냈다.

2

의료를 통한
민주주의와 인권 수호

한총련 공개 건강검진

김대중 정부 시기를 지났지만 200명에 가까운 국가보안법 수배 학생들이 존재하고 있었다. 대부분 한총련 소속이었던 이들은 인의협에 건강검진을 요청했다. 어찌 됐건 이적 단체로 규정된 한총련 소속 수배 학생들을 건강검진 한다는 것 자체가 정치적 성격을 띠고 있었기 때문에 인의협으로서는 부담스러울 수밖에 없었다. 공개 건강검진이었기 때문에 경찰이나 보수 단체가 무리수를 둘 경우 자칫 큰 사건으로 비화될 수도 있었다. 더욱이 당시는 참여정부가 공식 출범한 지 채 일주일도 지나지 않은 예민한 상황이었다. 하지만 인의협은 한총련의 제안을 받아들였다.

인의협은 3월 1일부터 6일까지 전국의 수배 학생들에게 516개 항목

2003년 3월 8일, 조선대학교
공대 학생회실에서 진행된 남총련 수배
학생 건강검진.[332] 〈남총련 수배학생들
건강검진 받아〉, 《오마이뉴스》, 2003년
3월 9일.

에 달하는 설문조사 형식의 '다면인성검사'를 실시하여 수배 생활을 통한 정신적 스트레스 등을 체크하고, 먼저 3월 8일 광주전남총학생회연합(남총련) 소속 수배 학생 18명을 대상으로 건강검진을 했다. 이 공개 건강검진은 원래 광주YMCA 무진관에서 실시될 예정이었으나 경찰의 봉쇄로 무산되고 급히 장소를 옮겨 조선대학교 공대 학생회실에서 진행되었다. 이 과정에서 남총련 소속 학생 100여 명과 수배 학생들이 2시간 여 동안 시위를 벌이기로 했다.[333] 다음 날인 3월 9일에는 한국대학생총연합(한총련) 관련 수배자 50여 명을 대상으로 한국외국어대 대강당에서 건강검진을 했다.[334]

이 건강검진을 통해 한총련 학생들은 많은 위로를 받았으며, 정치적으로도 용기를 얻었다. 이들은 건강검진에 앞서 참여정부에 이미 구속된 학생들에 대한 특별사면과 수배 중인 학생들에 대한 수배 해제를 요구하는 기자회견을 열기도 했다. 인의협 또한 진료에만 그치지 않고 언론을 통해 이들의 열악한 심신 상태를 알리고, "이들을 낫게 할 힘은 의사가 아닌 정부에 있다"며 정치적으로도 힘을 보탰다.[335]

부안 핵폐기장 건설 반대 운동

2003년에 환경운동에서 이슈로 떠오른 문제 중 하나는 핵폐기장 건설이었다. 김대중 정부는 임기를 채 한 달도 남기지 않은 2003년 2월 4일 영광, 울진, 영덕, 고창 등 4개 지역을 최종 후보지로 선정했다. 그러나 후보지로 선정된 4개 지역 주민들은 즉각 반발했다. 4개 지역 주민들과 시민사회단체들은 '핵폐기장 백지화와 핵발전 추방을 위한 반핵국민행동'을 결성하고 서울로 상경하여 청와대 앞에서 단식 농성을 벌이는 등 거센 저항을 표했다. 이에 바통을 이어받은 노무현 정부는 계획을 변경해 '다른 지역의 유치 신청도 받겠다'고 발표했다.

정부의 새로운 방침에 부안군이 적극적으로 나섰다. 김종규 부안군수가 7월 11일, '방사성폐기물 관리센터 및 양성자가속기 사업 부안군 유치'를 선언한 것이다. 그러나 부안군 의회의 뜻은 달랐다. 7대5로 부안군 핵폐기장 유치 신청을 부결했다. 하지만 김종규 군수는 군 의회의 결정을 무시한 채 마감을 하루 앞둔 7월 14일 유치신청서 접수를 강행했다. 결국 부안군수의 독단적인 행보에 부안 군민들이 들고일어났다. 그럼에도 부지선정위원회는 7월 24일 부안을 최종 선정지로 발표했다.

부안 군민들의 반대 집회가 이어졌다. 군민들의 반대 의사가 꺾일 기미를 보이지 않자 10월 3일 고건 총리와 지역 대표단은 부안 지역 현안 해결을 위한 공동협의회 구성에 합의했다. 그 후 계속 진행된 공동협의회에서 주민투표 방안이 검토되었고, 이에 대해 대책위 내에서는 '즉각 백지화'로 강경하게 나갈 것인지 주민투표를 하되 '연내 주민투표 실시'를 할 것인지를 둘러싸고 공방이 벌어졌다. 오랜 논쟁 끝에 결국 대책

위는 11월 16일 '연내 실시'를 전제로 주민투표안을 수용하기로 했다.[336]

하지만 정부는 행정 절차 등을 이유로 '연내 실시'가 불가하다는 입장을 내놓았다. 결국 다시 집회가 시작되었고, 경찰 병력도 다시 투입되었다. 그러나 투입된 경찰의 수와 진압 수위는 이전과 달랐다. 마치 계엄령이 내려진 것과 같았다. 수많은 부상자들이 속출했고 여기저기서 화재가 발생하며 전쟁터를 방불케 했다. 사태의 심각성을 포착한 인의협은 진보적 보건의료 단체들과 함께 부안으로 내려갔다. 11월 30일부터 12월 14일까지 약 보름 동안 부안 군민들을 대상으로 검진과 설문조사를 하며 피해 실태조사를 진행했다.

인의협은 보름 동안 치료자이자 목격자로서 부안을 지켰다. 그리고 그 결과를 정리해 12월 19일 〈핵폐기장 관련 부안 군민 공권력 폭력·피해 실태조사 보고서〉를 발표했다. 이 보고서는 경찰들의 방패와 곤봉에 맞아 다친 군민들의 상처를 적나라하게 보여주었다. 보고서가 담아낸 공권력의 폭력은 군민들의 몸에 남은 상처에 머물지 않았다. 상담을 통해 파악한 군민들의 정신적 피해와 경제적 피해까지 구체적으로 제시했다.[337]

이 보고서는 각종 언론에 인용되어 경찰의 탄압을 차단하는 데 기여한 것은 물론 정부의 비민주적 핵폐기장 추진에 반격을 가할 수 있는 발판이 되었다. 실제로 부안대책위는 이 보고서를 근거로 "정부는 부안 군민이 5개월 동안 입은 피해에 책임을 져야" 하고 "사과와 함께, 부안 사태가 하루빨리 해결될 수 있도록 핵폐기장 유치 시도를 철회하고 조속히 주민투표를 실시해야 한다"고 목소리를 높였다.[338]

결국 정부도 새로운 주민투표 절차와 보상 방안 등을 제시하며 자세

를 낮췄다. 하지만 정부가 주민투표 실시 방법, 시기 등을 구체적으로
제시하지 않는 등 애매한 자세를 취하자 대책위는 시민사회단체, 종교
계, 학계 등이 중심이 되는 '주민투표관리위원회'를 구성하고 2004년 2
월 14일 주민투표를 실시한다고 발표했다. 이에 정부가 주민투표의 법
적 효력이 없다고 맞섰으나 하루빨리 평화로운 일상으로 돌아가고 싶
은 군민들의 의지를 꺾을 수는 없었다. 대책위는 예정대로 주민투표를
강행했고 총 유권자 5만 2108명 중 72.04퍼센트인 3만 7540명이 투표
에 참여해 91.83퍼센트가 유치 반대에 투표했다. 너무나 명확한 투표 결
과에 부안 핵폐기장 문제는 사실상 마무리되었다.

　이 역사적 사건에서 인의협은 비록 당사자는 아니었지만, 군민들이
가장 힘든 시기에 연대하여 그들의 심신을 달래 주었을 뿐 아니라 사태
의 국면을 전환하는 데 결정적 기여를 했다.

전용철, 홍덕표 농민 사망 사건

전용철, 홍덕표 두 농민의 사망 사건은 노무현 정부 시기 민중을 가장
실망시킨 사건 중 하나였다. 이 사건 역시 신자유주의를 수용한 정부
정책에 뿌리를 두고 있었다. 정부는 2005년 11월 23일 쌀 시장을 전면
개방하는 대신 쌀의 의무 수입 물량을 늘리면서 관세화를 10년 더 연
장하는 '쌀협상비준동의안'을 국회에서 통과시켰다. 이는 1994년 우루
과이라운드(UR) 협상에서 합의한, 쌀에 대한 10년간의 관세화 유예가
2004년 종료됨에 따라 실행된 조처였다. 이 비준안을 막기 위해 농민들
은 2005년 11월 15일 여의도에 모였고, 바로 이 집회에서 두 농민이 머

리에 치명적인 부상을 입은 것이다.[339]

11월 24일, 전용철 농민이 사망하자 사망 원인을 둘러싸고 논란이 불거졌다. 25일에는 바로 59개 단체가 모여 범대위를 꾸렸다. 그리고 그 대응의 중심에 인의협이 섰다. 경찰은 전용철 씨 사망 직후 "집 앞에서 넘어져 머리를 부딪혔고, 그 결과 뇌출혈이 생겨 사망했다"고 주장했다.[340] 국과수는 부검을 하고 마치 경찰의 주장을 뒷받침해 주듯 "전 씨가 뒤로 넘어지면서 정지된 물체에 부딪혀 뇌출혈이 생긴 것으로 추정되며 외부 물체에 의한 충격은 없는 것으로 보인다"며 그 근거로 "후두부에 충격을 받은 흔적이 있고 전두부에서 뇌출혈이 생겼다는 것은 '대측손상'인데, 이는 외부에서 가해진 것이 아니라 몸이 뒤로 넘어지면서 생긴 충격으로 나타나는 것"이라고 부검 결과를 발표했다.[341] 이에 대해 인의협은 11월 27일에 서울대병원 장례식장에서 기자회견을 열어 국과수의 부검 결과 발표에 대해 "의학적 판단이 아니라 근거가 없는 자의적인 정치적 판단"이라고 정면 반박했다.[342] "국과수가 '넘어져서 사망했다'고 판단한 근거로 내세운 전 씨의 손상 형태가 '대측충격손상'이라는 것인데 여러 문헌과 전문가 의견에 따르면 대측충격손상은 외부 가격으로도 생길 수 있다"며 국과수 발표의 신뢰성에 의문을 제기하고, "국과수가 부검으로 밝힐 수 있는 것은 사인이 뇌출혈과 두개골 골절이라는 사실뿐이며 '넘어졌다'는 선행 요인까지 발표한 것은 의학적 판단을 넘어서는 것"이라고 비판했다.[343]

인의협의 의학적 주장은 당시 현장의 목격자와 경찰에게 맞아 부상을 입은 사람들의 증언 그리고 전용철 씨가 현장에서 쓰러져 사람들에 의해 들려가는 사진이 공개되며 더욱 힘을 얻었고,[344] 결국 사건의 전개를 완전히 바꿔 놓았다. 11월 28일에 야당은 진상 규명을 요구했고, 29일에는 청와대 황인성 시민사회수석이 장례식에 조문을 왔다. 그러나 바로 그날 경찰의 과잉 진압으로 쓰러져 사지가 마비된 또 한 명의 부상자인 홍덕표 씨가 언론에 알려지며 농민들의 반발이 다시 커졌다. 전농과 민주노총은 12월 1일에 진상규명 촉구 범국민대회를 열었고, 민주노동당은 12월 8일의 국회청문회에서 경찰과 국과수를 쏘아붙였다. 결국 국과수는 넘어졌다고 발표한 적이 없으며 "'대측충격손상'이 무엇에 의한 것인지 알 수 없다"며 입장을 다시 정리했고,[345] 12월 14일에는 최광식 경찰청 차장이 '유감'을 표명하며 이종우 단장을 직위 해제했다.

그러나 12월 18일에 사지가 마비됐던 홍덕표 씨마저 사망하자 경찰과 정부는 더 이상 물러설 곳이 없었다. 인의협은 또다시 기자회견을 열어 "부검 결과 호흡을 조절하는 목 뒤쪽의 경추 3, 4번이 손상되면서 패혈증이 온 것으로 보인다"고 발표했다. "여러 정황상 외부 충격일 가능성이 높다"고 조심스럽게 덧붙였지만, 이는 경찰과 정부에 마지막 자성의 기회를 주는 것이었다. 분위기를 파악한 경찰 측은 "시위 현장에서 진압 경찰에 가격당해 부상했을 가능성이 현저하다"고 재빨리 인정했다.[346] 26일 국가인권위원회가 나서 '공권력에 의한 사망'으로 규정하며 사건 마무리를 재촉했다. 그리고 다음 날 노무현 대통령과 허준영 경찰청장은 대국민사과를 했다. 그러나 국민과 범대위의 분노는 쉽게 누그러들지 않았다. 상황을 이렇게까지 끌고 온 이상 누군가는 책임을 져야 했다. 결국 대국민사과에서 "사퇴하는 것만이 책임지는 게 아니다"라고 했던 허준영 경찰청장은 이틀 만인 29일에 옷을 벗었다. 범대위는 그제야 농성을 풀고 두 농민의 장례를 치렀다.[347]

두 농민의 사망으로 촉발된 이 투쟁은 쌀협상비준동의안 통과라는 사건의 근본 원인을 해결하는 데까지는 나아가지 못했다. 하지만 참여 정부의 구시대적 공권력 남용과 국민의 의사에 반하는 신자유주의 정책에 가하는 경고로서 그 의미가 컸다. 그리고 그 경고장을 쓰는 데 인의협의 역할은 절대적이었다.

'故 하중근 열사' 사건 [348)]

참여정부에서도 노동자들에 대한 탄압은 적지 않았다. 이를 상징적으로 보여주는 사건 중 하나가 '고 하중근 열사' 사건이었다.

하중근 씨는 포항건설 노조에 소속된 평범한 노동자였다. 2006년 7월 1일, 포항건설 노조 4000여 조합원은 주5일제 실시에 따른 대책, 임금 인상, 다단계 하도급 구조 청산 등을 요구하며 파업에 돌입했다. 11일에 포스코 측과 교섭에 합의했으나 합의 이틀 만에 회사 측은 대체인력을 투입했다. 포항건설 노조 조합원들은 이에 대항해 포스코 점거 농성에 들어갔다. 민주노총 건설산업연맹은 7월 16일에 형산강로터리에서 '건설노동자 승리 결의대회'를 열어 투쟁을 고무하고자 했다. 그러나 경찰은 이 집회를 폭력적으로 진압했고, 이 과정에서 하중근 씨가 쓰러져 급히 병원으로 후송했으나 뇌사 상태에 빠졌다.

'포항지역건설노조 파업의 올바른 해결과 건설노동자 노동권보장을 위한 공동대책위원회'는 바로 진보적 시민사회단체에 진상조사단을 요청했다. 의학적 문제가 중요했던 만큼 인의협의 주도로 진상조사가 진행되었다. 7월 22일에 하중근 씨가 입원해 있던 동국대학교 포항병원을 방문해 1차 진상조사를 진행했고, "경찰의 방패에 머리 뒷부분을 찍혀 후두부가 일직선 모양으로 5센티미터가량 찢어지는 등의 상처를 입고" 쓰러진 것으로 추정된다는 소견을 밝혔다. 아울러 같은 집회에서 부상을 입은 15명이 유사한 두부손상을 입었다는 사실을 발표했다.

목격자를 비롯해 모든 정황이 경찰 폭력에 의한 것임을 가리키고 있었으나 경찰은 이를 극구 부인했다. 보름간 사경을 헤매던 하중근 씨가 결국 8월 1일 아침에 사망하면서 또다시 부검 문제가 불거졌다. 사진 등 경찰 폭력을 직접적으로 입증할 만한 자료가 없었던 만큼 부검을 하지 않을 수도 없는 상황이었다. 8월 2일에 인의협의 김진국을 비롯한 진상조사단원들이 참관한 가운데 부검이 실시되었다. 진상조사단은 8월 3일 프레스센터에서 기자회견을 열어 부검 결과에 따른 '사인 분석'을 발표했다.

진상조사단이 밝힌 하중근 씨의 직접적 사망 원인은 "왼쪽 귀 뒤 머리 부분의 강한 충격에 따른 오른쪽 앞머리 윗부분의 뇌손상"이었다. 덧붙여 "부검에서 하 씨의 머리 뒷부분에서 가로 6센티미터, 세로 3센티미터의 상처가 발견되고, 상처 주위의 두개골이 10센티미터 정도 골절된 것"으로 나타났는데 이는 "두피열창을 발생시키지 않는 적당한 면적을 가지고 둥근 모양이며, 충돌 부위에 두개골 골절을 일으키고, 전체 뇌를 뒤흔들어 반대측에 뇌좌상을 일으킬 수 있는 무게를 가진 둔기, 즉 소화기 또는 이에 준하는 것"이라며 경찰 폭력에 의한 사망 가능성을 지목했다.

그러나 부검 일주일 만에 나온 국과수의 발표는 달랐다. "오른쪽 앞머리가 골절되어 숨졌는데, 이는 넘어지면서 발생한 상처"일 가능성이 크다는 것이었다. 문장상으로는 작은 차이였지만 경찰에게는 빠져나갈 수 있는 큰 여지가 생겼다. 진상조사단은 사건 목격자를 추가로 모으고 현장 상황을 재현하며 추가 진상조사를 벌였으나 사건을 매듭짓기에는 역부족이었다. 최후의 조정자 역할을 해야 할 국가인권위원회마저 경찰의 과잉 진압을 인정하면서도 사인에 대해서는 검찰의 판단으로 미루자 사건은 미궁에 빠지고 말았다.[349]

인의협이 진상조사단에 참여해 하중근 씨의 죽음을 규명하고자 최선을 다했지만, 이 사건은 장기 미제 사건으로 처리되어 결국 '의문사'로 남았다.

평택 대추리 미군 기지 문제

2004년 8월, 한미 양국은 용산 기지와 미2사단을 평택으로 이전하는 협정에 합의했다.[350] 12월 9일 비준동의안이 국회에서 통과됨에 따라 평택 지역에 349만 평 규모의 기지 건설이 확정되었고, 이에 따라 1000여 명이 넘는 500여 세대 주민들이 이주해야 하는 상황이 발생했다. 주민들의 상당수가 토지 수용을 거부하자 국방부는 2005년 11월에 중앙토지수용위원회 수용재결 절차를 통해 주민 동의 없이도 소유권을 국방부로 이전할 수 있도록 조치했다. 행정 절차를 마친 국방부는 2005년 겨울 주민들의 농사를 가로막았고, 이에 주민들은 생존권을 주장하며 저항했다.[351]

매향리 사격장 문제 등 미군 기지 문제에 꾸준히 관여해 왔던 인의협은 미군 기지 이전을 둘러싼 평택 주민들의 상황에도 일찌감치 관심

2006년 5월 4일 대추분교
옥상에서 문정현 신부를 부축해
내려오고 있는 인의협 회원들.

을 두었다. 인의협은 2006년 3월에 정신건강 실태조사를 실시하여 주민
들이 받고 있는 정신적 피해를 사회적으로 알렸다.[352] 인의협의 이러한
경고에도 국방부의 주민들에 대한 압박은 점점 강해져, 급기야 물리적
압박으로 진행되었다. 결국 2006년 어린이날을 하루 앞둔 5월 4일 평택
의 계성초등학교 대추분교에서 행정 집행을 강행하려는 경찰과 마을
을 지키려는 주민 및 시민사회단체 활동가들 사이에 충돌이 발생했다.

1000여 명의 주민들과 활동가들이 지키고 있던 대추분교는 2006년
5월 4일 1만 5000명의 군경이 투입된 '여명의 황새울 작전'으로 초토화
되었다. 복도와 교실에서 저항하는 사람들은 진압이 시작된 지 얼마 되
지 않아 모두 끌려 나왔고, 문정현 신부 등 10여 명만이 대추분교 옥상
으로 올라가 저항을 이어 갔다.[353] 좁은 지붕 형태의 공간이었기 때문
에 자칫 큰 사고가 일어날 수 있는 상황이었다. 대책위는 긴급히 인의협
에 지원을 요청했다. 녹색병원의 구급차를 타고 현장에 급파된 인의협
회원들은 문정현 신부를 부축하고 내려와 위험한 상황을 일단 정리했
다.[354]

위험한 대치 상황은 종결되었지만, 명백한 국가 폭력이 일어난 이 사

태를 그냥 넘어갈 수 없었다. 인의협은 재빨리 평택 지역 병원을 돌아다니며 치료받은 환자들을 찾아 진료 내역을 입수했다. 이렇게 120명의 진료 내역을 모아 분석한 인의협은 보건의료단체연합 소속 다른 단체들, 인권단체연석회의와 함께 5월 10일에 '평택 국가 폭력, 인권침해 1차 조사결과'를 발표했다.

성별, 손상 부위, 손상 형태까지 파악한 인의협의 분석 자료는 5월 4일 행정 집행의 폭력성을 여실히 보여주었다. 인의협은 이 결과를 토대로 "이번에 가해진 경찰의 폭력은 가해자들에게 신체적 피해를 입히려는 의도가 강하게 개입된 상태에서 진행된 폭력이었다"고 규탄했다.[355] 인의협은 이후에도 대추리에 꾸준히 의료 지원을 나가 대추리 주민들과 평화운동가들의 투쟁을 지원했다.[356]

탄핵 반대 집회

아무리 노무현 정권에 대항해 민주주의를 외쳤어도 수구 세력에 의해 노무현 정부가 탄핵되는 것을 두고 볼 수는 없었다. 2004년 3월 12일 탄핵안이 국회를 통과한 것에 대해, 인의협은 보건의료단체연합 소속 단체들과 함께 규탄 성명을 발표하며 탄핵 반대 촛불운동에 참여했다.[357]

특히 대경인의협은 이와 관련한 자체 토론회를 개최하고 '우리는 민주주의를 옹호한다'는 제목의 별도 성명을 발표했다. 노무현에 대한 의사들의 반감이 워낙 강했기 때문에 당시 의사 단체로서 이러한 입장을 취하는 것이 쉬운 일은 아니었다. 그럼에도 대경인의협은 "이번 탄핵안 통과는 국회의원들이 국민의 뜻 운운하며 국민을 깔아뭉개고 그들만의 정의를 실현하려는 폭거"로 규정하고, "이는 민주주의를 근본부터 부정하려는 태도"라며 강경하게 맞섰다.[358]

3

영리 병원 저지 투쟁과
반신자유주의 운동

노무현 정부는 2003년 한국 의료 제도의 한 축을 흔들 수 있는 실손형 보험을 허용하며 인의협의 기대를 초기부터 져버렸다.● 그 후의 보건의료 정책 역시 "보건복지 예산 감소, 공공기관의 사유화, 비영리법인의 영리 병원화, 사회간접시설의 사적 자본 유치" 등 교과서적인 신자유주의 정책 노선을 밟아 나갔다.[359]

그중 인의협이 가장 주목했던 사안은 영리 병원 문제였다. 노무현 정부는 2004년 9월 13일에 "경제자유구역 내에 설립되는 외국 병원에 대해 내국인 이용을 허용하고 외국 병원의 설립 주체를 외국인뿐 아니라

● 실손형 의료보험 시장은 2003년 5월에 노무현 정부가 집단형 실손보험을 허용하면서 시작되었고, 2005년에는 가입 대상을 개인으로까지 확장하고 생명보험사의 실손형 의료보험 판매를 허용했다.(〈'경제자유구역 영리병원 허용' 손익계산서〉, 《주간경향》 1001호, 2012년 11월 20일)

2005년 메이데이에 진행한
암부터 무상의료 캠페인 모습.

성 강화를 주장하며 쟁점을 빠르게 확대했다.[365] 하지만 정부는 대형
병원 눈치 보기에 급급한 나머지 이에 대해서는 선을 그었다. 그럼에도
'암부터 무상의료' 운동이 맺은 열매는 결코 적지 않았다. 실질적으로
암 치료에 대한 부담을 크게 덜었고, 향후 보수 정권마저 중증 질환에
대해서만큼은 보장성을 강화할 수밖에 없는 마지노선을 세웠으며, 쉽
게 제시하기 어려웠던 '무상의료'라는 급진적 구호를 대중화했다.[366]

그러나 신자유주의의 거대한 흐름은 계속 이어졌다. 신자유주의
의 추진체인 WTO의 아시아 버전이라고 할 수 있는 APEC 정상회의가

2005년 11월 18일
부산에서 열린 APEC
정상회의 반대 항의
시위.

2005년 11월에 부산에서 개최된 것이다. 노동자, 농민, 도시빈민 등 서민들의 목을 옥죄는 신자유주의 정책과 미국이 세계 곳곳에서 벌이고 있는 전쟁을 지지하는 이 회의를 진보 진영이 용인할 수는 없었다. 더욱이 미국의 조지 부시가 참석하는 자리였다. 진보 진영은 11월에 부산 아펙정상회의를 규탄·저지하기 위해 각계각층의 시민사회단체로 구성된 '아펙반대 국민행동(준)'을 발족했고 인의협도 참여했다. 논의되는 사안 중에 국민건강권과 직접적으로 관여된 사안이 적지 않았기 때문이었다. 특히 미국 측은 통상장관회의를 통해 쇠고기 수입 금지 해제와 한미자유무역협정(FTA) 체결을 요구할 것으로 예상되었다.

11월 18일, APEC 정상회의에 항의하기 위해 많은 보건의료인들이 부산에 모였다. 인의협 회원들 역시 가운을 입고 집회에 참가했다. 그러나 이날 인의협의 역할은 집회 참가에 머물지 않았다. 정부 입장에서도 중요한 회의였던 만큼 동원된 경찰 병력의 수와 진압 수위는 어느 때보다 높았다. 시위대와의 대치는 예상된 일이었고, 예상대로 수많은 부상자들이 속출했다. 인의협 회원들은 부상자들을 안전한 곳으로 옮기고 응급치료를 하며 밤늦게까지 현장을 지켰다.[367]

　예견한 대로 APEC 정상회의 이후 한미 FTA 추진은 급물살을 탔다. 2006년 1월 18일, 노무현은 신년연설에서 "우리 경제의 미래를 위해서 앞으로 미국과도 자유무역협정을 맺어 나가야" 한다고 호소하고, 꼭 보름 후인 2월 3일에 한미 FTA 협상을 공식적으로 선언했다. 이에 따라 2006년 6월 5일에 1차 공식 협상이 진행되었는데, 이미 선결 조건으로 미국산 쇠고기 수입 금지 조치는 해제된 상태였다. 다만 보건의료단체연합과 전교조를 중심으로 의료와 교육 분야에서 일찍이 대응 논리를 만들어 반대 운동을 벌여온 탓에 정부는 한미 FTA에서 교육이나 의료 제도 등의 사회공공 제도는 협상 대상이 아니라는 전제를 달았다. 즉, 의료 제도에서 공보험 체계나 영리병원 허용 문제가 협상 의제에 오를 가능성은 희박하다는 것이다. 그러나 인의협을 비롯한 진보적 보건의료 단체들은 지적재산권 분야의 핵심 쟁점이 의약품이라는 점, 금융 분야 논의에서 민영 의료보험에 대한 전면 규제 완화가 포함된다는 점 등을 지적하며 한미 FTA 반대 운동의 고삐를 늦추지 않았다.[368]

　인의협은 보건의료단체연합 소속 단체들과 함께 한미 FTA 협상이 진행되는 동안 거의 모든 사안에 성명을 발표했고, 의사 또는 보건의료계 별도의 서명운동·선언·기자회견·토론회·집회 등 할 수 있는 모든 방법을 동원해 한미 FTA 저지 운동의 최전선에 나섰다.[369] 특히 다른 단위보다 빠르고 정확한 분석과 다양한 선전 방식을 통해 광우병 위험 미국산 쇠고기 수입 문제와 의약품 문제를 전 사회적 이슈로 만들어 냈다.[370]

한미 FTA 협상은 2007년 6월 30일에 워싱턴에서 공식 체결되었다. 거대한 반대 운동을 건설했음에도 흐름을 바꿀 수는 없었다. 이로 인해 인의협을 비롯해 운동 진영 전반이 상당한 침체를 겪었으나, 발효까지 는 국회 비준을 비롯해 일정이 많이 남아 있었기에 새롭게 각오를 다져 야 했다.371) 이는 이명박 정권에서 '광우병 위험 미국산 쇠고기 수입 반 대 촛불운동'과 '의료 민영화 반대 운동'을 일궈 내는 것으로 이어졌다.

4
노동자·민중들과의
연대

원폭 피해자 2세를 위한 사업

노무현 정부가 여러 사안에서 인의협과 마찰을 빚었지만, 그렇다고 공
조가 전혀 없었던 것은 아니었다. 국가인권위원회 차원에서 진행된 원
폭 피해자 2세 실태조사 사업이 대표적이었다. 당시까지는 국내 원폭 2
세들이 몇 명인지도 모르는 상황이었다. 히로시마와 나가사키에서 피
폭당한 원폭 1세대에 대한 조사도 제대로 되어 있지 않은 상황에서 유
전성이 규명되지 않았다는 이유로 한일 양국 정부로부터 2세들은 아
예 방치되어 온 것이다. 이들을 조사한다는 것은 인권적으로도 의미가
컸지만, 한국에서 최초로 진행되는 사업으로서 그 역사적 의미도 작지
않았다.[372]

인의협은 국가인권위원회의 의뢰를 받아 2004년 8월부터 6개월에

걸쳐 원폭 2세 실태조사를 진행해 2005년 2월 13일에 결과를 발표했다. 이 결과를 통해 많은 원폭 2세들이 10세 이전에 선천성 기형이나 감염성 질환 및 암 등으로 사망했으며, 생존해 있는 이들도 같은 연령대의 일반 국민에 비해 각종 질환에 걸려 있는 비율이 몇 십 배 높다는 사실이 드러났다. 조사는 단지 질환을 파악하는 데 머물지 않고 직업 및 결혼 등에서 겪는 사회적 차별 또한 심각하다는 것을 보여주었다.[373]

인의협은 정부 차원의 적극적 지원 정책을 요구하는 사회적 발언도 서슴지 않았다.[374] "정부가 '선입증 원칙'을 고수하고 있어서 당사자들이 겪는 육체적·정신적·경제적 고통이 심각한 수준"이기에 "역사적이고 사회적인 책임성을 고려할 때 먼저 지원을 하고, 원폭 피해에 의한 유전 효과일 가능성을 열어 두고 그 인과관계의 입증 책임을 정부가 맡는 것이 타당하다"며 원폭 2세 환우회의 요구를 지지했다.[375]

이러한 인의협의 요구에도 불구하고 정부 차원의 적극적인 조치가 뒤따르지는 않았다. 그러나 인의협의 조사를 계기로 원폭 2세들은 더 공개적이고 적극적인 활동을 펼칠 수 있었고, 이러한 활동에 힘입어 원폭 2세 환우들을 위한 합천 평화의 집이 만들어지고, 경상남도에서 '원폭 피해자 및 2·3세 지원 조례'가 제정될 수 있었다.

노숙인 문제 대응

김대중 정부 때부터 시작한 인의협의 노숙인 지원 사업은 노무현 정부 시기에도 이어졌다. 이 시기에는 단순히 진료 지원에 그치지 않고 서울시의 노숙인 정책에 맞서 강경히 대응하며, 전국적으로 노숙인 진료소를 확대했다.

특히 이명박이 2002년 서울시장에 당선된 뒤 인의협과 서울시의 마찰이 잦아졌다. 2004년 4월 서울시는 노숙인에 대한 의료구호비 지급마저 중단했다. 이에 인의협은 처음부터 "부족한 예산으로 노숙인 의료구호비 지원을 해오다 보니, 결국 적자가 누적되었고 이를 해소하다 올해 예산이 1/4분기에 바닥을 드러낸 것"이라고 지적하며 맞섰다.[376]

인의협의 날카로운 지적에 서울시가 일단 노숙인 입원·수술 비용을 시예산으로 충당하겠다며 한 발 물러서긴 했으나[377] 노숙인 문제를 축소하고 쉼터를 줄이는 등 노숙인 정책의 퇴보는 계속됐다. 인의협은 쉼터에서 사망한 노숙인의 영정 사진을 전시하는 등 '노숙인 추모제'를 좀더 시사적으로 꾸미고, 노숙인에 대한 실증적 데이터를 제시하며 노숙인 문제를 사회적으로 환기해 나갔다.[378]

아울러 2004년 5월 대경인의협에서 대구 적십자병원에 진료소를 마련해 쪽방 거주자와 노숙자들을 위한 무료 진료를 시작했다. 당시 적십자병원에 근무하고 있던 김진국의 주도로 1차 진료를 받은 뒤 정밀검사가 필요할 경우 적십자병원 해당 과에서 무료로 2차 진료까지 받을 수 있는 체계를 구축했다.[379] 2005년 7월부터는 광주전남 인의협에서도 노숙인 진료 사업에 나섰다. 광전인의협은 무등종합사회복지관에 '광주 노숙인 진료소'를 열고 전남대·조선대 의대 학생들과 함께 일주일에 두 차례 무료 진료를 진행해 나갔다.[380]

2007년에는 서울시의 지속된 노숙인 사망자 수 축소 및 은폐에 대응해 1999년부터 2005년까지 서울 지역 노숙인 시설과 무료 진료소에 등록된 노숙인들을 추적 조사해 '서울 지역 노숙인 사망 실태 분석 결과'

2006년 노숙인
추모제에서 추모사를
읽고 있는 주영수.

를 발표했다.[381]

　이처럼 인의협은 IMF 체제를 벗어난 이후, 사회적으로 관심이 떨어
지며 악화된 노숙인 문제를 더 강하게 끌어안았다.

태안 주민 건강 피해 조사

노무현 정부와 삼성의 밀월 관계는 집권 기간 내내 계속되었다. 삼성생
명의 민영 의료보험 확대 전략을 비롯해 의료 민영화를 향한 궤도가
이 기간에 놓였다고 해도 과언이 아니었다.[382] 그 밀월 관계는 정권 막
판까지 이어져 결국 국민의 생명과 안전을 위협하는 재앙적 사건을 일
으켰다. 바로 '태안 원유 유출 사고'로 불리는 '삼성1호-허베이 스피릿호
원유 유출 사고'였다.[383]

　2007년 12월 7일, 충청남도 태안군 앞바다에서 홍콩 선적의 유조선
허베이 스피릿호와 삼성물산 소속의 '삼성1호'가 충돌하면서 유조선 탱
크에 있던 총 1만 2547킬로리터의 원유가 태안 인근 해역으로 유출되었

2008년 2월 16~17일에 진행된 태안 주민들의 신체적·정신적 피해 조사.

다. 200만 명이나 되는 자원봉사자들이 방문하여 전 국민적인 연대를 보여주었지만, 삼성과 정부의 부실한 대처는 지역 주민들에게 정신적·육체적으로 큰 상처를 안겼다.

인의협과 보건의료단체연합 소속 단체들은 녹색연합, 생명인권운동본부와 연대하여 2월 16~17일 양일간 태안 주민 325명을 대상으로 진료 지원과 피해 조사를 진행했다.

조사 결과 "적절한 보호 장구 없이 원유에 직접 노출되었다는 점, 지급된 방제복조차 유해 물질의 피부 침투를 방지하지 못할 정도로 부실한 제품이었다는 점, 또한 태안 주민들은 원유의 유해성이나 보호구 착용의 필요성에 대해 교육을 받지 못한 사람이 3분의 2나 됐다는 점" 등이 드러났다. 이는 정부 후속 조치의 문제점을 여실히 보여주었다. 또한 많은 사람이 원유에 포함되어 있는 유기용제에 의한 급성 중독 증상

제6장 노무현 정부 시기

을 보였고, '외상후스트레스 장애(PTSD)' 등 정신적 피해가 심각할 뿐 아니라 응답자의 20퍼센트는 자살 충동을 느끼고 있었다. 그리고 이러한 정신적·심리적 충격과 자살 충동의 이유로 90퍼센트 가까운 사람들이 '유류 피해로 인한 경제적 문제'가 가장 주요한 이유라고 답했다.[384]

인의협은 이러한 조사 결과를 제시하며 "이렇게 심각한데도, 아직 정부나 가해자 측에서는 '책임지겠다'는 언급조차 하지 않고 있다"며 "긴급하게 '정부가 선보상'하고 이후 그 원인 제공자에게 응분의 책임을 물어야" 한다고 촉구했다. 이는 단지 주민들에 대한 경제적 보상만을 위한 것이 아니었다. 당시 정부와 삼성의 부실한 조치로 연이은 자살자가 나오는 상황이었기에 인의협의 이런 대응은 생명을 구하기 위해서도 꼭 필요한 것이었다.[385]

노동자 투쟁 연대

노무현 정부는 출범 초기부터 공공연하게 대공장의 고임금을 비난하며 귀족 노동자라고 딱지를 붙였고, 노동시장이 경직됐다며 노동시장 유연화를 추진했다. 그 결과 '노사관계 법·제도 선진화 방안'이라는 미명하에 파견근로자보호 등에 관한 법률(파견법)·기간제 및 단시간근로자 보호 등에 관한 법률(기간제법) 등 비정규직법이 통과되었다.[386]

기대가 컸던 만큼 실망도 컸기에 집권 후반부로 갈수록 많은 노동자들이 투쟁에 나섰다. 그 분기점 중 하나는 비정규직 울산 지역 건설플랜트 노조 노동자들의 투쟁이었다. 단체교섭조차 거부했던 SK 자본과 연행과 구속을 일삼은 정권에 맞선 이 투쟁은 고공농성의 시초이기도 했다. 2005년 4월 30일, 서울 마포구 아현동 SK건설 공사 현장 30여 미터 높이 타워크레인에 조합원 세 명이 올랐다. 말 그대로 목숨을 건 투쟁이었다. 고공농성이 지속되자 농성자들의 몸 상태에 이상이 생기기 시작했다. 노조 측은 조치를 취하고자 했지만 회사 측과 경찰이 가로막았다. 노조는 결국 인의협을 찾았다. 회사 측과 경찰도 의사들을 막을 수는 없었다. 30미터 상공에서 진찰을 하고 응급조치를 취한 인의협은 이들을 무사히 땅으로 안내했다.[387]

그 후 전열을 가다듬고 투쟁을 이어 나간 비정규직 울산 플랜트노조는 단체교섭을 통해 블랙리스트 폐기, 불법 다단계 하도급 근절, 하루 8시간·주 44시간 노동, 노조 인정을 쟁취했다. 인의협으로서도 최초의 고공농성 진료 지원이었기에 그 의미는 남달랐다.[388]

그러나 인의협이 지원한 운동 중에는 승리한 운동보다 승리하지 못한 운동이 많았다. 기륭전자, KTX, 이랜드, 코스콤 등 여러 비정규직 투쟁에 인의협은 진료 지원을 나가고 피해 실태조사를 진행했지만 싸움은 다음 정권까지 이어졌고, 결국 치료할 수 없는 상처를 남기고 마무리되었다.[389]

5

그 밖의
활동

노무현 정부 시기 벌어진 가장 큰 사건 중 하나는 바로 황우석 사태였다. 정부는 황우석을 '부강한 선진한국'의 아이콘으로 내세웠다. 황우석에게 지원된 돈만 수백억에 달했고, 그가 속한 정부 위원회만도 대통령 직속 과학기술위, 의료산업선진화위를 비롯해 10개가 넘었다. 정부의 방조 아래 그는 대한민국 전체를 상대로 사기극을 벌였다. 진보적인 정치인, 언론인, 학자들 중에서도 사건을 제대로 판단한 사람은 거의 없었다.[390]

인의협 역시 발 빠르게 대응하지는 못했지만, 의학계 협력자들에 대한 책임을 물으며 힘을 보탰다. 인의협은 의협에 불법 난자 채취라는 비윤리적 의료 행위로 황우석에 협력한 의사들의 징계를 요구했으며,[391] '세계줄기세포허브'를 만든다며 황우석에 장단을 맞춘 서울대병원에 대해 규탄했다.[392] 아울러 황우석의 비리를 폭로한 내부고발자 류영준을

초청해 그를 위로하고 사건의 진실을 알리고자 노력했다.•

_____

•인의협은 2006년경 황상익의 주선으로 당시 '닥터K'로 알려진 내부고발자 류영준을
초청해 비공개 강연회를 열었다. 류영준은 황우석 사태가 터진 후 공식 석상에 최초로
얼굴을 드러낸 것이었다고 하며, 이 자리를 통해 많은 위로와 힘을 받았다고 한다.(류영
준 인터뷰)

제7장

이명박 정부
시기

이명박 정부가 들어선 2007~2008년에 세계는 미국의 서브프라임 모기지 사태에서 촉발된 경제위기를 겪고 있었다. 공황에까지 이르지는 않았지만 경기부양 정책에도 실물경제는 쉽게 회복되지 않아 장기 불황 상태에 놓였다. 한국의 경우도 유사했다. OECD 국가 중 GDP에서 가장 많은 비중을 경기부양 예산으로 집행하고도 실물경제 회복이 이루어지지 않았다.

이병박 정부 시기 한국의 관료들과 자본은 이러한 경제위기를 구실로 기업 친화적 노동정책, 기간산업 민영화, 의료를 포함한 복지 부문의 민영화, 부동산 등 비생산적 부문 투자를 통한 경기부양책 등을 추진했다. 이는 노동자들의 권리를 축소하고, 국민의 민주적 권리를 제한해야만 가능한 일이었고, 자연히 그에 맞선 민중의 저항을 불러올 수밖에 없었다.

김대중-노무현 정부 시기부터 한미 FTA로 대표되는 신자유주의 정책과, 그 속에서 추진된 의료 민영화 흐름에 선구적으로 대응해 온 보건의료 운동은 곧바로 그 저항에 불씨가 되었다.

1

의료 민영화 저지 투쟁과
'광우병 촛불'

광우병 촛불의 불씨가 된 의료 민영화 반대 운동

이명박 정부는 인수위 시절부터 이미 '298개의 중앙 공기업을 반수 이상 매각하겠다'며 대대적인 공공 부문 민영화 추진 의사를 밝혔다. 보건의료 분야도 예외가 아니었다. 이명박은 후보 시절에 이미 "민영 보험을 미국 수준으로 활성화해야 한다"고 얘기했다. 인수위에서는 아예 '건강보험 당연지정제 폐지'를 언급하며 공적 건강보험 체계를 뿌리째 흔들었다.[393]

따라서 이명박 정부가 정식으로 출범하기도 전에 의료 민영화에 대한 대응을 준비해야 했다. 우선 정책팀장이던 김종명은 이명박의 당연지정제 폐지 주장에 맞장구를 치고 있는 의협을 질타하고 "당연지정제 폐지가 오히려 의사들의 목을 죄어 올 수도" 있다며 의사 사회를 단속했다.[394] 이제 대중들에게 의료 민영화의 문제점을 알릴 차례였다. 마침 미국 의료의 실태를 폭로한 마이클 무어(Michael Moore)의 〈식코(SICKO)〉가 미국에서 흥행하고 있었다. 보건의료단체연합은 급히 〈식코〉를 수입해 상영하기로 결정했다. 2008년 4월 9일 총선까지 염두에 두어야 했기에 시간이 촉박했다. 3월 18일에 국회에서 시사회를 열어 '〈식코〉 보기 캠페인'을 시작했고, 며칠 동안 기자회견과 릴레이 기고, 퍼포먼스 등 온갖 방법을 동원해 알려 나갔다.[395]

캠페인은 대성공이었다. 전국 각지에서 공동체 상영 요청이 쇄도했으며, 온라인상에서 '의료 민영화'라는 말이 확산되며 반대 여론이 형성되었다. 일례로 당시 인터넷 토론 공간이었던 '아고라'에 '테리우스'라는 시민이 우석균의 글을 '의료보험 민영화 반대'라는 제목을 달아 게시판에 올렸고,• 이것이 며칠 만에 10만 명의 호응을 얻으며 청원 1위에 등극했다.••인의협을 비롯한 보건의료 운동 진영은 이명박 정권에서 건강과 관련된 이슈로 운동이 분출되리라는 것을 직감할 수 있었다. 그러나 그렇게 빨리 분출될 거라고는 누구도 예상하지 못했다.

이명박 정부는 2008년 4월 18일 캠프 데이비드의 한미 정상회담을 하루 앞두고 한미 쇠고기 2차 협상을 타결했다. "30개월 미만에서는 광우병 위험 물질이 들어 있는 등뼈까지 포함"해 수입하고, 미국이 "사료 제한 조치"를 시행할 경우(그것도 강화된 사료 조치를 시행하기도 전에 관보

•당시만 하더라도 '의료보험 민영화'라는 용어를 썼다. 그것이 운동을 거치며 점차 '의료 민영화'로 정착되어 갔다.
••광우병 촛불 이후 아고라의 인기가 올라가며 청원 수준이 100만 명 단위까지 올라갔지만, 2008년 초만 하더라도 아고라에서 10만 명 청원 달성은 놀라운 일이었다.

에 공포하는 것만으로) 30개월 이상의 쇠고기도 수입하겠다는 내용을 담고 있었다.* 이는 30개월 미만 살코기로 제한했던 노무현 정권의 협상 내용보다 훨씬 퇴보된 것이었고, 그만큼 광우병의 위험성이 커지는 것을 의미했다.396)

4월 21일 월요일, 인의협을 포함한 시민사회단체는 즉각 '광우병 위험 미국산 쇠고기 전면 개방, 이명박 정부 규탄 기자회견'을 열었다. 그리고 2008년 4월 29일에는 MBC 〈PD수첩〉에서 '긴급취재, 미국산 쇠고기, 과연 광우병에서 안전한가?'를 방영했다. 시민사회단체의 즉각적 대응과 〈PD수첩〉 방송에 대한 시민들의 반응은 뜨거웠다. 이 열기는 행동으로 이어져 5월 2일 광화문 광장에 첫 '광우병 촛불'이 켜졌다. 이명박 정부가 부랴부랴 '광우병 괴담' 해명 관계 부처 기자회견을 열었으나 이미 붙은 불은 쉽게 꺼지지 않았다. 5월 2일에 이어 5월 3일에도 1만 명의 촛불이 타올랐다.

갑자기 뜨거워진 촛불에 정부 측도 바빴지만 시민사회단체들도 바빠졌다.397) 그리고 시민들에게 협상 내용과 광우병에 대한 의학적 정보를 제공하고, 정부 측과 맞서야 하는 인의협을 비롯한 전문가 단체들의 역할도 그 어느 때보다 막중해졌다.

사실, 2006년 한미 FTA 협상 때부터 광우병 위험 미국산 쇠고기 수입의 문제점을 지적해 온 인의협은 이미 상당한 준비가 되어 있었다. 특

• 미국이 시행할 것이라는 사료 제한 조치는 당시 유럽에서 시행되고 있는 '모든 농장 동물의 동물성 사료 금지 조치'가 아니라 이미 광우병 예방에 실패한 것으로 드러나 폐기된 철 지난 조치였다.

2008년 5월 19일 인의협이 주최한 '광우병의 과학적 진실과 한국 사회의 대응 방안' 토론회.

히 관련 사안을 꾸준히 추적해 온 우석균은 5월 8일 MBC 〈100분 토론〉에 참가하여 그 진가를 발휘하기도 했다.[398] 그러나 촛불시위가 점점 커지면서 광우병 위험성에 대한 객관적 사실을 '광우병 괴담'으로 몰아가는 정부 여당과 보수 논객들의 반격도 거세졌다.[399] 이에 인의협은 2008년 5월 19일, 관련 분야 전문가들을 모아 '광우병의 과학적 진실과 한국 사회의 대응 방안'이라는 토론회를 열었다. 인의협은 이 토론회를 통해 국민들에게 광우병의 위험성에 대한 과학적 사실을 알리고 정부 여당과 보수 논객들의 계속되는 궤변을 반박했다.[400]

정부는 토론회 바로 다음 날인 20일 미국 측과 추가 협상을 통해 "미국에서 광우병이 발생할 경우 쇠고기 수입을 중단하겠다는 정부의 방침에 대해 양해를 받았으며, 특히 논란이 되고 있는 30개월 이상 소의 특정 위험 물질 부위 중 일부를 추가로 수입 제한하기로 합의했다"고 발표했다. 이틀 후인 22일에는 이명박 대통령이 직접 나서 미국산 쇠고

2008년 6월 8일 진행된 '제2의 6월항쟁을 위한 보건의료인 5222인 시국선언' 후 행진 모습. 100여 명의 보건의료인이 청운동 사무소에서 시국선언을 하고 경찰의 저지와 호우를 뚫고 서울광장까지 행진을 했다. 하얀 가운을 입고 광장으로 들어서는 모습에 많은 시민들이 박수를 보냈다.

기 수입 문제에 대해 송구하다며 고개를 숙이고 담화문을 발표했다. 하지만 위험성은 여전히 남아 있었다. 인의협은 고삐를 늦추지 않고 5월 25일 의사, 수의사 412명의 서명을 받아 '미국산 쇠고기 수입 협정의 재협상 요구 선언'을 발표했다.[401]

그사이 촛불은 점점 세지고 커져 5월 24일에 첫 거리행진이 시작되었고, 5월 29일 정부가 미국산 쇠고기 수입 고시 발표를 강행함에 따라 5월 30일에는 그 규모가 두 자릿수로 뛰어 30만 명의 시민이 거리로 나왔다. 하지만 정부의 대응 수위도 점점 높아지고 있는 상황이었다.[402] 이에 인의협과 보건의료단체연합 소속 단체들은 6월 8일에 시국선언식과 가운행진을 펼치며 6월 10일 100만 촛불을 위한 군불을 지폈다.

6월 10일에 100만 촛불이 타올랐고, 그 이후에도 몇 달 동안 매주 크고 작은 형태로 이어졌다. 인의협은 형광조끼를 입고 경찰과 충돌해 부상을 입은 시민들을 돌보며 거의 모든 촛불시위에 함께했다.[403] 이러한 전 국민적인 항쟁 앞에 불도저라 불리던 이명박도 두 차례나 사과를 해야 했고, 결국 추가 협상을 통해 30개월 미만의 쇠고기만 수입하는 것으로 조정할 수밖에 없었다.[404] 표면적 결과만 놓고 보면 큰 승리는 아니었으나, 이명박 정부의 첫 정책이자 '절대적 존재'로 군림하던 미국과의 협상을 막아 낸 것이었기에 그 파급효과는 적지 않았다.

특히 '광우병 촛불'로 가는 디딤돌이었던 의료 민영화에 끼친 영향은 컸다. 6월 19일에는 아예 '의료 민영화 반대'를 타이틀로 삼아 촛불집회가 열리기도 했다.[405] 이명박 대통령은 이를 가라앉히기 위해 특별 기자회견에 나서 "가스와 물, 전기, 건강보험 등은 민영화 계획이 전혀 없고 애초부터 없었다"고 변명을 해야 했다.[406] 이 때문에 적어도 인수위 시절 호기롭게 주장하던 건강보험 당연지정제 폐지는 입에 올리기 어려웠고, 병원과 민영 의료보험의 결합을 촉진하는 의료법 전부개정안이나 전국적 영리병원 허용을 골자로 하는 '의료 선진화 로드맵' 같은 노골적인 의료 시장화 정책도 추진할 수 없었다.[407]

촛불 이후의 의료 민영화 대응

2008년 '광우병 촛불'로 건강보험 당연지정제 폐지와 같은 노골적인 의료 민영화 추진에는 제동이 걸렸으나 이명박 정부는 외피를 바꾸어 그 물꼬를 트려고 했다.

실제로 2009년 국회에는 병원이 채권을 발행할 수 있도록 허용하는

'의료채권에 관한 법률' 제정안(정부 발의), 비영리법인 병원의 해산과 합병을 허용하고 비영리 병원의 상업화를 촉진하는 '의료법' 개정안(정부 발의), 경제자유구역에 영리법인 병원을 허용하는 '경제자유구역에 외국의료기관 등 설립과 운영에 관한 특별법' 제정안(황우여 의원 발의), 제주도에 내국인 영리법인 병원을 허용하는 '제주특별자치도법' 개정안(정부 발의), 전 국민 개인 질병 정보의 열람을 허용하는 '보험업법' 개정안(공성진 의원 발의) 등이 올라와 정부 여당의 의료 민영화 추진에 대한 식지 않은 야욕이 드러났다.[408]

이 과정에서 인의협은 보수 진영과 맞대응을 하기도 했다. 2009년에 교수들과 종교계 등을 중심으로 국정 쇄신을 요구하는 시국선언이 이어졌는데, 인의협 역시 진보적 보건의료인들과 함께 6월 16일 보건복지가족부 청사 앞에서 '의료 민영화 정책 추진 중단'을 요구하며 현 정부의 국정 쇄신을 요구하는 시국선언을 진행했다. 그러자 의협 회장을 중심으로 몇몇 의료단체장들이 함께 "릴레이 시국선언은 명백한 정부 흔들기"라며 '반(反)시국선언'을 발표했다. 이에 인의협은 "10인선언을 주도한 경만호 회장은 의협 회장의 이름을 팔아 향후 자신의 정치적 입지를 세우려는 것이 아닌지 의심을 사기에 충분하다. 자신의 정치적 입지를 위해 민주적 절차를 무시하고 의협 회장이란 이름을 사적으로 무단 전용한 경만호 회장은 10만 의사와 전 국민에게 사과해야 한다"고 성명을 통해 맞대응한 뒤, 진보 진영 인사들을 규합하여 'MB 의료 민영화 악법 저지를 위한 시민사회단체 및 정당 대표 100인 선언'을 발표했다.[409]

그 후 인의협은 좀 더 적극적인 대응을 하기 위해 의료 민영화 저지 TF 모임을 꾸려 문제를 분석하고, 성명 발표[410]와 언론 기고[411] 그리고 토론회 개최[412)] 등을 통해 그 심각성을 알려 나갔다. 아울러 보건의료단체연합이나 의료민영화저지범국본 등과 같은 좀 더 광범위한 연대체를 통해 거의 모든 사안에 대해 대응해 나갔다.•

그렇게 2009년과 2010년에 파상 공세로 밀려드는 정부 여당과 보수 진영의 의료 민영화 추진을 어느 정도 틀어막은 진보 진영은 2011년 방어적인 운동을 탈피해 좀 더 공세적인 운동으로 전환했다. 4월 7일 '세계보건의 날' 진행된 '병원비 걱정 없는 사회! 함께해요 무상의료! 정당·노동·시민사회단체 공동 기자회견'을 시작으로 본격적인 무상의료 어젠다를 제시했으며, 2011년 11월 22일에는 2012년 총선 및 대선을 대비해 '병원비 걱정 없는 사회를 위한 무상의료 국민연대(이하 무상의료국민연대)'를 발족했다.••

김정범 인의협 공동대표는 무상의료운동본부의 공동집행위원장을, 정형준 인의협 정책국장은 무상의료운동본부의 정책위원장을 맡아 이러한 운동을 이끌었다.

•2004년 보건의료·노동자·시민단체 등이 모여 만든 의료연대회의는 2008년 3월 '건강권 보장과 의료 공공성 강화를 위한 희망연대(이하 건강연대)'로 전환했다. 2009년 10월 6일에는 이명박 정부의 의료 민영화 공세를 막고자 '의료민영화저지 및 건강보험보장성 확대를 위한 범국민운동본부(이하 의료민영화저지범국본)'가 출범했다.
••2011년 11월 22일에는 2012년 총선과 대선을 대비하여 진보 진영에서 무상의료 어젠다를 공세적으로 제시하기 위해 무상의료국민연대를 결성했다. 2012년 6월 25일에는 더 집중된 보건의료 운동 연대체 구성이 요구됨에 따라 '의료 민영화 저지와 무상의료 실현을 위한 운동본부(이하 무상의료운동본부)'가 발족됐다. 인의협 공동대표 김정범은 보건의료단체연합 상임공동대표, 무상의료국민연대 공동집행위원장, 무상의료운동본부 공동집행위원장을 맡았다.

2

노동자 투쟁 연대:
쌍용자동차 파업과 희망버스

77일간의 쌍용자동차 파업 [413]

촛불이 잠잠해진 뒤 2009년 이명박 정부와 자본은 노동자들을 공격하기 시작했다. 권력을 등에 업은 자본과 노동자들의 '한판 싸움'은 쌍용자동차에서 벌어졌다. 사실 쌍용자동차는 2004년까지만 하더라도 이른바 '잘나가는' 회사였다. 그러나 상하이차 인수 후 급격히 적자로 돌아섰다. 신규 투자 없이 생산·제조 기술만 유출해 간 결과였다. 경영난이 지속되면서 쌍용자동차는 결국 2009년 1월 법정관리에 들어갔다. 노조는 2009년 4월 7일, 일자리 나누기 등 고통 분담을 담은 자구안을 내놓았지만 회사 측은 다음 날 2646명 정리해고를 발표했다. 그리고 바로 그날 전쟁 같은 싸움의 신호탄인 듯 노조원 한 명이 목숨을 끊었다. [414]

2009년 5월 22일 쌍용자동차 노조는 공장을 점거하고 전면 총파업에 돌입했다. 이처럼 규모가 큰 파업을 처음 해보는 노조인지라 외부의 연대가 절실했다. 인의협의 백남순을 의료지원단장으로 해서 보건의료단체연합 소속 각 단체 활동가들, 그리고 보건의료 계열 학생들과 함께 5월 30일에 첫 지원을 나갔다. 이때만 해도 공장 안 풍경은 아이들과 놀아 주는 파업 노동자들이 더러 있을 만큼 큰 긴장은 없었다. 그러나 6월 7일의 2차 의료 지원부터는 정문으로 들어갈 때부터 애를 먹었다. 노조 측의 검문이었는데도 한참 동안 확인 절차를 거쳐야 했을 만큼 경계가 삼엄해졌고 내부의 긴장감도 달라져 있었다.

한 주 한 주 의료 지원이 거듭될수록 치료해야 할 사람들이 늘어났고, 부상 정도도 심해졌다. 회사 측이 볼트와 너트를 새총에 달아 노조원들을 공격하고, 노조원들은 이에 맞서 화염병을 던지는 것이 일상적인 풍경이 되었다. 날아오는 볼트와 너트를 맞은 노조원들은 머리가 터지고 살이 패였다. 80미터 높이 굴뚝의 고공에서 농성을 하며 이 모든 것을 지켜봐야 했던 노조원은 심각한 불안 증세를 보였다.[415]

7월 중순을 넘어서며 회사 측과 경찰은 작심한 듯 노조원들을 점점 벼랑끝으로 내몰았다. 물과 전기를 차단했고 마지막으로 의료 지원조차 막으려고 안간힘을 썼다. 7월 22일에는 회사 측과 경찰이 본격적으로 농성장 침탈을 시도했다. 이를 감지한 노조 측에서 평일이지만 의료 지원을 와달라고 간곡히 요청했다. 보건의료단체연합 소속 단체들은 급히 물과 의료품을 들고 평택 쌍용자동차 공장 앞으로 달려갔다. 전쟁터에서도 의료 지원은 막지 않는 법이라며 실랑이를 벌였지만 회사 측과 경찰은 꿈쩍도 하지 않았다. 의료지원단은 그 자리에서 항의 기자회

2009년 7월 22일 연행되고 있는 이상윤(좌)과 23일 쇠침을 보여주며 테이저건 사용을 규탄하는 백남순(우). 좌측 사진 출처: 〈쌍용차 노조에 의약품 전달하려던 의사 등 연행〉,《오마이뉴스》, 2009년 7월 22일. 우측 사진 출처: 〈전문가 "테이저건 맞으면 심장마비로 사망할 수 있다"〉,《민중의소리》, 2009년 7월 23일.

견을 열었다. 그런데 기자회견 도중 경찰이 의료지원단을 강제 연행하는 사태가 벌어졌다.

공권력 남용은 여기서 그치지 않았다. 이날 한국 역사상 처음으로 시위 진압에 테이저건이 등장했다. 테이저건에 맞은 노조원 한 명이 볼에 쇠침이 박힌 채 공장 안에 쓰러져 있다는 소식이 전해진 것이다.[416] 의료지원단은 현장에 있는 소방대에 긴급 상황이라고 호소했다. 하지만 그들 역시 꿈쩍하지 않았다. 인권단체와 변호사까지 합세해 항의한 끝에 겨우 백남순이 들어가 응급처치를 할 수 있었다. 자정 무렵 백남순이 나오자 인의협은 경찰의 테이저건 사용과 의사 연행에 대해 긴급 기자회견을 가졌다. 그리고 다음 날 민주노총, 민변, 인권단체연석회의와 함께 기자회견을 열어 노조원의 볼에서 빼낸 쇠침을 직접 제시하며 다시 한 번 경찰의 공권력 남용을 규탄했다.

이러한 노력 덕분이었는지 국제사면위원회(Amnesty International)에서 긴급 성명을 발표했고, 국제노동기구(International Labour Organiza-tion, ILO)도 쌍용자동차 파업에 공권력 개입을 자제해 달라고 정부에 공식적으로 요청했다. 의료지원단도 국회의원들에게 압력을 넣고 경찰청을 항의 방문하고, 발암물질 최루액 투척과 서약서 강요 사실을 폭로하는 등 끈질기게 회사 측과 경찰의 반인권적 행위를 물고늘어졌다.•

그러나 8월 5일 이명박 정권은 이 모든 것들을 보란 듯이 짓밟았다. 공장 지붕 위에서는 특공대들이 노조원들을 무차별 구타했고, 헬기에서는 살을 녹일 듯한 최루액 봉투가 쏟아졌다. 그 과정에서 화재까지 발생해 공장은 말 그대로 전쟁터를 방불케 했다. 경찰은 불을 끄는 노조원들에게까지 쇠로 된 볼트를 쏘았다. 불에 타는 공장과 피를 쏟아내는 노조원들을 볼 수 없었던 한상균 지부장은 결국 노사 교섭을 요청했다. 다음 날 쌍용자동차 노사는 최후 협의를 시작해 '무급휴직 48퍼센트, 희망퇴직 52퍼센트'에 합의했다. 이명박 정권은 끝까지 잔인했다. 경찰은 해산식을 마치고 공장을 빠져나오는 조합원들을 연행했고, 38명에게 구속영장을 발부했다.

그렇게 77일간의 파업은 끝이 났고, 의료지원단도 해산했다. 물론 그것으로 끝이 아니었다. 노조원들의 고통은 계속되었고,[417] 당시 의료지원단으로 활동했던 사람들의 연대도 지속되었다.[418] 아직 완전히 마무

• 경찰이 투척한 최루액을 노동건강문제연구소의 임상혁에게 의뢰해 분석한 결과 발암물질인 디클로로포름이 희석되지 않고 원액 그대로 투하된 것으로 밝혀졌다. 또 의료 지원 봉쇄가 사회적으로 이슈화되자 부담을 느낀 회사 측이 의료지원단에게 출입을 허용해 주는 대신 언론에 어떤 발언도 하지 않는다는 등의 조건을 담은 서약서를 요구했는데, 의료지원단은 서명을 거부하고 강경하게 맞섰다.

리된 것은 아니지만, 2009년 여름 77일간 인의협을 비롯해 많은 보건의
료단체들이 보여준 연대의 정신은 보건의료 운동사에 길이 남을 만한
것이었다.

한진중공업 정리해고 사태

자본과 권력은 노동자들을 계속해서 벼랑 끝으로 내몰아 공장 굴뚝으
로 올라가게 만들었다. 쌍용자동차에서도 굴뚝 고공농성이 진행되었지
만, 그에 앞서 2009년 현대미포조선 사내 하청 업체 해고자들의 복직
을 요구하며 두 명의 노동자가 울산 현대중공업 폐기물 소각장 굴뚝에
서 31일간 고공농성을 벌였다. '노동자 전원 정규직 복직'이 이루어지며
농성은 성공적으로 일단락되었지만, 그렇게 만들기까지 두 사람은 물
과 초콜릿만으로 버티며 한겨울 강추위와 사투를 벌여야 했다. 부경인
의협의 정운용은 100미터 높이의 굴뚝을 오르내리며 동상과 저체온증
을 호소하는 두 노동자를 지켰다.[419] 그러나 1년 후 그는 또 다른 고공
농성자를 맞이해야 했다.

　2011년 1월 6일부터 민주노총 김진숙 부산본부 지도위원이 '희망퇴
직'이라는 이름으로 정리해고된 400명의 한진중공업 노동자들을 위해
고공농성에 들어갔다. 부경인의협의 정운용도 한진중공업 해고 노동
자들을 의료 지원하며 투쟁을 도왔다.[420] 그때까지만 해도 김진숙의
고공농성이 그렇게 길어질 거라고는 아무도 예상하지 못했다. 고공농
성이 5개월을 넘어가자 보고만 있을 수 없었던 전국의 시민들이 움직이
기 시작했다. 6월 11일, 전국에서 16대의 '희망버스'가 가동되어 부산역

에 모여 촛불을 켜고 85호 크레인으로 향했다. 그렇게 시작된 희망버스는 회사 측과 경찰 그리고 보수 인사들의 온갖 방해에도 불구하고 5차까지 가동되며 김진숙을 지켰다. 인의협도 보건의료단체연합 소속 단체들과 함께 희망버스를 타고 부산에 내려가 힘을 보탰다.

희망버스 압력에 힘입어 2011년 11월 10일, 노사 합의가 이루어졌고, 김진숙은 309일 만에 땅을 밟을 수 있었다. 시민들은 밝게 웃으며 손을 흔드는 김진숙의 모습을 보며 안도의 한숨을 돌렸지만 인의협은 그 순간부터 더 바빠졌다. 김진숙, 그리고 크레인 중간층에서 137일 동안 함께 농성했던 박성호·박영제·정홍형은 바로 동아대병원으로 후송되었다. 그런데 경찰은 체포영장이 발부되어 있어, 법에 따라 48시간 안에 체포영장을 집행해야 한다며 병원에 후송된 지 채 하루도 지나지 않아 병원에서 5시간여 동안 릴레이 조사를 벌였다. 심지어 동아대병원 측은 퇴원까지 권유했다. 자칫하면 김진숙이 구속되는 사태가 벌어질 수 있는 상황이었다.[421]

인의협은 재빨리 대응에 나섰다. 정운용은 언론을 통해 "장기간 비정상적인 상황에서 생활했고 여러 가지 증상을 호소하고 있기 때문에 입원한 상태에서 관찰하고 경과를 지켜봐야" 하며 "몇 가지 검사 결과 당장 심각한 문제가 없어 보인다고 퇴원하라는 것은 의료인의 기본적 자세라고 볼 수 없다"고 동아대병원의 입을 막았다. 우석균은 "회사가 노조와 합의한 내용 중에는 김진숙 지도위원을 포함한 크레인 농성자들에 대한 고소·고발을 취하하는 내용도" 있으며, "이런 상황에서 김진숙 위원 등에게 환자로서의 적절한 진료와 치료를 받지 못하게 하는 것은 경찰의 무리수라고밖에 볼 수 없다"고 경찰의 발을 묶었다.[422]

희망버스의 마지막 운전대는 인의협이 잡았다. 인의협의 지원사격으로 결국 구속영장은 기각되었고, 김진숙을 비롯해 박성호·박영제·정홍형은 부경인의협 김영준과 정운용이 운영하고 있는 병원으로 옮겨져 충분한 안식을 취할 수 있었다.[423]

3

민중의 생명과 안전을 위협하는
이명박 정부에 맞선 저항

용산 참사

이명박 정부는 노동자만 벼랑 끝으로 내몬 것이 아니었다. 2009년 1월 20일 새벽, 도심 한가운데서 다섯 명의 시민이 새까맣게 타 죽었다.[424) 강제 철거에 맞서 자신들의 생계 기반을 지키고자 했던 세입자들을 이명박 정권은 용역도 모자라 특공대까지 투입해 진압했고, 그렇게 무리한 진압은 결국 끔찍한 주검을 낳았다. 이명박 정권은 그 주검을 대하는 방식마저 끔찍했다.

유족들은 사망자 시신 다섯 구의 부검이 시행될 때 유족 측 참관인으로 참관해 달라며 인의협에 협조를 요청했다. 이에 김정범과 우석균이 1월 20일 저녁 9시께 시신이 안치되어 있다는 순천향대학교 병원(중앙의료원)으로 달려갔다. 그러나 순천향대학교 병원 장례식장에 도착한 김정범과 우석균은 유족들에게 알리지도 않고 시신 다섯 구 모두 국과수에서 부검을 완료했다는 소식을 접했다. 경찰들이 시체안치실 입구를 물리적으로 봉쇄하고 있어 부검한 시신도 볼 수 없는 상태였다. 몇 시간에 걸친 협상 끝에 1월 21일 새벽 1시게 시신 한 구당 유족 한 명과 의사 두 명(김정범, 우석균), 변호사 두 명 포함 10명만 시신을 검안하기로 합의하고, 시체안치실에 들어갈 수 있었다.

경찰은 신원을 확인하기 위해 조기 부검을 했다고 말했으나, 유품만으로도 충분히 신원을 확인할 수 있는 상황이었다. 인의협으로서는 유족들의 승인도 없이 이례적으로 시체 한 구당 부검의가 한 명씩 붙어 일사천리로 부검이 진행된 이유를 도저히 납득할 수 없었다. 더욱이 부검은 그토록 빨리 진행된 데 비해 부검 감정 결과는 열흘이나 지난 2월 2일에야 통보되었다. 모든 과정이 비정상적이고 마치 짜놓은 각본처럼 돌아가고 있었다. 인의협은 진상조사단과 함께 "지금까지의 부검과 관련한 절차와 그 결과에 대하여 한 점 감춤도 없이 낱낱이 공개하고, 유족들에 대하여 진심이 담긴 사죄를 공개적으로 하여야 할 것이며, 무엇보다 희생자들의 사망 경위와 사인에 대한 합리적이고 납득 가능한 설명 없이 철거민에게는 형사처벌을, 경찰·용역에게는 면죄부를 줄 것이 예상되는 수사 발표를 해서는 안 된다"며 맞섰다.[425]

검찰은 농성자 20명(다섯 명 구속)과 용역 업체 직원 일곱 명을 기소했고, 경찰청은 참사 원인을 "불법 과격 시위"로 돌리기 위해 조직적으로 여론을 조작했다.[426] 하지만 경찰의 과잉 진압과 부검 과정에 대한 문제 제기는 쉽게 묻을 수 없었다. 적어도 서울경찰청장 김석기만큼은 옷을 벗어야 했다.[427]

신종플루 유행

광우병 위험 미국산 쇠고기 수입 문제로 출범 초기부터 전 국민적인 저항을 겪었던 이명박 정부는 2009년에 또 다른 감염병 문제에 직면했다. 멕시코에서 시작된 신종 인플루엔자(이하 신종플루)였다. 멕시코에서 사망자가 급증하고 있던 5월경에 이미 한국에서 감염자가 발생했는데도 정부는 별다른 대책을 강구하지 않았다. 결국 7월에 감염자 수가 2000명을 돌파하고, 8월 15일에는 국내에 첫 사망자가 발생하며 국민들의 불안과 공포가 급속도로 퍼졌다.

　인의협을 비롯한 보건의료단체연합 소속 단체들은 당장 급한 불부터 꺼야 했기에 현실적인 대응책을 촉구했다.● 아울러 그동안 이명박 정부가 감염병 유행에 대한 대응책을 갖추기는커녕 그 대응책의 전제조건인 공공의료를 축소하고 의료 민영화 추진에 급급한 데 대해 규탄했다.●●

●보건의료단체연합은 다음과 같은 현실적인 대응책을 요구했다. "첫째, 현재 거점병원에 등록하지 않은 세브란스병원, 서울성모병원, 단국대병원 등 대응 능력을 갖춘 대형 종합병원을 모두 강제로 지정해야만 한다. 둘째, 정부의 대응 체계가 국립대 병원을 비롯한 국공립 의료 자원을 기본 대응 의료 체계의 뼈대로 삼아야 한다. 셋째, 안심하라는 홍보가 필요한 것이 아니라 문제를 파악하고 실제 필요한 자원을 지원해야만 한다. 넷째, 구체적인 의료 대응 지침이 필요하다." (〈(성명) 신종플루로부터 국민의 생명과 안전을 지킬 정부의 종합대책을 마련하라〉, 보건의료단체연합, 2009년 8월 31일)

●●보건의료단체연합은 다음과 같은 근본적인 문제의 개선을 촉구했다. "의료 민영화 정책을 당장 중단하고 공공 보건의료 체계 구조조정을 중단하라. 정부는 당장 강제 실시를 통한 신종플루 치료제 확보에 나서고 특허법을 개정해야 한다. 백신 확보에 시급히 나서고 차제에 국영 백신 생산 시설을 확보해야 한다. 신종플루 진단 및 치료 비용을 정부가 보장해야 한다." (〈(성명) 신종플루로부터 국민의 생명과 안전을 지킬 정부의 종합대책을 마련하라〉, 보건의료단체연합, 2009년 8월 31일)

실제로 정부의 대응 지침은 전무했고, 서울대병원마저 거점 치료 병원 지정을 거부하는 등 그나마 있는 공공의료 시스템도 제대로 가동되지 않았다.• 뒤늦게나마 백신과 타미플루가 공급되고 치명률이 예상만큼 높지 않아 혼란은 잦아들었지만, 의료 민영화에 감염된 한국 보건의료 체계를 치료하지 않는다면 신종 감염병 유행으로 인한 혼란은 언제든 다시 찾아올 수 있었다.428) 인의협과 보건의료단체연합은 신종플루 유행이 잡힌 뒤에도 토론회와 기자회견을 열어429) 한국의 방역 체계를 비롯한 공공의료 체계를 바로잡으려 노력했다.

후쿠시마 핵발전소 사고와 반핵의사회

2011년 3월 11일, 후쿠시마에서 역사상 최대 규모의 핵발전소 사고가 일어났다. 체르노빌 사고 이후 채 한 세대가 지나기도 전에 다시 한 번 인류가 만들어 낸 가장 위험한 물질에 평범한 사람들이 무방비로 노출되는 사태를 목도하게 된 것이다. 아이러니하게도 이 시점은 이명박 정부가 핵발전소의 아랍에미리트 수출을 자랑하며 기공식을 준비하고 있던 때였다.

　반핵운동의 전통을 가지고 있던 인의협은 《사람과의료》를 재간행하

•서울대병원은 '독립 병동의 환기 시스템 미비'와 '국가 격리 병상 미완공'을 이유로 거점 치료 병원 지정을 거부했다. 이미 2003년 사스(SARS) 때 음압격리병상 부족 문제가 제기되었는데도 2009년 서울대병원조차 음압격리병상이 제대로 갖춰지지 않았다는 것 자체가 국가의 공공의료에 대한 안일한 인식을 보여주었다.(〈서울대병원, 신종플루 치료병원 요청에 잇단 거부〉, 《한겨레》, 2009년 8월 23일)

고 특집으로 핵위기와 건강을 잡아 후쿠시마 핵발전소 사고 발생 이후 방사능의 위험성을 알리며 원전 정책의 근본적인 전환을 촉구했다.[430] 그 후 환경단체 등과 연대하여 반핵운동을 펼치던 인의협은 더욱 지속적인 운동의 구심을 만들고자 뜻있는 보건의료인들을 모아 2012년 1월 29일 반핵의사회를 발족했다.• 반핵의사회는 피폭문제대책위원회 위원장으로서 오랫동안 피폭자 지원 활동을 전개해 온 일본민주의료기관연합회의 기키마 하지메와 원폭 피해자이자 의사로서 전세계에 핵의 위험성을 알린 히다 슌타로를 초청해 한국 사회에 핵 문제를 환기하는 데 기여했고,[431] 〈저선량방사능의 건강위험에 관한 보고서(BEIR 7 report)〉와 〈핵발전소 문제 학습 팸플릿 2011: 후쿠시마 제1핵발전소 사고에서 무엇을 배우고 어떻게 대응할 것인가〉를 번역해 핵의 위험성에 대한 객관적 사실을 한국 사회에 제시했다.[432]

아울러 반핵의사회는 민이렌(전일본민주의료기관연합회), PANW(일본 반핵의사회), IPPNW와 같은 해외 의사 단체들과 연대하여 국제 반핵운동에 함께하고 있다.[433]

• 창립 당시 반핵의사회의 공동대표는 김정범(인의협 공동대표)과 백도명(당시 서울대 보건대학원 원장), 공동집행위원장은 김익중(동국의대, 경주핵안전연대 대표)과 우석균(보건의료단체연합)이 맡았고, 운영위원으로 노완호·노태맹·임상혁·장호종·주영수·최규진이 함께했다. 현재는 김미정이 운영위원장을 맡아 활동을 이끌어 나가고 있다(모두 인의협 회원이기도 하다).

4

그 밖의
활동

더불어기금 조성

인의협은 2010년 '더불어기금'을 출범했다. 인의협이 수행하는 다양한
지원 활동을 위해 안정적인 기금을 조성할 필요가 있다는, 2010년 1월
23일 진행된 제23차 정기총회의 제안을 바탕으로 이사회를 거쳐 최종
승인되었다. 이 사업의 시작으로 2011년 '제1회 더불어기금 학생 사업
공모'를 진행하여 전북대학교 봉사동아리 사랑더하기의 '국제 재활원
방문 및 소풍 프로그램', 보건의료학생 매듭의 '2011 건강현장활동', 희
망진료센터 학생 모임의 '희망진료센터의 만성질환자 건강관리 실태조
사'를 지원했다.

이처럼 매년 공모전을 통해 3~4팀을 선정하여 의과 대학생 및 의학
전문 대학원생들의 뜻있는 활동을 지원하고 있다.[434]

2011년 제1회 더불어기금 학생 사업 선정자들과 인의협 선정위원들.

국제위원회 창설

인의협 회원 중에는 국경없는의사회 등 다양한 경로로 국제 의료 지원 활동을 해온 사람들이 많았다.[435] 아울러 2000년대 후반 이후 새롭게 결합하는 젊은 의사들은 국제 의료 지원에 많은 관심을 보였다. 백재중, 정영진, 박지선 등은 이를 포착해 회원들의 국제 의료 지원 활동 경험을 공유하고 더욱 체계적이고 대안적인 국제 의료 지원을 모색하고자 2010년 가을 '국제위원회'를 만들었다. 처음에는 회원들끼리의 모임으로 시작했으나 국제 의료 지원에 관심 있는 비회원 의료인, 예비 의료인, 비의료인 등으로 점차 경계를 넓혀 2011년 하반기부터는 '지구촌 건강포럼'이라는 독립된 모임으로 발전시켰다.[436]

학술문화제

2010년에는 회원 간의 교류를 활성화하기 위해 새롭게 인의협 학술문
화제를 만들었다. 2010년 산행과 함께 기획된 제1회 학술문화제에서는
심재식의 축사와 조홍준의 '건강보험 통합 10년과 그 뒷담화'로 포문을
열었고, 김종명과 우석균이 '건강보험 보장성 강화를 위한 인의협의 선
택'에 대해 토론을 벌였다. 또 유영진, 박태훈, 김병준, 나준식, 김양중
이 각각 교직의, 봉직의, 개원의, 생협 의사, 의학 기자로서 '인의협이 그
리는 의사의 미래'에 대한 생각을 제시했다. 김나연, 김재욱, 신현정은
각각 '제3세계에 대한 국제 의료 지원 실천 방안'에 대해 발표했다.[437]

이처럼 인의협 학술문화제는 원로들과 함께 역사를 되짚어 보고, 회원
들에게 논쟁적인 토론을 제시하며, 다양한 분야에서 두각을 나타낸 회원
들의 활동을 공유하는 자리로 매년 회원들의 화합을 도모하고 있다. •

• 2011년 10월 29~30일 가산산성 트래킹과 함께 진행된 제2회 학술문화제에서는 신
경목이 축사를 했고, 김익중이 '핵발전과 생명'에 대해 발표했으며, 공유정옥 의사를 초
청해 삼성백혈병투쟁 활동에 대해 들었다. 2012년 서울에서 진행된 학술문화제에서는
김용익의 축사가 있었으며, 고경심의 추모사로 '홍성훈 선생님 추모의 시간'을 가졌다.
김창보 서울시 보건정책관의 발제와 이에 대한 문정주와 신현정의 토론으로 '자치단체
의 대안적 건강-보건사업 모형'에 대해 논의했으며, 토크콘서트 형식으로 이상윤의 사
회로 김유호(참의료와 의사), 우석균(보건의료 운동), 정영진(인의협 활동 방향), 이보라
(인의협 활동 제안), 한상훤(공익 의료), 김나연(국제 의료 지원) 등이 '7인7색 인의협의
미래를 말한다'를 발표했다.

《의사가 말하는 의사》발행

인의협은 일반 대중을 위한 사업으로 오랜만에 출판 사업을 기획했다. 전공과별 20명의 인의협 의사들이 수필 형식으로 쓴 글을 묶어 2011년 《의사가 말하는 의사》(부키출판사)라는 제목으로 출간했다. 멀게만 느껴지는 의학과 의사들의 삶이 담백하게 담긴 이 책은 특히 청소년들에게 큰 호응을 얻으며 의대 지망생들에게는 필독서로 자리 잡았다. 몇 쇄를 거듭해 가며 출판된 이 책은 인의협 재정에도 상당한 보탬이 되었다. •

• 출판사의 요청으로 2017년 새롭게 20명을 선정해 전면 개정판을 냈다.

박근혜 정부
시기

박근혜 정부는 4대 중증 질환 100퍼센트 보장, 기초노령연금 두 배 인상, 국가장학금으로 등록금 부담 절반으로 인하, 심지어 비정규직 차별 완화 등 민생과 복지 정책을 내걸고 당선했다. 특히 암, 중풍, 심장병, 희귀난치성 질환에는 무상의료를 실현하겠다는 '4대 중증 질환 100퍼센트 국가 책임' 공약은 상당한 호응을 얻었다. 사실 박근혜마저 이런 구호를 외치게 만든 것 자체가 보건의료 운동의 성과이기도 했다. 그도 그럴 것이 이 공약은 2005년 인의협을 비롯한 보건의료단체연합 등 시민단체들이 내걸었던 '암부터 무상의료'를 베낀 것이나 다름없었다.[438]

하지만 예상했던 대로 출범하자마자, 아니 사실상 당선되자마자 민생과 복지는 폐기되었다. 대표 공약이었던 '4대 중증 질환 100퍼센트 국가 책임'의 경우만 보더라도 이미 인수위 때부터 비급여 제외를 천명했고, 출범 후 간병비·선택진료비·차등병실료 같은 핵심 비급여는 완전히 제외한 채 일부만 별도로 보장성 강화를 논의하는 수준으로 전락했다. 또 다른 핵심 복지 공약이었던 기초노령연금도 누더기가 되었다. 그렇게 치워진 민생과 복지의 자리에는 각종 민영화 정책이 빠르게 자리를 잡았고 그 중심부에 의료 민영화 정책이 똬리를 틀었다.[439]

인의협은 박근혜 정권 내내 바삐 움직여야 했다. 의료 민영화도 큰 문제였지만 인의협의 도움을 필요로 하는 예상치 못한 사건 사고들이 발생했기 때문이다. 인의협은 진주의료원 폐원, 의료 민영화 정책, 세월호 사건, 메르스 사태, 백남기 농민 사망 사건, 국정농단 사태 속 의료 게이트 등 각종 사안에 적극적으로 결합했다. 그리고 그 노력은 1987년 이후 가장 거대한 변화의 동력이라고 하는 탄핵촛불을 일으키는 데 적지 않은 기여를 했다.

1

진주의료원 폐업
저지 투쟁

박근혜 정부 출범과 동시에 의료 민영화는 고개를 들었다. 마치 신호탄처럼 박근혜 정부 출범 다음 날인 2013년 2월 26일 신임 홍준표 경남도지사가 진주의료원 폐쇄 결정을 내렸다. 멀쩡하게 돌아가는 300병상의 병원이 적자라는 이유로 하루아침에 문을 닫을 상황에 놓인 것이다. 이것은 대한민국 최초의 공공 의료기관 폐원 시도였다. 또한 이는 공립병원이 OECD 최하위 수준인 상황에서 그마저도 공격하겠다는 박근혜 정부의 보건의료 정책 방향을 예고하는 것이었다.[440]

보건의료단체연합은 발 빠르게 성명을 내어 이를 규탄하며 싸움의 포문을 열었다. 그러나 경상남도는 '경상남도 의료원 설립 및 운영 조례 일부개정안'을 입법 예고하여 진주의료원 폐업을 위한 행정적 절차를 밟았다. 이에 보건의료단체연합은 진주의료원 폐업은 "경남 도민 및 진주 시민의 의료 접근권과 인권을 침해하는 것"이라고 규탄하며 '경상남도 의료원 설립 및 운영 조례 일부개정안 입법 예고에 대한 보건의료단체연합 의견서'를 제출했다.[441] 보건의료노조와 시민사회단체들까지 결합하며 대응이 거세지자 진영 보건복지부 장관은 진주의료원 폐업을 재고할 것을 권고했다. 그러나 홍준표는 아랑곳하지 않고 폐업을 위한 사전 작업격으로 한 달의 기간을 상정하고 4월 3일 휴업을 단행했다.[442]

정권 출범 후 첫 정책이나 다름없었기 때문인지 거센 반대 여론에도 불구하고 홍준표는 한 치의 물러섬도 없었다. 이제 조례안이 4월 12일 경남도의회 문화복지위에서 처리되고 18일 본회의를 통과하면 행정 절차가 마무리되는 상황이었다. 인의협은 서울경기, 대구경북, 부산경남 각 지회가 모두 나서 총력을 다했다. 우선 4월 10일 서울에서 보건의료단체연합 소속 단체들과 함께 기자회견을 열고 단식투쟁에 돌입했다.[443] 또한 인의협은 부경지부의 정운용과 서경지부의 이보라, 김대희를 휴업 중인 진주의료원에 직접 파견하여 방치되어 있는 환자들을 돌봤다.[444]

인의협의 이러한 적극적 행보는 여론은 물론 보건의료계를 움직였다.* 여론조사 결과 71퍼센트가 진주의료원 폐업에 반대해야 한다는 응답을 보였고,** 의협은 물론 보건의료계에서 정권과 가장 친화적인 병원

---

* 당시 김용익도 국회의원으로서 국회에서 단식 농성을 진행했는데, 이 농성장에 노환규 의협 회장까지 지지 방문을 했다.(〈김용익 의원 단식장 찾은 노 회장〉, 《의협신문》, 2013년 4월 8일)
** 참여연대, 원혜영 국회의원, 김용익 국회의원 합동으로 4월 11일~12일 이틀간 전국 성인 남녀 1001명을 대상으로 조사한 결과 '진주의료원 폐원을 반대한다'는 의견이 38.5

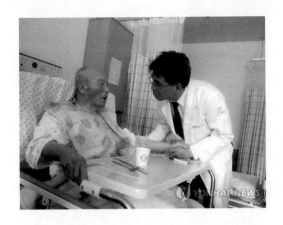

진주의료원에 남아 있는
환자들을 검진하고 있는
부경인의협 정운용.

협회마저 "진주의료원 폐업에 대해 유보해야" 한다는 입장을 밝히며 진
주의료원 폐업 반대 대열에 합류했다.[445]

하지만 4월 12일에 경남도의회 문화복지위 새누리당 의원들은 안건
상정에 반대해 위원장석을 점거하고 있던 민주통합당 김경숙 의원, 통
합진보당 강성훈 의원을 끌어내리고 안건을 처리했다.[446] 이제 본회의
통과만 남은 상황이었다. 이에 대경인의협이 팔을 걷어붙였다. 대경인
의협은 "홍준표 경남도지사는 '강성 노조의 해방구'라고 이야기했지만
지금 경상남도는 마치 '홍준표의 해방구'가 된 마냥 민심을 이반하고 환
자와 의료진의 목소리를 외면하고 절차적 정의조차 무시하고 있다"며
성명을 발표하고 지역 시민사회단체를 조직해 기자회견을 열었다.[447]

인의협과 보건의료단체연합의 분투에 보건의료노조와 민주노총도

퍼센트, '공공의료원을 더 늘려야 한다'는 의견이 32.4퍼센트로 반대 의견이 71.1퍼센트
에 달했다.(《[여론조사] 71퍼센트 "진주의료원 폐원 반대"》, 《뷰앤뷰뉴스》, 2013년 4월
14일)

움직이기 시작했다. 12일, 13일 이틀 연속 집회를 열어 "새누리당, '진주 의료원 폐업 조례안' 날치기 폭거"를 규탄했고, 경남도의회 본회의가 열리는 18일 영남권 노동자 결의대회를 예고했다.[448] 한편 경상남도 공무원들이 폐업 준비를 위해 의료급여 환자들을 종용하여 퇴원하도록 유도한 사실을 앞서 진주의료원에 파견한 회원들이 포착했다. 인의협은 본회의 처리를 하루 앞둔 4월 17일에 히든카드로서 민변과 함께 기자회견을 열어 이를 폭로했다.[449]

인의협이 선봉에 서서 보름간 이끈 투쟁은 결국 4월 18일 경남도의회 본회의를 무산시키고 6월로 연기하게 만들었다. 또한 꿈쩍 않던 홍준표조차 진주의료원 해산을 한 달간 유보하고 '경상남도 서민 의료 대책'을 발표하지 않을 수 없게 만들었다.[450] 비록 큰 변화를 만들어 낸 것은 아니었지만, 인의협을 비롯한 보건의료 운동 단체들과 노동자, 시민들이 싸워 박근혜 정권의 첫 의료민영화 정책에 제동을 건 것이다.[451] 하지만 거기까지가 최선이었다. 홍준표는 5월 29일에 진주의료원 해산을 선언했고, 6월 11일에는 경남도의회가 조례안을 날치기로 통과시켜 법적 절차를 마무리해 주었다.

인의협 최초로 단식 농성까지 벌여 가며 전력을 쏟았으나 진주의료원 폐업 저지 투쟁은 결국 실패로 끝냈다. 하지만 첫 싸움에서의 저항 정도에 따라 향후 의료 민영화 정책의 양태와 속도가 달라질 수밖에 없는 것이기에 저항 그 자체만으로도 분명 값진 것이었다.

2

정권 초반부터 본색을 드러낸
박근혜식 의료 민영화

박근혜 정부와 새누리당은 진주의료원 폐업이 마무리되기 무섭게 2013년 5월 말과 6월 초에 연달아 의료 민영화 정책을 내놓기 시작했다. 이명박 정권하에서 18대 국회 때 폐기된 '원격의료' 허용 법안을 새누리당이 다시 국회에 발의했다. 또 병원은 물론이고 보험회사를 포함한 이른바 '해외 환자 유치업자'까지 의료숙박업을 할 수 있도록 하는 '메디텔' 허용 시행령(관광진흥법 시행령 개정안)을 입법 예고했다. 5월 31일에는 정부 발의로 보험회사가 외국인 환자를 유치·알선할 수 있는 의료법 개정안을 올렸다.

병원과 보험회사가 직접 계약을 맺고 보험회사가 환자 알선·유치 행위를 하는 것은 미국식 의료 민영화로 가는 길이었다. 병원-보험회사 간 직접 계약은 해외 환자에 한정한다고 했지만, 이는 영리병원의 예에서 보았듯이 국내 환자로 확장될 것이 뻔했다. 더욱이 의료호텔인 메디텔에는 외국 환자뿐 아니라 국내 환자까지 숙박할 수 있다. 이는 보험회사가 메디텔을 매개로 실질적으로는 의료기관을 지배하고 소유하게 할 수 있는, 미국식 의료 민영화로 가는 지극히 위험한 법안이었다. 원격 의료의 경우도 정부는 의료 소외 계층을 위한 것이라고 했지만 바로 그 소외 계층이 그나마 큰 병에 걸렸을 때 의지할 수 있었던 공립병원을 폐업한 정부가 할 말은 아니었다. 결국 IT 업계와 대형 병원을 소유한 자본들을 위한 명백한 의료 민영화 정책이었다.[452]

인의협은 보건의료단체연합과 무상의료운동본부에 결합해 성명을 내고, 의견서를 보내고, 기자회견을 열어 철회를 요구했다.[453] 그러나 박근혜 정부는 한 술 더 떠 의료시장화론자인 문형표를 보건복지부 장관에 앉히고, 12월 13일 박근혜식 의료 민영화의 결정판인 제4차 투자 활성화 대책을 내놓았다. 이것은 비영리법인으로 규정되어 있는 의료 법인의 영리 자회사를 허용할 뿐 아니라 이 영리 자회사의 허용 범위를 환자 편의를 위한 부대 사업을 넘어 모든 의료 부문의 사업으로까지 확장하는 것으로, 병원을 환자 치료를 위한 비영리기관으로 규정한 의료 법의 기본 취지를 근본적으로 뒤집는 조치였다.[454]

인의협과 보건의료단체연합은 이를 "사실상 전면적 영리 병원 허용, 전면적 의료 민영화 정책 추진"으로 규정하고 재빨리 대응에 나섰다.[455] 단체 차원에서는 대경인의협이 2014년 1월 10일 '박근혜 정부의 의료 민영화 정책 비판'이라는 토론회를 열어 제4차 투자 활성화 대책 대응의 포문을 열었다.[456] 그 후 인의협은 다양한 언론 인터뷰[457]와 토론회[458]를 통해 제4차 투자 활성화 대책의 문제점을 알려 나갔다. 정권 초기 진보적 보건의료 단체들이 "진주의료원 폐원은 박근혜 정부의 의료 민영화 신호탄"이라고 외쳤던 학습 효과 덕에 이러한 대응은 빠른 반대 여론을 만들어 낼 수 있었다. 투자 활성화 대책이 발표된 뒤 의료 민영화가 포털 검색어 1위에 올랐고, 의료 민영화 반대 서명운동이 확산되었다. 여론이 움직이자 야당과 시민사회단체들은 물론 의협까지 '제4차 투자 활성화 대책은 의료 민영화로 가는 길'이라며 반대에 나섰다.459)

정부 여당은 의료 민영화 주장을 '괴담'으로 몰며 진화에 안간힘을 썼다. 보건복지부는 부랴부랴 '원격의료, 보건의료 투자 활성화 정책 바로알기'라는 사이트를 구축했고, 이영찬 복지부 차관은 "영리 병원을 허용할 의사가 전혀 없다"고 항변했으며, 현오석 경제부총리는 기자간담회를 통해 "괴담을 엄하게 다스려야 할 것 같다"고 겁박했다. 심지어 의협이 3월 10일 하루 파업을 하는 상황에 치닫자, 박근혜 대통령까지 나서 "비정상적인 집단적 이익 추구나 명분 없는 반대, 국민에게 피해를 주는 행동에 대해서는 반드시 책임을 묻고 법과 원칙에 따라 엄정 대응할 것"이라고 위협했다.460) 인의협을 비롯한 보건의료 운동 진영에서도 굴하지 않고 반대의 목소리를 높였으나,461) 박근혜 정부는 3월 27일 제1차 규제개혁장관회의를 통해 영리 자회사 허용, 원격의료, 의료기기 임상시험 간소화, 신의료기술 인허가 기간 단축 등이 포함된 41개 규제 개혁안을 발표하며 가속 페달을 밟았다.462)

그러나 그 누구도 예상하지 못한 사건으로 인해 박근혜 정부의 의료 민영화 추진은 잠시 '스톱'된다.

3

세월호
사건

2014년 4월 16일, 인천항을 떠나 제주도로 가던 정기 여객선 세월호가 진도 앞바다에서 침몰했다. 이 사고로 승객 476명 중 304명이 죽거나 실종됐다. 그 304명 중 250여 명은 수학여행을 가던 단원고 학생들이었다. 세월호 사건은 희생자와 그 가족만의 비극이 아니었다. 국민들은 생때같은 아이들이 바닷속으로 가라앉는 과정을 지켜보며 숨 막히는 고통을 느껴야 했고, 국민의 생명과 안전에 대해 아무런 대책이 없는 국가를 보며 분노를 느껴야 했다.

4월 16일 세월호 침몰과 함께 한국 사회는 일시 정지되었다. 대한민국 정치·경제·사회 모든 것이 세월호를 향했고, 또 그래야만 했다. 그러나 정부 여당은 후속 조치에라도 집중하기는커녕 쏟아지는 의혹들을 은폐하기에 바빴다. 유가족들은 법적 절차에 매달릴 수밖에 없었다. 유가족들은 자식들이 왜 죽어야 했는지만이라도 알고자 진상규명위원회를 구성하고 그들의 활동을 보장하는 '4·16 참사 진실규명 및 안전사회 건설 등을 위한 특별법(이하 세월호 특별법)'을 입법 청원했다. 하지만 정부 여당은 위원회에 수사권을 부여할 수 없다며 그것조차 가로막았다.[463]

유가족들은 7월 14일에 '세월호 특별법 제정'을 요구하며 무기한 단식 농성에 들어갔다. 인의협도 슬퍼하고 있을 수만은 없었다. 세월호 국민대책위 공동위원장을 맡고 있던 박래군은 4월 16일 이후 제대로 먹지도 자지도 못한 사람들이 단식 농성까지 나선 상황이 걱정되었는지 인의협에 의료 지원을 요청했다.* 인의협은 단식 농성 첫날부터 8월 28일 마지막 단식농성자인 김영오 씨가 단식을 중단할 때까지 하루도 빼놓지 않고 의료 지원을 책임졌다.[464] 특히 김영오 씨를 의료 지원하는 데 이보라의 기여가 컸다.

당시 세월호 유가족의 단식 농성은 모든 국민의 관심이 쏠려 있는 문제였기 때문에 정부 여당과 보수주의자들의 공격이 이어졌고, 인의협은 의료 지원을 하면서 이러한 정치적 공격에도 대응해야 했다. 단식 25일째인 8월 7일 의사 출신인 새누리당 안홍준 의원이 "단식을 제대로 했으면 벌써 실려 갔어야 했다"고 망언을 했고, 이에 분노한 유경

---

* 7월 14일 국회에서 10명, 광화문에서 다섯 명, 총 15명의 유가족이 단식 농성에 들어갔고, 첫날 인의협의 최규진과 보건의료단체연합 이수정이 의료 지원을 나갔다.(〈정부가 몰라주니 굶어 죽더라도 해야지〉, 《오마이뉴스》, 2014년 7월 14일) 그 후 인의협의 이보라와 청한의 김이종이 결합해 최규진과 함께 아침저녁으로 돌아가며 의료 지원을 하루도 빠짐 없이 진행했다. 세 명의 정기적인 의료 지원 외에도 인의협의 김대희를 비롯해 보건의료단체연합 소속 많은 의료인들이 틈틈이 의료 지원에 함께했다.

36일째 단식 중인 김영오 씨와 그의 상태를 설명하는 인의협의 이보라. 《〈인터뷰〉 세월호 주치의, "김영오 씨가 서서히 죽어가고 있습니다"》, 《민중의소리》, 2014년 8월 21일.

근 씨와 김영오 씨가 진료를 거부하는 사태가 벌어졌다. 인의협의 의료 지원 의사들은 언론을 통해 안홍준 의원을 비판하고 성명을 통해 규탄했다.[465] 비판 여론이 확산되자 안홍준 의원은 이틀 만에 사과를 했다.[466] 하지만 이를 계기로 정부 여당과 보수 언론은 의료 지원 의사들을 타깃으로 삼기 시작했다. 특히 김영오 씨의 주치의로서 언론의 주목을 받은 이보라를 정조준했다. 국정원의 사찰이 이루어졌고, 보수 언론은 그녀의 정치 활동 경력을 문제 삼았으며,[467] 새누리당은 서울시에 그녀의 신상 정보와 공무원법 위반 여부에 대한 검토를 요청했다.* 이에 인의협은 하나하나 강력히 대응해 나가며** 의료진을 보호하고 유가족들을 끝까지 돌보았다.[468]

---

*당시 이보라가 서울특별시 동부병원에 근무하고 있었기 때문에 서울시에 이러한 압력을 넣은 것이다.(이보라, 〈진실이 침몰하지 않기 위한 대가〉, 《건강미디어》, 2014년 12월 18일)

**인의협은 즉각 성명을 발표해 새누리당을 강력히 규탄했다.(인의협, 〈[성명] 사회적 약자에 대한 진료 행위 문제 삼는 새누리당은 사과하라〉, 2014년 9월 4일) 또 이보라가 근무하던 서울특별시 동부병원 원장 김경일 역시 인의협 회원이었기 때문에 그녀가 위축되지 않게 배려해 주었다. 아울러 이보라의 정치 활동을 문제 삼았던 《조선일보》 기사는 9월 24일 한국신문윤리위원회로부터 경고를 받았다.

4

다시 추진되는
의료 민영화

박근혜 대통령은 2014년 신년 기자회견에서 제4차 투자 활성화 대책을
통해 밝힌 규제 완화 정부 대책을 신속하게 이행하고, 병원을 통해 돈
을 벌고 싶은 투자자들을 위해 '원스톱(One-stop) 서비스'를 제공하겠다
고 약속했다. 의료 민영화의 핵심 조치인 영리 병원 허용을 위한 병원
영리 자회사 설립 가이드라인 발표는 원래대로라면 4월 말에 실행할 예
정이었다. 그리고 6월에는 의료 민영화를 위한 거의 모든 조치를 마무
리하겠다고 했다. 그러나 세월호가 이를 멈춰 세웠다. 실제로 4월로 예
정되어 있던 영리 자회사 설립 관련 회의도 복지부가 세월호 희생자 분
향소를 책임지는 주무 부처가 되면서 미뤄졌다.[469]

하지만 그 와중에도 정부는 4월 말과 5월 초에 신의료 기술 평가 간
소화 등 제4차 투자 활성화 대책 중 비교적 덜 예민한 사안들을 처리하
며 눈치를 봤다.[470] 그러고는 6월 10일, 미뤄 왔던 영리 자회사 설립 가

이드라인을 발표하고 의료 법인의 영리 부대 사업 범위를 확장하는 의료법 시행규칙을 입법 예고했다. 인의협은 즉각 성명을 발표해 "영리 자회사는 사실상 비영리법인인 의료 법인이 영리적 회사를 운영하는 것으로 수익이 배당된다는 점"에서 영리 병원과 하등의 차이가 없으며, 영리 부대 사업 범위를 무분별하게 확장할 경우 "한국 의료는 이제 그 기본적인 근간조차 파괴될 수밖에 없고, 의사들도 병원 자본에 종속"될 수밖에 없음을 지적하며 철회를 요구했다.[471] 그 후 인의협은 보건의료단체연합, 무상의료운동본부와 함께 대대적인 캠페인을 벌이며 의료법 시행규칙 철회와 의료 민영화 추진 중단을 요구하는 서명운동을 전개했다.[472]

특히 인의협과 보건의료단체연합은 세월호와 의료 민영화를 연결하고자 노력했다. 두 사안 모두 이윤 추구를 위해 국민의 생명과 안전을 저버리는 행위였고, 무분별한 규제 완화가 낳을 수 있는 재앙이라는 측면에서 공통점이 있었기 때문이다. 보건의료단체연합은 5월 24일 '2014 생명·평화·공존 콘서트 〈이윤보다 생명〉'이라는 콘서트를 열어 보건의료인들이 세월호와 의료 민영화 문제에 좀 더 적극적인 관심을 가질 수 있도록 새로운 접근을 시도했다.[473] 또 스페인의 '백의의 물결' 운동•을

•2012년 스페인의 수도 마드리드에서 긴축정책의 일환으로 추진된 의료 민영화 정책에 반대하여 의사를 포함한 병원 노동자, 환자, 지역 주민들이 함께 시작한 운동이다. 눈과 비를 아랑곳 않고 매달 셋째 일요일마다 진행된 이 운동은 작은 규모로 시작했으나 점점 커져 전 국민의 지지를 받았다. '백의의 물결'은 15개월 동안이나 이어졌고, 결국 2014년 1월 27일 곤잘레스 마드리드 시장은 의료 민영화 계획 연기를 발표했다. 더 나아가 의료 민영화 계획의 핵심 책임자였던 '하비에르 페르난데즈 라퀘티'는 보건부 장관직에서 사임했으며, 결국 마드리드의 6개 공공 병원, 4개의 전문의료센터와 27개 지

'의료 민영화 중단과 세월호 특별법 제정 촉구 보건의료인 시국대회' 모습.

본떠 매달 마지막 주 토요일에 '생명과 안전의 물결' 캠페인을 전개하기도 했다.[474] 7월 20일에는 그간의 운동을 종합하여 '의료민영화 중단과 세월호 특별법 제정 촉구 보건의료인 시국대회'를 개최했다.

청와대 앞 청운동에서 기자회견을 열고 광화문 세월호 농성장까지 행진한 이 시국대회에는 200여 명의 보건의료인이 모였으며, 전국의 인의협 회원들도 가운을 입고 참가했다. 특히 청운동에서 세월호 농성장으로 가는 가운행진은 여러 언론에 보도되었고 의료 민영화 반대 운동과 세월호 특별법 제정 운동을 묶어 내는 결정적 계기가 되었다. 박근혜 정부 역시 두 사안이 연결되는 것이 어떤 의미를 갖는지 모르지 않았다. 경찰은 당일 가운행진을 가로막았고, 심지어 사전 신고 없이 '광

역보건센터 운영을 민영화하겠다는 정부의 계획은 좌절되었다.

화문 세월호 농성장' 유가족들을 방문했다는 이유로 집시법 위반을 들어 인의협 공동대표이자 보건의료단체연합 공동대표인 김정범에게 출석을 요구했다.[475]

정권의 훼방에도 불구하고 의료 민영화 반대 목소리는 세월호에 가슴 아파하는 국민들에게 전달되었다. 보건의료노조와 의료연대본부의 파업까지 이어지며[476] 한국에서도 '하얀 물결'을 만들어 냈다. '의료 민영화를 위한 의료법 시행규칙 반대 서명'에 120만 명의 국민이 동참했다. 특히 의료법 시행규칙 입법 예고 마감일인 7월 22일 단 하루 동안 67만 명이 서명에 참여했다. 온라인 반대 서명 창구인 '무상의료운동본부' 홈페이지가 다운될 정도였고, 보건복지부 홈페이지도 22일 '입법예고 의견 쓰기'란에 항의 댓글을 다는 접속자 수가 늘어나면서 마비되었다.[477] 심지어 7월 22일은 세월호의 소유주인 유병언의 사체가 발견된 날이었는데도 검색어 1위는 '의료 민영화'였다.[478]

하지만 의료 민영화에 대한 박근혜 정부의 열망 또한 만만치 않았다. 70퍼센트가 넘는 의료 민영화 반대 여론에도 불구하고, 8월 12일 경제자유구역 및 제주도 영리 병원 추진, 메디텔을 비롯한 영리 자회사 규제 완화, 해외 환자 유치 및 해외투자를 위한 특별법 제정, 의과대학의 기술지주회사 허용을 통한 영리 자회사 설립 허용, 임상시험 규제 완화를 통한 신의료 기술 평가 무력화, 줄기세포 임상시험 규제 완화 등의 내용을 담은 제6차 투자 활성화 대책을 발표했다. 인의협을 비롯한 보건의료단체연합은 정부의 제6차 투자 활성화 대책 발표 당일 긴급 기자설명회를 열어 조목조목 사안별 문제점을 지적하며 초장부터 틀어막았다.[479]

8월 20일에는 '제6차 투자 활성화 계획 보건의료 부문 무엇이 문제인가' 국회토론회가 열렸다. 시민단체·의료계·야당이 총출동한 이 토론회에서 김용익 새민련 의료영리화저지특별위원장을 비롯해 김창엽, 정형준, 최규진 등 인의협 회원들은 정부의 의료 민영화 정책에 메스를 들이댔다.[480] 그러나 이런 적극적 대응에도 불구하고 정부는 제주도에 첫 영리 병원인 '싼얼병원'을 승인해 의료 민영화의 전초지를 세우려 했다.[481] 보건의료단체연합은 '싼얼병원'의 모기업 대표가 사기 혐의로 구속되었고, 줄기세포 전문 병원이며, 중국 내에서도 신뢰받지 못하는 허술한 병원임을 폭로해 이를 무산시켰다.[482] 10월 1일에는 대경인의협이 대구 지역 시민사회단체를 모아 '제6차 투자 활성화 대책이 몰고올 의료 민영화, 무엇이 문제이고 어떻게 막을 것인가'라는 주제로 토론회를 개최했고, 우석균·정형준·최규진 등은 전국의 병원 및 공공기관 노조, 시민사회단체들의 요청을 받아 제6차 투자 활성화 대책의 문제점을 교육하며 운동의 기반을 다져 나갔다.[483]

그러나 역시 정부 여당의 의료 민영화에 대한 의지는 강했다. 2014년 말과 2015년 초에 강력한 실천력을 보여주었다. 12월 9일에는 제4차 투자 활성화 대책 중 하나인 인수합병을 가능하게 하는 '의료법 개정안'을 발의했고, 12월 19일에는 참예원의료재단(참요양병원네트워크)과 혜원의료재단(세종병원)이 신청한 영리 자회사에 대해 '조건부 허가'를 내렸다. 12월 28일에는 규제 기요틴을 발표해 "의료 정보의 외부 보관 및 공유 허용, 서비스산업발전기본법 제정, 원격의료 허용, 영리 병원 규제 완화의 조속한 추진, 메디텔과 의약품 약국 외 판매에 대한 추가적 규제 완화" 등을 천명했다. 그리고 2015년 초에는 '싼얼병원'의 설욕을 하려는

듯 제주도에 '녹지국제병원' 건립을 추진했다.[484]

이처럼 의료 민영화를 둘러싸고 정부 여당과 인의협을 비롯한 보건 의료 운동 진영 사이에서 벌어진 치열한 공방전은 또다시 국민의 생명 과 관련된 예상치 못한 사태로 잠시 멈춰 섰다.

제8장 박근혜 정부 시기

5

메르스 사태와
삼성

2014년 말 인의협의 백재중은 한국 사회에서 '감히' 내기 어려운 책을 출간했다. 그는 《삼성과 의료 민영화》라는 책을 통해 김대중-노무현 정권 시절부터 가시화된 삼성의 의료 민영화 추진 역사를 살피고, 이명박-박근혜 정권에서 노골화된 삼성의 야욕을 폭로했다. 그는 당시 한국의 상황을 "국민의 건강이 삼성의 먹잇감이고 삼성의 볼모인 셈"이라고 진단했다. 그리고 얼마 지나지 않아 그의 말은 현실로 입증되었다.[485]

2015년 5월 20일, 국내 첫 메르스 감염 환자가 발생했다. 그리고 12월 23일 보건 당국이 메르스 공식 종식 선언을 할 때까지 총 186명의 감염자와 38명의 사망자를 낳았다. 이 숫자는 사우디아라비아에 이어 두 번째였고, 중동 이외의 국가에서는 가장 많은 것이었다. 심지어 '코르스'로 불러야 하는 게 아니냐는 자조 섞인 목소리까지 나왔다. 즉,

부실한 한국 방역 체계의 문제를 전제하지 않고서는 설명이 불가능했다.[486]

메르스 유행을 종식하기 위해서는 빠른 대응 요구가 필요했고, 재발 방지를 위해서는 적극적인 개선 요구가 필요했다. 인의협은 한국 사회에 이를 앞장서 제기해 나갔다.

메르스 유행 초기 문제가 됐던 것은 정부와 보건 당국이 5월 20일 첫 메르스 환자가 발생한 뒤 감염자가 빠르게 늘어 두 자릿수가 되고 6월 1일 첫 사망자가 발생했는데도 병원에 대한 정보를 비밀에 부치면서 국민들의 불안과 공포만 키웠다는 점이다. 6월 3일, 정형준은 "이 정도 상황이면 더 이상 비공개할 이유가 없는 데다 되레 혼란을 가중하는 부작용이 더 크다"고 공개를 요구했다.[487] 6월 7일, 보건 당국이 뒤늦게 병원을 공개했으나 이미 수많은 사람들이 오간 삼성서울병원은 감염 전파의 새로운 진원지가 되고 있었다. 삼성서울병원에 대한 통제가 절실했다. 하지만 삼성서울병원은 자체 관리를 고집했고, 보건 당국은 이를 방치했다. 우석균은 6월 5일에 일찍이 삼성서울병원의 독단적 행보를 질타했고,[488] 이후에도 여러 인의협 회원들이 집중적으로 삼성서울병원에 대해 문제를 제기했다.[489] 인의협 회원들과 보건의료 운동 진영의 문제 제기[490] 이후 여론은 거세졌고, 6월 13일 결국 삼성서울병원은 부분 폐쇄 조치에 들어갔다.[491]

인의협은 초기 대응 이후 메르스 종식을 위한 좀 더 체계적인 대응을 위해 긴급 대책회의를 열었다. 6월 8일 열린 이 회의에서는 이보라가 '메르스 사태 진행 경과와 한국 의료 제도'에 대해, 감염내과 전문의인 채윤태가 '메르스의 질병 양상 및 대응'에 대해 발제를 하고 각 병원과 기관에 근무하고 있는 회원들이 각자의 상황을 설명하고 정보를 공유했다. 그 후 채윤태, 임승관 같은 감염내과 전문의, 조성일 같은 역학 전문가, 조승연·나백주 같은 공공병원장, 김창엽·김윤 같은 보건학자 등 감염병 관리의 핵심 분야에 포진되어 있던 인의협 회원들은 각자의 분야에서 실력을 발휘하며 메르스 종식에 기여했다.* 또한 대경인의협과 부경인의협도 지역의 방역 체계 문제를 단속하며 메르스 확산 차단에 힘을 보탰다.492)

메르스 유행은 인의협이 사스, 신종플루 등 감염병이 유행할 때마다 꾸준히 제기해 온 민간 병원 중심의 의료 체계와 부실한 공공의료의 문제가 총체적으로 드러난 사건이었다. 메르스가 어느 정도 잡힌 뒤 인의협은 보건의료 운동 연대체들과 함께 다시 한 번 이러한 문제들을 상기시키며 개선을 요구했다.493) 특히 공공 병원에서 메르스 종식을 위해 헌신한 인의협 회원들의 목소리는 진주의료원 폐업 사태를 되돌아보게 하며 국민들에게 큰 울림을 주었다.**

• 채윤태는 초기에 SNS로 퍼지는 메르스에 대한 잘못된 의료 상식을 차단하는 데 힘을 쏟았고(〈'변종 메르스' 아직 확인 안 돼···바셀린·양파 '예방효과' 없어〉, 《한겨레》, 2015년 6월 3일), 임승관은 각종 방송에 출연해 병원 차원에서의 대응을 조언했다(〈[인터뷰] 임승관 교수 긴급제언 "전국병원, 자체 전수 조사해야"〉, JTBC, 2015년 6월 9일). 조성일은 서울특별시 역학조사반을 이끌었으며, 조승연과 나백주는 공공병원장으로서 책임감 있는 자세를 보여 많은 시민들로부터 지지를 받았다.(〈메르스 최전선 인천의료원에 시민 격려 이어져〉, 《오마이뉴스》, 2015년 6월 25일; 〈'공공의료'라는 환자, 어서 치료를 시작할 때〉, 《한겨레21》 제1067호, 2015년 6월 23일) 김창엽과 김윤은 보건학자로서 국가 차원의 구조적 문제를 지적하며 보완을 촉구했다.(〈[아침 신문] 김창엽 '메르스 대란, 왜 대통령 책임인가'〉, CBS 뉴스, 2015년 6월 25일; 〈[메르스 특별좌담] 김윤 서울의대 교수 "낙관적 전망 반복하면 신뢰 잃어"〉, 《중앙일보》, 2015년 6월 22일)

인의협에게 2015년은 삼성으로 시작해 삼성으로 마무리된 해라고 해도 과언이 아니었다. '삼성과 의료 민영화'로 시작해, '삼성서울병원과 메르스'르 거쳐, '삼성반도체와 백혈병' 문제로 끝났다. 인의협은 9월 16일 은수미 의원실과 공동으로 '삼성전자 백혈병 문제 해결을 위한 조정위원회 권고안' 국회토론회를 개최했다. 이 토론회에는 인의협의 정영진, 임상혁, 백도명, 김명희 등이 참여하여 의사이자 학자로서 노동자들의 생명과 안전을 등한시해 온 삼성반도체를 질타하고 책임 있는 자세를 촉구했다.[494]

•• 당시 인천의료원 원장이었던 조승연익 "민간 병원이 안 움직이니 공공 병원을 내세운다. 그러나 당시에는 영웅처럼 말하다가 지나가면 잊혀진다"는 말을 손석희가 직접 앵커브리핑에 소개해 크게 회자되었다.(손석희, 〈[앵커브리핑] 밑지는 것 같아도…공공 의료 '남는 장사'〉, JTBC, 2015년 6월 23일)

6

박근혜 정부의
의료 민영화 총공세[495]

박근혜 정부는 메르스 사태를 겪고도 의료 민영화 추진 의지를 굽히지
않았다.[496] 투자 활성화 대책을 통해 병원 부대 사업 확대, 영리 자회
사 허용, 메디텔 허용, 영리 병원 첫 허가 등을 추진한 데 이어 '의료 관
광'을 명목으로 국내 병원의 해외 영리 병원으로의 자산 유출, 영리적
해외 진출에 대한 세제 및 금융 지원, 의료 광고 규제 완화 등을 허용
하는 '의료 해외 진출 및 외국인 환자 유치에 관한 법(이하 국제의료사업
지원법)'을 제정했다. 또 의료기기 및 줄기세포·유전자 치료에 대한 규제
를 대폭 완화했으며, 시범사업 결과를 허위로 긍정적인 것처럼 포장하
여 원격의료 추진을 강행했다. 아울러 예방·관리 영역인 '건강관리 서
비스'까지 가이드라인으로 밀어붙였다.

하지만 인의협을 비롯한 보건의료 운동 진영의 끈질긴 '반대'로 자본
입장에서는 마음에 드는 밥상이 차려지지 않았다. "규제를 풀어 투자개

방형 병원(영리 병원)의 초보적 성공 사례를 내놓겠다는 것이 자회사를 통한 부대 사업 허용의 취지"였으나 "반대에 부딪혀 규제가 제대로 풀리지 않았다." 즉, 성실 법인 조건 등 자회사 설립 허가 조건이 대폭 강화되었으며, "애초 병원들이 수익 사업으로 관심을 두었던 장례식장과 화장품·의약품 제조 판매 등은 허용 대상에서 빠졌다".[497] 또한 사기 혐의로 회장이 구속 상태인 중국 싼얼병원을 국내 1호 영리 병원으로 승인하려다 저지당한 이후, 내국인 또는 국내 법인을 통한 우회 투자 가능성을 차단하고 줄기세포 시술을 하지 않겠다는 조건을 달고서야 녹지국제병원을 겨우 허가할 수 있었다. 국제의료사업지원법의 경우도 처음 새누리당이 내놓은 것과는 달리 민간 보험사 해외 환자 유치 조항이 삭제되었고, 영리 병원 국내 우회 투자 금지 조항이 삽입되었다. 이처럼 의료 민영화의 길목 곳곳에 시민단체와 노동자들이 맞서 싸운 성과로 바리케이드가 쳐졌다.

정권 후반기에 접어든 정부 여당과 자본은 조급해질 수밖에 없었다. 하나하나 규제 완화를 추진할 시간과 여력이 얼마 남지 않은 정부 여당은 서비스발전기본법(이하 서비스법)이라는 낡은 카드를 만지작거렸다. 즉, 기획재정부 장관에게 다른 부처 장관보다 상위에서 법령이나 사안을 개폐할 수 있는 막대한 권한을 부여해 공공 서비스를 '통 크게' 민영화하겠다는 것이었다. 그러나 보건의료단체연합을 중심으로 서비스법에 대한 반대 목소리가 높아지자[498] 민주당은 의료만큼은 서비스법에서 빼자는 절충안을 정부 여당에 제시했다.[499] 하지만 새누리당은 의료를 뺀 서비스법은 '김치 없는 김치찌개'라며 서비스법의 목적이 의료 민영화에 있음을 자인했다.

결국 19대 정기국회가 끝나고 20대 총선에서 새누리당이 패하면서 서비스법 카드는 더 이상 내놓기 어렵게 되자 새로운 카드를 내놓았다. 19대 마지막 임시국회에 새누리당 강석훈 의원의 대표발의로 '지역전략산업육성을 위한 규제프리존의 지정과 운영에 관한 특별법안(이하 규제프리존법)'이 제출되었다. 규제프리존법은 기재부 장관의 주도하에 시도별로 전략 산업을 선정해 덩어리 규제를 일시에 철폐해 주겠다는 것으로, 서비스법의 우회 전략에 지나지 않았다. 그리고 이 규제프리존법 역시 서비스법과 마찬가지로 의료를 중심에 놓고 있었다. 전경련도 박근혜 정부하에서 의료 민영화를 '쟁취'할 수 있는 마지막 기회였던 만큼 확실한 추진을 요구했다.

사실상 의료 민영화의 마지막 격전지였던 만큼 인의협은 규제프리존법을 막기 위해 보건의료 운동 진영과 함께 남은 힘을 쏟았다. 인의협과 보건의료단체연합은 규제프리존법이 부상한 초기부터 이를 포착하고 의료 민영화와의 관련된 내용을 가장 먼저 분석해 운동 진영에 제시했다.[500] 그 후 규제프리존법은 전체 운동의 핵심 이슈 중 하나로 부상해 박근혜-최순실-전경련의 국정농단 증거로까지 제시되었다.•

그런데 서비스법과 규제프리존법을 막는 사이 새누리당이 '의료 법인

• 규제프리존법은 국정농단 사건에서 김정범 인의협 공동대표를 비롯해 김남희, 맹지연, 김동찬, 장여경 등을 피청구인으로 하여 특검에 고발되었다.(경제민주화실현전국네트워크·무상의료운동본부·언론개혁시민연대·전국유통상인연합회·전국을살리기국민본부·진보네트워크센터·참여연대·환경운동연합, 《[고발]》재벌특혜 규제프리존법 추진한 '박근혜-최순실-전경련' 특검 고발), 2017년 1월 23일) 또 박근혜-최순실 게이트 국정농단 국조특위에서 손혜원 의원은 박근혜의 규제프리존 강조 발언 장면을 모아 재벌 특혜의 증거 자료로 제출해 국민들로부터 주목을 받았다.

인수·합병 허용'을 골자로 하는 의료법 개정안을 추진했다. 이 법은 원래 2010년 18대 국회에 상정되었으나 의료민영화법으로 규탄하며 막아 냈었다. 그러던 것이 2014년 12월 새누리당 이명수 의원의 발의로 되살아났고, 규제프리존법 저지에 집중하는 사이 19대 마지막 임시국회에서 스리슬쩍 보건복지위원회를 통과한 것이었다. 인의협은 5월 2일 성명을 발표해 의료민영화법은 "기존에 사회적 재산으로 간주되던 병원이, 가격이 책정되는 매물로 취급"되는 것으로 승자독식 경쟁을 강화한다고 비판했다.[501] 아울러 20대 총선에서 국민들이 여소야대를 만들어 주었는데도 더불어민주당이 남은 19대 국회 며칠을 못 막고 이 법안을 합의해 주었다는 데 대해 강력히 규탄했다. 그러나 형식적인 법사위와 본회의 통과만을 남겨 둔 상황이었기에 성명과 의견서에만 그칠 수 없었다. 5월 3일 보건의료 운동 연대체들을 총동원하여 민주당사 앞에서 기자회견을 열었다.[502] 민주당이 별다른 반응을 보이지 않자 5월 12일 민주당사 점거 농성에 돌입했다.•

인의협은 1인 시위와 선전전을 진행하며 시민들을 대상으로 서명운동을 시작했다. 이어 보건의료노조를 주축으로 당사 앞에서 두 번의 집회를 열고, 법사위에 상정되는 5월 17일 아침에도 기자회견을 열어 법안 저지에 총력을 다했다. 17일에 법사위에서 민주당은 결국 반대에 나설 수밖에 없었고, 새누리당의 저항에도 불구하고 법안은 파기되었다.

•5월 12일 어두운 밤 빗속에서 경찰의 저지를 뚫고 민주당사에 들어가는 데 김정범, 우석균 두 인의협 공동대표가 앞장섰을 만큼 인의협이 이 투쟁에서 보여준 열의는 대단했다. 또한 수많은 회원들이 점거 농성 기간에 지지 방문을 와주었다.

의료 관련 법안이 상임위를 통과한 상황에서 법사위에서 저지된 것은 유례가 없는 일이었다.[503]

이처럼 보건의료 운동 진영은 의료 민영화의 고비들을 하나하나 맞서 넘기며 박근혜 정권을 버텼다. 그리고 성명 및 의견서 작성, 점거, 집회 발언, 선전 및 서명운동, 기자회견에 이르기까지 거의 모든 진행 과정에서 인의협이 보여준 열의는 승리에 큰 동력이 되었다.

광장에 선 의사들

7

백남기 농민
사망 사건

박근혜 정권이 민중을 위협한 것은 의료 민영화 정책만이 아니었다. 권력과 자본에 편중된 각종 정책으로 민중을 사지로 내몰았다. 2015년 11월 14일 광화문에서 열린 민중총궐기대회에는 이런 박근혜 정부의 반민중적 정책에 항의하는 13만 명의 사람들이 전국에서 모여들었다. 이 중에는 쌀값 폭락에 대한 정부의 부실한 대책에 항의하는 3만 명의 농민도 포함되어 있었다. 그리고 예상대로 박근혜 정부는 민중의 목소리를 듣기는커녕 경찰차로 행진을 가로막았다. 분노한 민중은 밧줄로 경찰차를 묶어 치우려고 했고, 이에 경찰은 최루액이 섞인 물대포를 쏘며 집회를 진압했다. 당시 인의협은 여느 때와 마찬가지로 보건의료단체연합 소속 회원들과 함께 의료지원팀을 꾸려 경찰과의 충돌로 다친 부상자들을 치료했다.

충돌은 점점 커져 의료지원팀이 치료한 부상자만 수십 명에 달했다.

그 부상 정도가 심해 의료지원팀을 거치지 않고 바로 구급차에 실려 병원으로 후송된 사람도 적지 않았다. 그리고 그중에 백남기 농민도 포함되어 있었다. 다음 날인 11월 15일 의료지원팀은 현장에서 목격한 경찰 진압의 폭력성을 증언하며 백남기 농민의 부상은 '예정된 참사'라고 규탄했다. 아울러 직접 치료한 부상자 현황과 경찰이 물대포에 섞은 최루액인 파바(PAVA)의 위해성을 함께 발표했다.[504] 그 후 줄곧 인의협의 이현의와 이보라가 백남기 농민이 누워 있는 서울대병원을 방문해 가족들과 소통하며 의학적 자문을 맡았다. 그리고 의료지원팀은 물대포와 파바의 위험성에 대한 조사를 계속 진행해 민중총궐기 국가폭력조사단 보고서 작성[505]과 국제 심포지엄 개최[506] 등에 기여하며 백남기 농민 사건과 같은 사고의 재발 방지를 위해 힘썼다.

그러나 백남기 농민은 물대포를 맞고 의식을 잃은 지 317일 만인 2016년 9월 25일 결국 세상을 떠났다. 그런데 애도를 할 겨를도 없이 예상치 못한 의학적 문제가 터졌다. 백선하 서울대병원 신경외과 교수가 작성하고 서울대병원이 발부한 백남기 농민의 사망진단서에 사인(死因)이 '외인사'가 아닌 '병사'로 기록된 것이다. 마치 짜여진 각본처럼 경찰은 바로 부검영장을 신청했다. 인의협은 즉각 의견서를 발표해 사망 원인은 "경찰 살수차의 수압, 수력으로 가해진 외상으로 인한 외상성 뇌출혈과 외상성 두개골절"이며 "이처럼 발병 원인이 명백한 환자에게서 부검을 운운하는 것은 발병 원인을 환자의 기저질환으로 몰아가려는 저의"가 있는 게 아닌지 의심스럽다고 비판했다.[507] 다행히 법원이 "부검 필요성과 상당성이 없다"고 기각했으나 경찰은 부검영장을 다시 청구했다.

서울대병원 장례식장 앞에서 유가족과 함께 진행한 인의협 기자회견.

25, 26일 양일에 걸쳐 전진한이 대책위 기자회견에 참여하여 백선하 주치의와 경찰의 부검 언급에 대해 규탄했으며,[508] 27일에는 우석균·김경일·이보라가 기자회견을 열고 구체적인 의학적 설명을 덧붙이며 "백남기 농민의 사망 원인은 애초에 의학적 논쟁 대상이 아니다"라며 경찰의 부검 필요성 주장을 일축했다.[509] 그러나 28일 중앙지법이 "유효기간 10월 25일"에 "부검 장소와 참관인, 촬영 등 절차를 유족과 협의하라"는 단서를 단 '조건부' 부검영장을 발부해 논란이 연장되었다. 인의협은 부검 논란을 봉쇄하기 위해 최선을 다했다. 특히 신경외과 의사인 김경일의 활약이 컸다. 그는 경찰의 "압력이 가해진 게 아닌가 의심스럽

다"고 의혹을 제기했으며, 이현의·이보라와 함께 당당히 공개 의견서를 제출했다. 또 9월 30일에는 백남기 농민이 물대포를 맞은 11월 14일의 CT사진을 공개하며 의학적으로 논란의 여지가 없음을 분명히 했다.*

이러한 인의협의 단호한 입장이 언론을 통해 확산되며 각계 인사들의 '백남기 농민 부검 시도 중단' 시국선언이 쏟아졌고, 급기야 서울대 의대 학생들과 동문들의 비판 성명까지 이어졌다. 하지만 10월 3일에 서울대병원과 서울대 의대 특별조사위원회는 백남기 농민의 사망진단서 재검토 결과, 지침과는 다르다면서도 결국 수정을 요구할 수는 없다며, 결과적으로 '병사'를 인정하고 부검의 필요성을 높여 주는 기회주의적인 모습을 보였다.**

인의협은 역사적으로 불필요한 부검 논쟁을 일으켜 경찰과 검찰이 사건을 어떻게 왜곡해 왔는지 누구보다도 잘 알고 있었다. 인의협은 더욱 단호하게 맞서며 부검 논란을 종식했다.510) 심지어 김경일은 10월 14일 보건복지위원회 종합국정감사에 참고인으로 출석해 증인으로 참석한 백선하 교수를 앞에 두고 "결론적으로 환자 가족들에게 거짓말로 수술을 유도하고 가족들의 의견을 무시한 채 의미 없는 연명 치료를 계속한 뒤 최종적으로 사인을 바꾼 사건이다"라고 과감히 소신을 밝혔

•김경일·이현의·이보라는 9월 25일에 의견서를 제출했고, 30일에는 김경일이 신경외과 전문의로서 백남기 농민이 물대포를 맞은 직후 찍은 CT 사진을 공개하며 설명회를 열었다. 이를 통해 사인이 명확하기에 부검이 필요 없다는 입장을 다시 한 번 강조했다.

••2017년 6월 15일, 서울대병원은 백남기 농민의 사망진단서에 기재된 사망 종류를 '병사'에서 '외인사'로 변경했다.(인의협, 〈[성명] 서울대병원은 외인사로 한 번 죽고 병사로 두 번 죽었다〉, 2017년 6월 19일)

다.[511] 이런 인의협의 대응에 힘입어 유가족과 시민들은 두 차례에 걸친 영장 집행을 막아 냈고, 결국 10월 28일 경찰과 검찰이 백남기 농민의 부검영장 재신청을 포기함에 따라 사망 41일 만인 11월 5일에 무사히 장례를 치를 수 있었다.

8
박근혜 국정농단과
탄핵 촛불

백남기 농민의 시신에 대한 경찰의 부검영장 유효 기간 마지막 날인 2016년 10월 25일은 백남기 농민 사망 사건이 일단락된 날이기도 했지만 박근혜-최순실 국정농단이라는 새로운 사건이 부상하는 날이기도 했다. 10월 24일에 JTBC가 최순실이 사용한 태블릿PC를 공개하며 최순실 국정 운영 개입 의혹을 보도하자 다음 날인 10월 25일 박근혜 대통령이 대국민 사과를 한 것이다. 10월 26일에 검찰이 미르재단·K스포츠재단·최순실 집·차은택 집 등 9곳을 압수·수색했고, 27일에는 '최순실 의혹' 특별수사본부가 설치되었다. 그리고 10월 29일 박근혜 퇴진을 요구하는 제1차 범국민행동 촛불이 타오르며 탄핵을 향한 궤도가 놓였다.

백남기 농민 사망 사건에 전력을 쏟은 인의협은 쉴 틈도 없이 바로 촛불에 올라탔다. 10월 25일, 인의협은 성명을 통해 인도주의 정신에

'박근혜 하야, 내각 총사퇴 보건의료인 시국선언' 모습(2016년 11월 2일).

근거해야 할 국제 개발 협력 사업인 '코리아에이드'를 최순실과 차은택이 연루된 미르재단이 주도했다는 국정감사 결과를 언급하며 국정농단과 관련된 보건의료 문제를 처음으로 제기했다.[512] 또한 첫 촛불집회가열린 10월 29일 집회에서 우석균은 연단에 올라 '조폭 거래' 같았던 재벌들의 미르재단·K스포츠재단 입금에 따른 박근혜 정권의 의료 민영화 추진 정황을 폭로해 촛불시민들로부터 많은 박수를 받았다.[513] 그후 이 발언을 정리한 우석균의 글은 국정농단 사건을 밝히는 각종 기사에 인용되며 촛불을 키우는 데 큰 기여를 했다.[514]

10월 29일 첫 번째 촛불부터 2만 명이 모였다. 모인 시민들의 결기도 예사롭지 않았다. 보건의료단체연합은 곧바로 시국선언을 준비했다. 급하게 선언자를 모았는데도 며칠 만에 2586명의 보건의료인이 시국선

박근혜 퇴진 범국민행동에 참가한 인의협 고한석 이사장과 의료지원단 모습.

언에 자신의 이름을 걸었다. 그리고 11월 2일 광화문 세월호 농성장 앞에서 '박근혜 하야, 내각 총사퇴'를 요구하며 보건의료인 시국선언 기자회견을 진행했다. 이 시국선언은 여러 언론에 보도되며 많은 보건의료인들의 관심을 집중시켰다.[515]

범국민행동 촛불집회 참가자는 회차를 거듭할수록 기하급수적으로 늘어났다. 두 번째 촛불집회에는 20만 명이 참가했고, 세 번째 집회 만에 100만 명을 돌파했다. 인의협은 10월 29일 1차 범국민행동부터 3월 11일 20차 범국민행동까지 단 한 주도 빠지지 않고 의료 지원을 진행했다. 김철주·백남순·이미옥은 매주 의료지원단 천막을 지켰으며, 전국

광장에 선 의사들

의 수많은 인의협 회원들이 돌아가며 지원을 했다. 특히 고한석 이사장은 영월의료원에 근무하고 있는데도 거의 매 주말마다 광화문을 방문해 의료지원단을 격려하고 진료를 도왔다.[516]

인의협은 의료 지원이라는 수단으로만 촛불을 도운 것이 아니었다. 박근혜 국정농단의 비리 중 하나로 '의료 게이트'가 떠오르자 이 문제를 집중적으로 파고들어 촛불에 적지 않은 기름을 부었다. 인의협은 청와대 의약품 구매 목록은 물론 김영재, 김상만, 서창석, 차광열 등 국정농단에 부역한 의사들을 파헤쳤다.• 또한 촛불이 200만을 넘기며 정점에 달해 있던 시기인 12월 초에 '박근혜-최순실을 둘러싼 의료 게이트' 토론회를 열어 국민들의 건강은 의료 민영화로 위협해 놓고 줄기세포 치료제 등 온갖 값비싼 치료제를 맞으며 '불로장생'을 꿈꾸었던 국정농단 세력을 비판했다.[517]

촛불의 힘으로 박근혜가 탄핵된 이후에도 인의협은 바지런히 움직였다. 보건의료단체연합과 함께 19대 대선 각 후보들의 보건의료 공약을 분석하고 평가했으며,[518] 국민들의 기대에도 불구하고 촛불 민심을 제대로 반영하지 못하고 있는 대선 후보들의 공약을 단속했다.[519] 아울러 인의협은 박근혜 정부의 잘못된 정책으로 파괴된 의료 현실을 낱낱이 고발하는 책인 《의료붕괴》를 출간했다. 이는 저항의 역사를 정리하

• 당시 세월호 사고 당일 박근혜의 은폐된 7시간 행적이 이슈화되며 청와대에서 구매한 의약품에 내한 관심이 높아졌다. 특히 성형 시술을 익살할 수 있는 의약품들이 큰 주목을 받았다. 인의협 정책국장이었던 정형준은 당시 촛불시민들이 즐겨 듣는 〈김어준의 뉴스공장〉(11월 24일), 〈김현정의 뉴스쇼〉(11월 24일) 등에 출연하여 이와 관련된 문제들을 제기했다.

고 국민들에게 한국 의료의 실상을 알리는 의미도 있었지만, 다음 정
권하에서는 더 이상 '저지 투쟁'이 아닌 더욱 진취적인 보건의료 운동을
건설할 수 있기를 바라는 희망이기도 했다.520)

9

노동자·민중을 위한
의료 지원

박근혜 집권기에 큰 사건이 너무 많아 잘 알려지지 않았지만 수많은 노동자·민중이 사투를 벌였다. 그리고 그곳에 수많은 인의협 회원들이 의료 지원으로 연대했다.[•]

우선 주영수와 정일용이 이끌어 오던 서울역 노숙인 진료 사업을 개편해 젊은 회원인 김대희, 이보라를 주축으로 동대문 쪽방 진료소와 서울역 남대문 노숙인 진료소를 꾸렸다. 이들은 매주 수십 명의 보건의료 학생들과 함께 가난한 서민들과 노숙인들을 대상으로 하는 의료 지원의 전통을 이어 나갔다.[521] 그리고 기아차 고공농성, 씨앤앰 고공농성,

---

• 특히 이 의료 지원에는 이현의, 이보라, 김대희, 이보라, 최석재, 고준영, 장영우, 이승홍, 전진한, 홍종원, 임선미, 김민지, 김규연, 장연식 등 인의협에 가입한 지 오래지 않은 신입 회원들이 적극적으로 활약했다.(이미옥 회고)

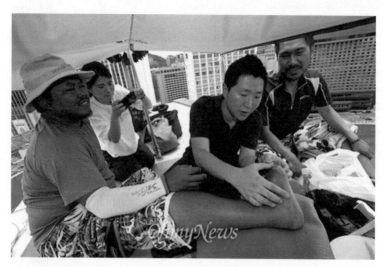

기아자동차 고공농성자들을 진료하고 있는 인의협의 김대희. 〈기아차 사내 하청 노동자, 29일째 고공농성〉, 《오마이뉴스》, 2015년 7월 9일.

풀무원 고공농성, 유성기업 농성, 갑을오토텍 파업 등 시도 때도 없이, 심지어 하늘과 땅을 불문하고 터지는 노동자들의 투쟁에 진료가방을 들고 함께했다.[522]

그 지역도 수도권에 머물지 않았다. 특히 대경인의협이 바빴다. 우선 경북 구미 스타케미칼 고공농성 의료 지원을 노태맹이 맡았다. 스타케미칼 차광호 씨는 2014년 5월 27일부터 2015년 7월 8일 승리를 품에 안고 내려오기까지 408일간을 45미터 굴뚝에서 버텼다.[523] 이는 국내 최장기 고공농성 기록이었다.[524] 농성이 오래 지속되는 것이 연대하는 의료인으로서 가장 안타까운 일이지만, 어찌 됐건 노태맹이 없었다면 차광호 씨의 투쟁이 무사히 승리로 마무리되기는 쉽지 않았을 것이다.•

밀양 765킬로볼트 송전탑 공사를 둘러싼 지역 주민들의 투쟁 역시

밀양 지역 주민 의료지원을
하고 있는 대경인의협의
이정화.

길었다. 2008년 이명박 정부 시절 시작된 송전탑 공사와 이를 막아선
지역 주민들의 투쟁은 2012년 공사 중지로 마무리되는가 싶더니, 박근
혜 정부 들어 공사가 재개되었다. 인의협은 지역 주민들의 건강 피해 실
태를 발표하며 이를 막아 보려 했지만,[525] 2013년 10월 2일 결국 공사
는 강행됐다. 대경인의협은 바로 다음 날부터 의료 지원에 나섰다.

이 의료 지원은 매주 진행되어 이듬해 9월까지 거의 일 년간 지속되
었다. 대경인의협은 정기 의료 지원이 끝난 뒤에도 주치의 제도를 마련
해, 각 과별로 인의협 소속 병원에서 단체 진료를 진행하며 연대를 이
어 갔다.[526]

하지만 박근혜 정권에 대한 대경인의협의 몫은 이것이 끝이 아니었
다. 국방부가 2016년 7월 13일 미국의 고고도 미사일방어체계(TAHHD,
이하 사드) 배치 지역을 경북 성주읍 성산리의 공군 방공기지인 성산포

•차광호 씨는 농성 중 심장에 무리를 느꼈고, 이를 노태맹을 포함한 세 명에게만 알리
며 비밀로 유지하길 원했다. 사실 이런 상황은 의료 지원을 나간 의사에게도 피 말리는
일이다.(〈차광호 "408일이 누군가에게 기준이 될까 두렵다"〉, 《한겨레21》/《복간고공21》,
2015년 7월 21일)

대로 최종 확정한 것이다. 이는 전 국민의 여론은 물론 지역 주민들의 뜻에 반하는 것이었고, 환경영향평가도 실시하지 않은 채 강행되는 폭력적인 처사였다. 즉, 이것은 미국의 군사 패권과 관련된 제국주의 문제이자 민주주의 문제였고 아울러 환경문제이자 건강권의 문제이기도 했다.

더욱이 이 모든 문제를 안은 사드가 설치되는 곳은 노태맹을 비롯한 대경인의협 회원들이 근무하고 있는 성주효요양병원에서 3킬로미터 남짓 떨어진 곳이었다. 수많은 사람들의 투쟁을 연대해 왔던 대경인의협은 이제 연대하는 입장이 아닌 투쟁의 당사자가 되었다. 특히 1년 전 차광호의 기나긴 투쟁과 삭발 투혼을 지켜봐야 했던 노태맹은 직접 그 길을 밟았다.

노태맹은 삭발을 하고 매주 주민들과 함께 촛불집회를 열며 사드 저지의 최전선에 나섰다. 또 사드 시스템의 핵심인 X밴드 레이더가 있는 일본 교토까지 방문해 환경 및 건강 피해를 조사했고, 자신이 대표를 맡고 있는 인터넷 언론 매체 《뉴스민》을 통해 전 국민에게 사드 문제를 알렸다.[527] 대경인의협 차원에서도 주민들의 투쟁을 지원했고, 인의협 중앙 차원에서도 2016년 하반기 전국운영위회의를 '사드 반대, 평화를 원하는 인의협 회원 모임'이라는 이름으로 성주에서 개최해 대경인의협과 주민들의 투쟁에 연대했다.•

하지만 사드 배치 반대 입장을 밝혔던 문재인 정부가 들어섰는데도

•2016년 9월 3일, 4일 1박2일로 열린 이 전국운영회의는 촛불집회 참가 후 성주효요양병원에서 진행되었다. 특히 9월 3일 성주 군청 앞에서 열린 촛불집회에서 고향이 성주였던 김정범 대표는 울림 있는 발언으로 주민들로부터 큰 박수를 받았다.

결국 사드는 배치되었다. 성주 주민들, 그리고 노태맹을 필두로 한 대경 인의협의 투쟁은 '408일'을 넘어 계속되고 있다.[528]

제8장 박근혜 정부 시기

10

그 밖의
활동

인의협은 박근혜 집권기에 대외적인 일만으로도 벅찼지만, 전통적으로
진행해 오던 월례포럼, 학술문화제, 국제위원회와 같은 회원 사업을 지
속해 나가며, 여성주의모임, 문화유산산책, 의대생 캠프, 라오스국제의
료 사업과 같은 새로운 사업들을 시도했다.

특히 박근혜 정부 시기에 만들어진 여성주의모임은 박지선, 박현주,
윤정원을 중심으로 새롭게 부상하고 있는 여성주의에 대해 학습하며
회원들에게 관련 이론과 쟁점을 알려 나가고,[529] 의사로서 여성의 건
강권 증진을 위한 실천을 모색하고 있다. •

• 인의협 여성주의모임을 이끌고 있는 윤정원은 녹색병원 산부인과 의사로서 '낙태죄
폐지 운동'에 앞장서고 있다.(〈"'임신중지'는 죄가 아니다" 국외서도 지지 표명〉,《한겨
레》, 2016년 10월 17일)

2016년 제6회 인의협 의대생 캠프.

　인의협 '문화유산산책'에서는 한 달에 한번 의료와 관련된 문화유산을 중심으로 답사를 진행하고 있다. 역사와 문화에 조예가 깊은 염석호가 진행하는 이 프로그램은 빡빡한 일상과 답답한 사회문제에 '찌든' 회원들에게 '힐링'의 시간으로 자리매김하고 있다.[530]

　2013년 1월 26일 대구에서 처음 시작된 의대생 캠프는 매년 1~2회 방학 기간 동안 전국의 의대생들과 함께 의대 생활 속에서 나누기 어려운 다양한 사회문제를 토론하는 '토크콘서트' 형식으로 기획되었다.[531] 그 후 차츰 포맷이 변경되어 2016년 제6회 의대생 캠프부터는 일본에서 8월에 열리는 세계평화대회 참가를 중심으로 프로그램을 진행하고 있다.[532]

박근혜 집권 시기에 인의협은 국내에서 많은 의료 지원 사업을 진행했지만, 국제 의료 지원에도 힘을 쏟았다. 꾸준히 국제 의료 현황을 살피고 경험을 공유했던 인의협 국제위원회는 그 첫 실천 사업으로 2014년 라오스 캄 군립병원에 대한 의료 지원을 기획했다. 캄 군립병원은 베트남과의 국경 지역에 있어 전쟁잔존폭발물(ERW) 피해 외상 환자가 많은 곳이었다. 인의협은 일차적으로 캄 군립병원에 기본적인 장비인 엑스레이를 기증하고, 의사를 직접 파견해 현지에서 치료와 교육을 시행한다는 목표를 세웠다. 김대희가 앞장서 회원들로부터 특별 기금을 모아 엑스레이 기증을 성사시켰다. 2015년 3월에는 인의협 대표로 조규석이 현지를 방문해 엑스레이 기공식을 가지고, 교육 및 진료를 진행해 일차 목표한 바를 마무리 지었다.[533]

1987년 일어난 민주항쟁과 노동자대투쟁은 한국 근현대사의 전환점이었다. 보건의료 분야에도 막대한 영향을 끼쳤다. 바로 그 물결 속에서 인의협은 탄생했다. 그리고 살펴본 바와 같이, 인의협은 1987년 이후 쏟아져 나온 산재와 같은 노동자 건강권 문제, 의문사·국가 폭력 진상 규명과 같은 민주주의 문제를 비롯하여 반핵과 같은 환경문제, 건강보험 일원화·의약분업과 같은 의료 제도 문제, 공공의료·보장성 강화·의료 민영화 저지와 같은 국민 건강권 문제, 반전·미군 기지·사드와 같은 제국주의 문제, 노숙인 진료·북한 어린이 의약품 보내기 운동과 같은 인도주의 문제 등 의학이라는 수단을 가지고 접근할 수 있는 거의 모든 사안에 개입했고 나름대로 의미 있는 족적을 남겼다.

그러나 한정된 공간과 기간에 씌어지는 역사 기술인 탓에, 그리고 필자의 능력이 충분치 못한 탓에 많은 한계를 지닌다. 그 한계를 고백하며 미안함을 조금이나마 덜고자 한다.

인의협 내에서는 농담처럼 '인의협은 인도주의파와 실천파로 나뉜다'고 이야기한다. 혹자는 더 세분하여 인도파, 주의파, 실천파, 의사파, 협의파로까지 나누기도 한다. 이러한 이야기는 인의협의 역사와 함께 계속 회자되어 왔다. 실제로 그런 분열이 있는 것은 아니지만, 이 말이 그렇게 오랫동안 회자되어 온 것은 그만큼 다양한 성향과 관심을 가진 의사들이 활동하고 있다는 것을 보여주는 방증일 것이다.

이 글은 일반 대중들과 함께 인의협의 지난 과거를 함께 기억하고 공유하고자 쓴 글이다. 따라서 역사적 의미와 사회적 영향력을 고려한 선이 굵은 자취를 따라갈 수밖에 없었다. 굳이 위의 농담에 빗대어 표현하자면 '인도파'와 '협의파'에 대한 기록이 절대적으로 부족할 수밖에 없다. 자신의 현장에서 묵묵히 '인도'주의를 실천하고 있는 수많은 회원들의 자취를 담아내지 못했다는 얘기다. 또한 인의협의 살림살이를 챙기고 내부 '협의'를 도모했던 사람들의 헌신 역시 제대로 담아내지 못했다.

아울러 역사의 흔적이라는 것이 대부분 서울 중심으로 기록되어 있는 한계가 있다. 대다수 언론 매체도 그러하지만 인의협의 기록 역시 그랬다. 직접 찾아가서 조사해 본 결과 노숙인 사업, 의료 민영화 반대 운동 등 중앙에서 하고 있는 거의 모든 운동이 지역 차원에서 활발히 진행되었다. 사실 정보의 접근성, 지역의 보수성 등을 고려하면 지역에서 펼치는 운동은 훨씬 어려운 조건 속에서 실천된 것이다. 그럼에도 어떤 사안은 서울보다 강력한 운동을 건설해 냈다. 심지어 지역 별도의 사안까지 있었기에 그들은 결코 중앙 못지않은 노력을 한 것이다. 이 글에 그들의 노력을 충분히 담아내지 못했음을 고백할 수밖에 없다.

또한 인의협이라는 단체가 하루하루 굴러가는 데에는 상근 활동가들의 존재가 절대적이다. 그들이 없었다면 이 글에 나온 기자회견, 집회, 의료 지원은커녕 성명서 한 장 나갈 수 없다.• '의사'라는 라이센스만 없었지 그들은 가장 헌신적으로 인도주의를 실천했고, 때로는 인의협 의사들에게 그것을 가르쳐 주었다.

마지막으로 강조하고 싶은 것은, 자신이 속한 사회의 건강을 고민하는 것은 의사의 사명이고 그것을 도모하기 위해 인의협이 존재하는 것이지만, 근본적으로 의사들에 의해 실현 가능한 문제는 아니다. 즉 많은 투쟁들이 기술되었지만, 그 투쟁들은 수많은 보건의료인들과 노동자들의 연대 그리고 역사의 주체인 민중의 힘이 있었기에 가능했다. 당연한 얘기지만 인의협의 모든 실천은 그 연대와 힘을 바탕으로 진행된 것임을 밝힌다.

한국 사회는 이제 새로운 전환점을 맞고 있다. 사회와 유기적으로 움직여 온 만큼 인의협 역시 그 변화의 흐름을 몸으로 느끼고 있다. 그 전환의 시기에 어떤 기획을 하고, 어떤 실천을 할지 많은 고민이 필요하다. 어쩌면 그것은 기존 세대의 노력으로 될 수 있는 문제가 아닐지 모

•인의협에서 활동했던 상근간사의 명단은 다음과 같다. 1987년 11월부터 1989년 말까지 김영실, 1990년 6월부터 1991년 6월까지 서유선, 1991년 7월부터 1992년 4월까지 안혜경, 1992년 2월부터 1992년 말까지 서재림·현민정, 1992년 9월부터 1997년 11월까지 강효은, 1997년 10월부터 2001년 6월까지 변혜진, 이후 정확한 기간에 대한 기록은 남아 있지 않으나 이희경·이명하·기슬기 등이 간사로 있었으며, 현재는 이미옥과 강아름이 활동하고 있다.

른다. 그리고 다행히 새로운 기획과 실천을 해낼 만한 새로운 주자들이 인의협의 문을 두드리고 있다. 그들에 의해 채워질 앞으로의 30년에 이 기록이 조금이나마 보탬이 되길 바란다.

| 참고문헌 |

신문 및 언론 매체(주·월간지포함)

건강미디어/건치신문/경향신문/과학동아/금속노동자/노동과세계/노동자연대/뉴스메이커/뉴스민/뉴스앤조이/뉴시스/다함께/대한매일/데일리팜/라포르시안/레디앙/레프트21/르몽드 디플로마티크/동아일보/맞불/매일노동뉴스/매일신문/메디게이트뉴스/미디어스/미디어오늘/민중의소리/뷰앤뷰뉴스/브레이크뉴스/세계일보/시사인/시사저널/연합뉴스/영남일보/오마이뉴스/이대학보/인권하루소식/의학신문/의협신문/의협신보/조선의학신보/조선일보/주간경향/주권방송/중앙일보/참세상/청년의사/탈핵신문/프레시안/한겨레/한겨레21/한국경제/한국기독공보/한국일보/함께걸음/헤럴드경제/CBS노컷뉴스/DailyNK/JTBC/KBS/PD저널/SBS/YTN

성명서, 의견서, 입장서 등(날짜순)

〈현 시국에 대한 우리의 입장〉, 민주화를 열망하는 의사 일동, 1987년 6월 9일

〈이철규 씨 의문사 사건에 관한 인도주의실천의사협의회의 견해〉, 인의협, 1989년 6월 13일

〈[보도자료] 부풀려진 보험약가로 인해 한 해 1조 2800억 원의 보험 재정 손실 초래, 1245개 의약품에 대한 실제 거래가 조사결과 발표〉, 참여연대, 1998년 11월 12일

〈[성명서] 김대중 정부는 '진보의련'에 대한 공안 조작과 진보적 보건의료 운동에 대한

탄압을 즉각 중단하라!〉, 진보의련 공안조작 및 탄압 공동대책위, 2001년 10월 11일

〈11월 5일 '공안사건 조작 중단 및 국보법 철폐를 위한' 제 사회단체 기자회견 보도자료〉, 건강권실현을위한보건의료단체연합(준), 민족자주·민주주의·민중생존권쟁취전국민중연대, 보건복지민중연대(준), 2001년 11월 3일

〈성명〉 한나라당과 민주당은 노무현 정부를 탄핵할 자격이 없다ㅡ수구세력의 민주주의를 파괴하는 난동을 규탄한다ㅡ〉, 보건의료단체연합, 2004년 3월 12일

〈성명〉 우리는 민주주의를 옹호한다〉, 대경인의협, 2004년 3월 18일

〈논평〉 복지부가 대형병원의 눈치를 보지 않는다면 암부터 무상의료는 지금 당장 가능하다〉, 보건의료단체연합, 2005년 4월 27일

〈대한의사협회에 보내는 건의서〉, 인의협, 2005년 12월 23일

〈한미FTA 반대 의사 선언〉 국민의 건강을 상품화하는 한미 FTA 협상을 중단하라!〉, 인의협, 2006년 7월 14일

〈미국산 쇠고기의 광우병 위험성을 경고하는 보건의료인 선언〉, 보건의료단체연합, 2006년 9월 27일

〈기자회견문〉 약제비절감방안을 무력화시키고 약가폭등을 부르는 한미 FTA 의약품 협상을 중단하라〉, 보건의료단체연합, 2006년 11월 12일

〈광우병 위험 미국산 쇠고기 전면개방, 이명박정부 규탄 기자회견문〉, 보건의료단체연합·국민건강을위한수의사연대·녹색연합·다함께·문화연대·민주노동당·민주사회를위한변호사모임·여성민우회생협·인도주의실천의사협의회·진보신당·참여연대·학교급식전국네트워크·한국진보연대·환경정의·ICOOP생협연합회·광우병위험미국산쇠고기국민감시단, 2008년 4월 21일

〈논평〉 의료민영화법에 불과한 의료법 개정안을 반대한다〉, 인의협, 2009년 7월 29일

〈성명〉 신종플루로부터 국민의 생명과 안전을 지킬 정부의 종합대책을 마련하라〉, 보건의료단체연합, 2009년 8월 31일

〈성명〉 신종플루 백신 접종비 1조원을 국민에게 전가하지 말라〉, 보건의료단체연합, 2009년 10월 22일

〈기자회견문〉 신종플루에 대한 정부의 실질적 대책을 촉구하는 보건의료인 기자회견〉, 보건의료단체연합, 2009년 11월 12일

〈긴급성명〉 박근혜 대통령은 진주의료원 휴업을 조속히 철회시켜라! 진영 보건복지부장관은 진주의료원 휴업에 대해 업무개시명령을 내려야〉, 보건의료단체연합, 2013년 4월 3일

〈[단식농성에 들어가며] 우리 보건의료인은 진주의료원 폐원 철회를 요구합니다—공공의료와 가난한 환자들의 치료받을 권리는 지켜져야 합니다〉, 보건의료단체연합, 2013년 4월 10일

〈[성명] 보건복지부는 지체하지 말고 업무개시명령을 내려 진주의료원을 정상화시켜야 한다〉, 보건의료단체연합, 2013년 4월 18일

〈[성명] "경상남도 서민의료 대책"에 대한 인의협 성명 "홍준표 도지사의 조삼모사"〉, 인의협, 2013년 4월 24일

〈[기자회견문] 박근혜 정부는 의료민영화 재추진을 중단하라〉, 무상의료운동본부, 2013년 6월 13일

〈[성명] 의료비 인상과 의료민영화를 불러올 원격의료 도입 철회하라!〉, 보건의료단체연합, 2013년 10월 30일

〈보건복지부 공고 제2013-486호「의료법 일부개정법률안」에 대한 의견서〉, 보건의료단체연합, 2013년 11월 28일

〈[성명] 박근혜 정부 '보건의료 투자활성화대책'은 전면적 의료민영화 조치. 자회사 설립을 통한 영리병원 허용 중단하라!〉, 보건의료단체연합, 2013년 12월 13일

〈[기자회견문] 홍준표 경남도지사의 환자들에 대한 위법행위와 직권남용을 고발한다〉, 인의협·보건의료단체연합·민변, 2014년 4월 17일

〈[성명] 영리자회사 허용은 사실상 영리병원 허용이다〉, 인의협, 2014년 6월 10일

〈[성명] 의사 출신 새누리당 안홍준 의원, 자신의 망언에 대해 유가족과 국민들에게 사과해야〉, 세월호 유가족 의료진, 2014년 8월 8일

〈[성명] 세월호 농성장 방문을 이유로 보건의료단체연합 대표를 경찰 소환한 박근혜 정부 규탄한다〉, 보건의료단체연합, 2014년 9월 17일

〈[메르스 사태 일일 논평] 1.삼성서울병원에 대한 정부 후속대응 조치에 대한 논평〉, 보건의료단체연합 2015년 6월 8일; 〈삼성병원 비호, 의료민영화 추진, 공공 병원 폐쇄 메르스 재앙 확산 박근혜정부 규탄 및 대국민 사과 요구 기자회견〉, 의료민영화저지범국본·무상의료운동본부, 2015년 6월 11일

〈[기자회견문] 메르스 사태에 영리병원 밀실추진으로 의료공공성의 숨통을 끊으려 하는 박근혜 정부 규탄한다!〉, 의료민영화저지범국본, 2015년 7월 9일

〈[기자회견문] 메르스, 이제 덮으려 하는가? 박근혜 대통령 사과 진상 규명과 책임자 처벌 국민 환자 피해 배상을 촉구한다!〉, 의료민영화서지밈국본·무상의료운동본부, 2015년 7월 28일

〈[성명] 박근혜 정부의 메르스 종식 선언은 '책임 회피 선언'일 뿐〉, 보건의료단체연합,

2015년 7월 28일

〈성명〉 11월 14일 집회 부상자 발생 및 경찰 폭력 문제 - 자료 1. 부상자현황 2. 파바
　　(PAVA)의 유해성〉, 건강권실현을 위한 보건의료단체연합 진료지원팀, 2015년 11
　　월 15일

〈성명〉 보건복지부가 아니라 의료산업부인가? 전면적 의료영리화 시도 중단하라〉, 보
　　건의료단체연합, 2016년 1월 19일

〈성명〉 서비스산업발전기본법은 의료민영화, 사회공공서비스민영화 법으로 폐기되어
　　야 한다〉, 보건의료단체연합, 2016년 2월 22일

〈백남기 농민 사인에 대한 인도주의실천의협의회 의견서〉, 인의협, 2016년 9월 25일

〈성명〉 서비스산업발전기본법은 명백한 의료·공공서비스 민영화법이다〉, 보건의료단
　　체연합, 2016년 3월 4일

〈성명〉 서울대병원은 외인사로 한 번 죽고 병사로 두 번 죽었다〉, 인의협, 2017년 6월
　　19일

회보, 잡지, 보고서, 자료집 등(날짜순)

인의협, 《인의협 월례강좌 자료집》, 1988년 2월 27일

《'대구경북지역 의사대중조직 건설을 위한 세미나' 자료집》, 1991년 1월 26일

인의협, 《제5차 총회 수련회 보고서》, 1991년 10월 19일

인의협 조직국, 《'92 인의협과의 만남'을 마치며》, 1992년 2월

《93 대구 지역 의사 한마당 자료집》, 1993년 1월 30일

원제환(발행인), 《21C 의사광장》 창간준비1호, 1995년

인의협·참여연대·환경련, 《지방자치시대의 환경, 보건, 복지정책 워크샵 자료집》, 1995
　　년 9월 1일

인의협, 《인의협 10년사》, 1997(미간행본)

인의협, 《인도주의실천의사협의회 10년 활동자료집》, 1997

인의협, 《실직자 진료비 감면 의료기관 전국 네트워크 소식지》, 1998

인의협, 《IMF시기 실직자 노숙자 요보호아동의 건강문제와 대책》, 1998년 11월 28일

녹색병원, 《구리녹색병원소식》, 1999

의보연대회의, 《의보연대회의 활동보고서: 의보통합 10년 투쟁사》, 1999

인의협, 「의약분업 추진 경과 정리 및 평가를 위하여-시민대책위원회 활동을 중심으
　　로」, 인의협 비공개 논의 자료, 1999년 말 작성

인의협, 《제13차 정기총회 및 사단법인 제2차 정기총회 자료집》, 2000년 1월 29일

인의협, 《낙도 오지지역 1차 보건사업의 바람직한 모델설정을 위한 정책토론회 자료집》, 2000년 5월 27일

인의협, 《국민건강을 위한 의약분업 자료집》, 2000년 6월

인의협, 《의료개혁과 파업철회 촉구를 위한 기자회견 자료집》, 2000년 9월 5일

인의협, 《2001 섬 의료 활동 자료집》, 2001

글리벡공공성확대공대위, 투자협정·WTO반대국민행동, 만성골수성백혈병환우회, 《글리벡 강제실시와 의약품 공공성 쟁취를 위한 민중 대토론회 자료집》, 2002년 7월 18일

인의협, 《제16차(사단법인 제5차) 정기총회 자료집》, 2003년 1월 25일

김정범 외, 《구금시설의 의료실태조사 및 의료권보장을 위한 연구》, 국가인권위원회, 2003

보건의료단체연합, 〈이라크 의료지원 활동 일지〉, 이라크 의료지원단 보고, 2003년 7월

보건의료단체연합, 〈보건의료단체연합 이라크 의료지원단이 보고 온 이라크 상황〉, 파병반대국민행동, 2003년 10월

인의협 건치 청한, 《핵폐기장 유치와 관련한 부안군민 공권력 폭력피해 실태조사 기자회견 자료집》, 2003년 12월 19일

인의협, 《평택 국가폭력 인권침해 1차 진상조사 보고대회 자료집》, 2006년 5월 10일

우석균, 〈보건의료분야의 한미 FTA 1차 협상: 그 거짓말과 진실〉, 한미 FTA 저지 범국본 웹진, 2006년 6월 27일

어린이의약품지원본부, 《북녘어린이와 희망을 나눠온 어린이 의약품 지원본부 10년의 발자취와 비전(1997~2006)》, 2007

보건의료단체연합 녹색연합 생명인권운동본부, 《기름유출과 부실방제로 인한 태안주민 신체건강 및 정신적 피해 조사결과 자료집》, 2008년 3월 4일

인의협 노동건강연대, 《비정규직 투쟁 사업장 정신건강 실태조사 발표회 자료집》, 2008년 8월 5일

광우병국민대책위, 《광우병 국민대책회의 1주년 자료집》, 2009년 5월

용산참사대책위, 《용산 참사 희생자 사망경위와 사인의혹에 관련된 진상조사단 보고 기자회견 자료집》, 2009년 2월 4일

박상표, 《(월례포럼 자료집) 의료 상업화와 영리 병원의 주동력: 줄기세포치료-제주도에 영리 병원 설립 허가 신청을 낸 중국 CSC기업을 중심으로》, 건강과대안, 2013년 6월 24일

보건의료단체연합, 《밀양 송전탑 건설 지역 주민들의 건강권 침해 실태》, 2013

보건의료단체연합,《[자료집] 기자설명회_제6차 투자 활성화 대책 중 보건의료 분야 대책의 분석 및 문제점》, 2014년 8월 12일

대경인의협,《대경인의협 창립 20주년 기념 자료집》, 2015

인의협,〈인도주의실천의사협의회 라오스 출장 보고서〉, 2015년 3월

전진한,〈'살상무기' 물대포와 최루액 사용은 중단되어야 한다 – 시민 안전과 건강의 관점으로 본 정부의 집회시위 대응〉, 민중총궐기 국가폭력 조사단 보고서, 2016년 2월 18일

노동건강연대,《일과건강》

사회의학연구회,《사의연, 그 역사적 의의를 찾아서》

인의협,《인의협 회보》

인의협,《의료와사회》

인의협,《더불어기금 뉴스레터》

인의협,《사람과의료》

인의협 부산경남지회,《함께하는 인의협》

인의협,《뉴스레터》

논문(가나다순)

강민종·김유호·강인남·오치성,〈요보호 아동 건강관리사업의 경험〉,《가정의학회지》 19-11, 1998

구도완,〈생태민주주의 관점에서 본 한국 반핵운동〉,《통일과평화》4-2, 2012

김용익,〈의료보험 통합을 향한 지난한 여정의 의미〉,《복지동향》창간준비2호, 1998

김종철,〈환경운동의 원점에서 서한태 박사와의 대화〉,《녹색평론》제50호, 2000년 1-2월호

김주연,〈1980년대 권위주의체제의 정치변동 비교연구: 한국과 싱가포르〉, 연세대 석사학위논문, 2001

김태훈·김동근·이은주·최윤정,〈보건의료운동의 이념 역사 현실-4 기획연재: 보건의료운동의 이론과 역사〉,《사회운동》

박윤형·홍태숙·신규환·임선미·김희곤,〈일제 시기 한국 의사들의 독립운동〉,《의사학》, 2008

박주영·윤재홍·김승섭,〈해고자와 복직자의 건강 비교: 쌍용자동차 정리해고 사례를 중심으로〉,《보건과사회과학》제41집, 2016

변혜진,〈어른이 될 때까지 살 수 있을까: 전후 이라크 의료지원 활동을 다녀와서〉,《당

대비평》, 2003년 12월

사회진보연대 정책위원회, 〈민영화에 맞선 투쟁, 2라운드가 시작된다. 광범위한 의료민
영화 반대투쟁을 조직하자〉, 《사회와노동》 제653호, 2014년 1월 17일

서홍관·신좌섭, 〈일본 인종론과 조선인〉, 《의사학》, 1999

송호근, 〈의약분업에 관한 국민의식 조사연구〉, 대한의사협회, 2001

신영전, 〈건강보장쟁취사: 건강보장운동 과거, 현재, 미래〉, 《국민건강보험 통합 10주년
기념 심포지엄 자료집》, 2010년 6월 30일

신영전·김진혁, 〈최응석의 생애: 해방직후 보건의료체계 구상과 역할을 중심으로〉, 《의
사학》, 2014

신영전·윤효정, 〈보건운동가로서 춘곡 양봉근(春谷 楊奉根, 1897-1982)의 생애〉, 《의
사학》, 2005

안덕선, 〈의사의 사회적 역량이란 무엇인가〉, 《대한의사협회지》 57-2, 2014

우석균, 〈의약분업으로 살펴본 김대중정부의 의료개혁 – 개혁연합의 실패와 수구연합
으로의 회귀 –〉, 《사회비평》, 2002년 5월

우석균, 〈한국 보건의료운동의 역사와 과제〉, 《한국시민사회운동15년사》, 2004

우석균, 〈의료보험 민영화, 한국의 미래?〉, 월간 《말》, 2008년 4월

이경민, 〈시들지 않은 열정이 만든 건강한 운동(변혜진 인터뷰)〉, 《복지동향》, 2016년 4월

이상윤, 〈밀양 송전탑 건설 문제, 주민들이 왜, 얼마나 아파하는지 알아야 해법이 보인
다〉, 《복지동향》 제178호, 2013년 8월

이용설, 〈보건후생행정에 대하야〉, 《조선의학신보》 2, 1947

이혜숙, 〈해방이후 시민사회의 역사적 형성과정과 성격(1945-1953)〉, 《사회와역사》 102
권, 2014

임원혁, 〈북한의 식량위기 실태와 향후 대북정책방향〉, KDI 정책포럼, 1997년 7월 25일

정일영·신영전, 〈일제 식민지기 '원산노동병원'의 설립과 그 의의〉, 《의사학》, 2016

정형준, 〈[논쟁]보험료 우선 인상론 비판 건강보험 보장성 강화, 어떻게 이룰 것인가?〉,
《마르크스21》 7호, 2010

정형준, 〈박근혜 정부의 의료민영화 정책〉, 《복지동향》 제183호, 2014년 1월

조성식·이태경·방예원·김철주·임형준·권영준·조용범·백도명·주영수, 〈일개 섬 지역
주민의 미충족 의료와 관련 요인〉, 《농촌의학·지역보건》 35-2, 2010

소홍준, 〈의료보험 개혁운동의 성과와 과제〉, 《복지동향》 15, 1999년 12월

지승준, 〈1930년대 사회주의 진영의 전향과 대동민우회〉, 중앙대학교 사학과 석사논
문, 1996

최규진, 〈한국 물대포의 역사〉, 《집회에서 물대포사용 문제와 경찰의 집회대응 개선을
　　　위한 국제 심포지엄 자료집》, 2016년 6월 28일
최규진, 〈후지타 쓰구아키라의 삶을 통해 본 후지타 쓰구아키라의 생애를 통해 본 식
　　　민지 조선의 의학/의료/위생〉, 《의사학》 25-1, 2016
황상익, 〈의사로서의 상허 유석창〉, 《의사학》, 2000

단행본

강준만, 《한국 현대사 산책 1980년대편 4권》, 인물과사상사, 2009
건강사회를 위한 보건의료인 연대회의, 《건강사회를 위한 보건의료》, 실천문학사, 1992
김선 외, 《의사가 말하는 의사》, 부키, 2011
박태원, 《약산과 의열단》, 깊은샘, 2015
백재중, 《삼성과 의료 민영화》, 건강미디어, 2014
보건과사회연구회, 《한국의료보장연구》, 청년세대, 1989
보건과사회연구회, 《보건의료인과 보건의료운동》, 한울, 1991
비판과대안을위한건강정책학회 전국사회보험지부, 《국민건강보장쟁취사》, 2010
서홍관, 《이 세상에 의사로 태어나》, 웅진출판, 1995
스가야 아키라, 《일본의 병원》, 의학출판사, 1989
안경환, 《조영래 평전》, 강, 2006
우석균 외, 《의료붕괴》, 이데아, 2017
이광찬, 《국민건강보장쟁취사》, 양서원, 2009
이원보, 《한국노동운동사 100년의 기록》, 한국노동사회연구소, 2005
이창언, 《박정희 시대 학생운동》, 한신대학교출판부, 2014
이현석 외, 《의사가 말하는 의사-episode2》, 부키, 2017
인의협, 《꼭 알아야할 건강상식 105》, 한울, 1996
인의협, 《의료! 이렇게 개혁합시다》, 생활지혜사, 1994
인의협, 《잘못알려진 건강상식 100》, 한울, 1994
전일본민주의료기관연합회, 《차별 없는 평등의료를 지향하며》, 건강미디어협동조합,
　　　2014
청년과학기술자협의회, 《과학기술과 과학기술자》, 한길사, 1990
최규진, 《한국보건의료운동의 궤적과 사회의학연구회》, 한울아카데미, 2016
한종수·홍기원, 《4·19 민주올레》, 프레스바이플, 2013

온라인 자료

〈서울의대 심영보 구술 기록〉, 현대사기록연구원 4월혁명 구술아카이브, http://
    oralhistory.kdemocracy.or.kr/servlet/com.avatar.mms.cybr.collection.
    CollectionCmd?p_Id=12&pS_Id=24

〈민주화추진위원회사건〉, 한국민족문화대백과사전, http://encykorea.aks.ac.kr/
    Contents/Index?contents_id=E0075787

서성란, 〈죽음의 공장, 죽음을 부르는 직업병 원진레이온 사건〉, 민주화운동기념사업
    회, 2008년 12월 2일, http://www.kdemo.or.kr/blog/location/post/2

〈이철규의문사사건〉, 민주화운동기념사업회 오픈 아카이브, http://db.kdemocracy.
    or.kr/collections/view/10000094

〈고 강경대열사 26주기 추모제─강경대열사 민주화 내역〉, 민주화운동기념공원, http://
    www.eminju.kr/bbs/board.php?bo_table=edu_event&wr_id=11

〈글리벡싸움〉, 한국백혈병환우회, https://www.hamggae.net:1044/hamggae2006/
    sub01_5.php

〈참여연대 빛나는 활동 100: 〔065〕한국군 이라크 파병 반대 운동─우리를 전범
    국 국민으로 만들지 말라", 참여연대, http://www.peoplepower21.org/
    pspd100/1338926

〈故하중근열사 7주기 추모제 및 열사자료〉, 민주노총 경북지역본부, http://
    kb.nodong.org/xe/395348

구술 자료_기록자: 최규진

강영호 인터뷰(2016년 6월 29일)

고한석 인터뷰(2014년 9월 25일)

김록호 인터뷰(2016년 7월 16일; 2016년 7월 23일)

김영준 인터뷰(2016년 8월 3일)

김용익 인터뷰(2016년 7월 11일; 2016년 7월 14일)

김유호 인터뷰(2016년 6월 21일)

김정범 인터뷰(2016년 3월 29일; 2016년 9월 7일)

김창엽 인터뷰(2016년 7월 12일)

김병준 인터뷰(2016년 7월 20일)

김진국 인터뷰(2016년 7월 20일)

노태맹 인터뷰(2016년 7월 25일)

송관욱 인터뷰(2016년 8월 12일)

심재식 인터뷰(2014년 10월 30일; 2015년 2월 7일)

박태훈 인터뷰(2016년 6월 7일)

백한주 인터뷰(2016년 7월 21일)

변혜진 인터뷰(2016년 8월 31일)

서홍관 인터뷰(2016년 5월 4일; 2016년 6월 20일)

신현정 인터뷰(2016년 9월 27일)

안용태 인터뷰(2014년 10월 14일)

양길승 인터뷰(2016년 8월 24일)

양요환 인터뷰(2014년 9월 30일)

우석균 인터뷰(2016년 8월 23일; 2016년 9월 8일)

유영진 인터뷰(2016년 7월 27일)

윤여윤 인터뷰(2016년 6월 21일)

이문희 인터뷰(2016년 8월 22일)

이상윤 인터뷰(2016년 9월 1일)

이정화 인터뷰(2016년 7월 25일)

이종우 인터뷰(2016년 7월 20일)

정운용 인터뷰(2016년 8월 3일)

정일용 인터뷰(2016년 7월 5일)

조홍준 인터뷰(2016년 7월 7일)

주영수 인터뷰(2016년 9월 1일)

홍경표 외 광주전남인의협 회원 합동 인터뷰(2016년 8월 11일)

홍창의 인터뷰(2012년 5월 20일)

1987년 11월 21일 창립

1988년 상동동 진폐증 사건, 문송면 군 수은중독 사건, 원진레이온 사건에서 활약

1989년 이철규 의문사 사건의 진상 규명을 위해 활동, 매향리 건강피해 실태조사

1990년 IPPNW 회의에 참여, '반핵과 군축을 위한 보건의료인대회' 주관

1991년 강경대 사체 검안을 통한 진상 규명

1992년 의료계 여성차별 문제 조사, 인턴 레지던트의 근무환경 실태조사

1993년 "의료! 이렇게 개혁 합시다!" 보건의료 개혁을 위한 연속기획토론회 개최

1994년 의료보험 통합일원화와 보험적용 확대를 위한 5천인 의사 서명운동

1995년 의보연대회의를 주도하며 '지방자치시대의 보건의료 개혁방안' 토론회 개최

1996년 북한 수재민 돕기 모금 운동

1997년 인도주의 실천주간 활동, 북한 어린이 의약품 지원 운동

1998년 노숙인 진료소 개설, 실직자 의료비감면 사업 시행

1999년 4월 17일 사단법인 창립총회

2000년 의보통합과 의약분업 시행을 위한 활동 전개

2001년 글리벡 약가 인하를 위한 활동

2002년 미군 비행장 인근 주민 건강피해 실태조사 발표

2003년 '이라크 어린이들에게 의약품을' 캠페인 전개, 한총련 수배자 건강검진

2004년 원폭 2세 실태조사, 전용철 홍덕표 농민 사망 사건 진상 규명

2005년 의료연대회의를 통한 암부터 무상의료 운동 전개

2006년 한미 FTA 및 미국산 쇠고기 수입 재개 저지 활동

2007년 '서울 지역 노숙인 사망실태 분석 결과' 발표

2008년 태안 기름 유출 사고 피해 실태조사, '광우병 촛불' 운동 참가 및 의료 지원

2009년 용산참사 진상 규명 활동, 쌍용차 파업 의료 지원

2010년 건강관리서비스법안 등 의료 민영화 저지 활동

2011년 영리 병원 도입 저지 활동, 희망버스 연대 및 의료 지원

2012년 반핵의사회 창립

2013년 진주의료원 폐업 저지 활동

2014년 제4차 투자 활성화 대책 저지 투쟁, 세월호 유가족 의료 지원

2015년 메르스 차단과 정부의 적극적 대응을 견인하기 위한 활동

2016년 백남기 농민 사망을 둘러싼 진상 규명을 위한 활동 전개

2017년 박근혜 의료게이트 제기, '탄핵 촛불' 의료 지원

1) 한국 최초의 근대식 의사로는 서재필(1892년 미국 컬럼비아대학교 의과대학 졸업), 김익남(1899년 도쿄자혜의원 의과대학 졸업), 김점동(1900년 볼티모어 여자의과 대학 졸업) 등을 들 수 있다.

2) 대한제국 정부가 세운 최초의 근대식 의학 교육기관인 의학교에서 김익남의 지도 아래 1902년 국내에서 최초의 근대식 의사 19명이 배출되었으며, 세브란스 의학교 에서는 1908년에 1회 졸업생 일곱 명이 배출되었다.

3) 초창기 의사들은 근대 의료에 대한 일반 사회의 수요가 충분하지 않은 상황에서 의 사직을 버리거나, 뜻이 있더라도 외세에 나라가 기울어 가는 형국이었기에 대한 제국 정부 군의로 복무하거나 해외로 나갔다.

4) 일제는 1907년 적십자병원, 광제원, 한성병원, 의학교 등을 통폐합하여 대한의원을 세우고 거의 모든 직책에 일본인을 앉혔다. 그 후 세워진 여러 자혜의원도 대부분 일본인 군의(軍醫)들이 맡았다.(최규진, 〈후지타 쓰구아키라의 생애를 통해 본 식 민지 조선의 의학/의료/위생〉, 《의사학》 25-1, 2016 참고)

5) 그 후 김필순은 일제가 조작한 '105인 사건'의 체포 대상에 포함되어 서간도로 망명 했다.

6) 김중화는 1910년 후반에 만주로 망명하여 흑룡강성에서 송강의원(松江醫院)을 세

위 독립운동의 근거지로 삼았다고 전해진다.

7) 박윤형·홍태숙·신규환·임선미·김희곤, 〈일제 시기 한국 의사들의 독립운동〉, 《의사학》 17-2, 2008, 224쪽.

8) 이태준은 레닌이 조선 혁명운동을 위해 상해 임시정부로 보내는 자금 운반에 직접 나서기도 했으며, 김원봉이 조직한 의열단에 가입해 폭탄 제조자인 헝가리인 '마자알'을 소개해 주기도 했다.(박태원, 《약산과 의열단》, 깊은샘, 2015, 129쪽) 영화 〈밀정〉에 나오는 헝가리인 폭탄 전문가가 바로 이태준이 목숨을 걸고 김원봉에게 소개해 준 '마자알'이다.(최규진, 〈The Beginning of '밀정'〉, 《의료와사회》 제6호, 2017)

9) 경성의전 학생이 31명, 세브란스 의전 학생이 네 명이었다.(박윤형·홍태숙·신규환·임선미·김희곤, 〈일제 시기 한국 의사들의 독립운동〉, 《의사학》 17-2, 2008, 227-228쪽)

10) 양봉근의 활동에 대해 더 자세한 내용은 신영전·윤효정의 〈보건운동가로서 춘곡 양봉근(春谷 楊奉根, 1897-1982)의 생애〉(《의사학》 14-1, 2005)를 참고하라.

11) 서홍관·신좌섭, 〈일본 인종론과 조선인〉, 《의사학》 8-1, 1999.

12) 신영전·윤효정, 〈보건운동가로서 춘곡 양봉근(春谷 楊奉根, 1897-1982)의 생애〉, 《의사학》 14-1, 2005, 5-6쪽.

13) '민중보건 운동'이란 말은 1920년대와 30년대 초에 사용되다 사라진 용어로, 이 말이 지닌 의미는 당시 대중운동으로 대변되는 사회운동의 맥락과 연관이 있는 것으로 보인다.(신영전·윤효정, 〈보건운동가로서 춘곡 양봉근(春谷 楊奉根, 1897-1982)의 생애〉, 《의사학》 14-1, 2005, 10쪽)

14) 〈창립된 보건운동사 기관지 발간과 보건 사상 철저 보급〉, 《동아일보》, 1931년 12월 17일.

15) 신영전·윤효정, 〈보건운동가로서 춘곡 양봉근(春谷 楊奉根, 1897-1982)의 생애〉, 《의사학》 14-1, 2005, 11쪽.

16) 이에 대해 양봉근의 아들 양득우는 "일본 경찰의 감시를 못 견디어서"라고 말하고 있으나 구체적인 이유는 확인되지 않는다.(신영전·윤효정, 〈보건운동가로서 춘곡 양봉근(春谷 楊奉根, 1897-1982)의 생애〉, 《의사학》 14-1, 2005, 14쪽) 1932년 3월 만주국 건립을 계기로 민중운동의 침체 속에 일제의 탄압과 회유가 심해졌던 상황도 고려해 볼 수 있다.(지승준, 〈1930년대 사회주의 진영의 전향과 대동민우회〉, 중앙대학교 사학과 석사논문, 1996, 13쪽)

17) 유석창에 대해서는 황상익의 〈의사로서의 상허 유석창〉(《의사학》, 2000)을 참고했

음을 밝힌다.

18) 유석창 본인의 증언에 따르면 소년광복대 대장이었다고 한다.(《동아일보》, 1961년 11월 17일)

19) 이는 양봉근이 3·1운동을 기점으로 점차 사회주의 경향으로 나아갔던 것과는 달리 직접적인 무장투쟁에서 더 온건한 실력 양성 운동으로 전환하는 것을 의미했다. 이것은 유석창의 사상적 경향일 뿐 아니라 그가 시도한 실비 진료 운동의 성격이기도 하다. 일본의 경우를 보더라도 사회주의 경향의 의사들은 '무산자 진료소'라는 이름을 내걸고 노동자·농민·빈민층을 주요 대상으로 진료 운동을 펼친 반면, 실비 진료 운동을 벌인 의사들의 경우 제도권 내에서 합법적 절차를 밟아 주로 차상위계층을 대상으로 했다. 당시 경제적·정치적 상황상 의료 시설에 투자를 할 수도(할 의지도) 없는 지배계급 입장에서도 실비 진료 운동은 일정 부분 수용(또는 활용)할 수 있는 것이었다.(스가야 아키라, 《일본의 병원》, 의학출판사, 1989, 92-95쪽 참고)

20) 이사 15명으로 구성된 '사회영 중앙실비진료원 유지회'가 조직되었고, 권동진이 이사장으로, 유석창이 설립자로 선임되었다. 그리고 진료원 원장으로 오하영이, 부원장 겸 외과피부과 주임 이원재, 안과이비인후과 주임 유석창 등이 임명되었다.

21) 그 후 병원 실적을 보면, 1년 후인 1932년 5월 12일에 열린 사회영 중앙실비진료원 유지회 제2회 정기총회에서 1년 동안 공휴일을 제외하고 약 300일 가량 진료를 보았는데 수용 환자가 5만 1243명이며, 수입 총액은 1만 4655원 41전이고 지출은 1만 6925원 83전이었다.(〈實費診療院維持會 第二回 定期總會〉, 《동아일보》, 1932년 5월 14일)

22) 이 조선보건협회와 유석창의 관계에 대해서는 후속 연구가 필요하나,《조선중앙일보》가 1933년 8월 26일 기사에서 "조선보건협회 창립"을 알리며 "유석창과 30여 명이 모여" 논의를 했다고 보도했고, 유석창이 자신이 주도해 만들었다고 증언하고 있는《보건시보》역시 발행처가 조선보건협회인 것으로 보아 유석창이 조선보건협회와 밀접한 관련이 있는 것은 분명해 보인다.

23) 〈조선보건협회 조직〉,《동아일보》, 1932년 2월 21일.

24) 《보건시보》는 1932년 10월 첫 호를 발간해, 주간으로 500부를 찍어 의약계와 유관 기관·단체 등에 배부했다. 주요 논조는 "타성에 젖은 의료계의 반성을 촉구하며 인술의 참다운 모습을 구현해야 한다"는 것이었다. 그러나 시일이 지나면서 재정난으로 어려움을 겪어 간행 빈도가 줄어들다가 2년이 지난 1934년에는 휴간했다. 1935년 복간되었지만 결국 2년 만인 1937년에 폐간되었다.(황상익, 〈의사로서의

상허 유석창〉,《의사학》16-1, 2000 참고) 대중을 위한 통속 잡지를 발행하지는
못했지만, 유석창은《동아일보》지면('지상병원')에서 1931부터 1940년까지 약 10
년간 의료 상담을 진행했다.

25) 〈위생강연회 조선보건협회서〉,《동아일보》, 1933년 11월 26일. 당시 유석창이 한 강
연의 제목은 '질병과 그 예방'이었다.

26) 〈조선보건협회 무료 진단 주간〉,《동아일보》, 1933년 12월 6일.

27) 실비 진료 사업은 유석창이 처음 시작한 것은 아니다. 일본에서 이미 1911년 가토
와 스즈키가 처음 실비 진료소를 열었으며, 1920년대에는 여론의 지지를 얻어 지
방자치단체와 공·사립 자선병원까지 실비 진료를 표방할 정도로 크게 확대됐다.
1929년까지 일본에서 운영된 실비 진료소는 153개에 달한다.(전일본민주의료기
관연합회,《차별 없는 평등의료를 지향하며》, 건강미디어협동조합, 2014, 42쪽)

28) 〈개업 기념 실비 진료〉,《동아일보》, 1937년 12월 3일.

29) 하나의 운동으로 평가할 수 있는지, 그리고 성공적이었다고 평가할 수 있는지에 대
해서는 추가 연구가 필요하다. 하지만 1932년 11월의 신문을 보면 경성부에서 실
비 진료 병원을 운영하도록 하는 안을 가결시키기 위해 민중의 압력이 얼마나 강
했는지 확인할 수 있다.

30) 최응석의 활동에 대해서는 신영전·김진혁이 쓴 〈최응석의 생애: 해방직후 보건의
료체계 구상과 역할을 중심으로〉《의사학》23-3, 2014)를 참고하라. 이 부분 역
시 이 논문을 주로 참고했음을 밝힌다.

31) 현재로서는 자세한 활동 내용을 파악하기 어려지만, 1944년 2월 17일 일본 전시하
최대의 사상언론 탄압 사건인 '요코하마 사건'에 연루되어 치안유지법으로 체포
되었다. 그는 자서전에서 체포 이유에 대해 '조선의 농촌 위생', '연안련락기도사
건', '맑스주의 선전계몽', '일본공산당 자금 제공'이 문제가 되었다고 밝혔다.(신영
전·김진혁, 〈최응석의 생애: 해방직후 보건의료체계 구상과 역할을 중심으로〉,
《의사학》23-3, 2014, 474쪽)

32) 청년과학기술자협의회,《과학기술과 과학기술자》, 한길사, 1990, 334-335쪽.

33) 〈醫學徒奉仕隊 工場巡廻診療〉,《동아일보》, 1945년 12월 26일.

34) 신영전·김진혁, 〈최응석의 생애: 해방직후 보건의료체계 구상과 역할을 중심으로〉,
《의사학》23-3, 2014, 475쪽.

35) 이용설, 〈보건후생행정에 대하야〉,《조선의학신보》2, 1947, 17쪽.

36) 당시 최고의 권위를 지닌 독일 의학을 직접 받아들인 일본 제국대학 의학부의 위상
은 미국이나 서구의 의과대학보다 낮지 않았다. 그리고 최응석이 졸업한 도쿄제

국대학 의학부는 그중 최고의 자리에 있었다.(홍창의 인터뷰)

37) 이혜숙, 〈해방이후 시민사회의 역사적 형성과정과 성격(1945-1953)〉, 《사회와역사》 102권, 2014, 295쪽.

38) 신영전·김진혁, 〈최응석의 생애: 해방직후 보건의료체계 구상과 역할을 중심으로〉, 《의사학》 23-3, 2014, 477-478쪽.

39) 그 밖에 주목할 만한 것으로는 이영춘의 농촌 위생 운동과 원산 노동병원 그리고 장기려의 청십자운동을 들 수 있다. 이에 대해서는 이 책에서 주목하고 있는 '의사들이 주도한 진보적 보건의료 운동'의 맥락으로 보기에 애매한 지점들이 있어 다루지 않았다.

40) 한종수·홍기원, 《4·19 민주올레》, 프레스바이플, 2013. '서울대학교 의대' 부분 참고.

41) 현대사기록연구원, 〈서울의대 심영보 구술 기록〉, 4월혁명 구술 아카이브.

42) "국가재건최고회의는 민족통일연맹(민통련) 중심의 통일운동, 피학살자 유족회 등을 특수반국가행위로 규정하고 6월 22일 소급법으로 특수범죄 처벌에 관한 특별법을 공포했다. '혁명검찰부'에 의하면 혁신정당과 민족자주통일중앙협의회, 한국교원노조연합회, 민통련, 유족회 활동자가 주 대상인 사건은 225건 608명으로 수리된 사건 전체 인원의 41.3퍼센트나 차지한 반면, 3·15부정선거 원흉들은 불과 163건 306명이 수리됐다." (이창언, 《박정희 시대 학생운동》, 한신대학교출판부, 2014, 27-28쪽)

43) 이 부분은 최규진의 《한국 보건의료운동의 궤적과 사회의학연구회》(한울아카데미, 2016)를 바탕으로 작성했음을 밝힌다.

44) 이원보, 《한국노동운동사 100년의 기록》, 한국노동사회연구소, 2005, 121-123쪽; 안경환, 《조영래 평전》, 강, 2006, 215쪽.

45) 양요환, 〈소진료소 활동의 역사〉, 《인의협 회보》 제9호, 1988년 11월.

46) 당시 서울대 의대 예과는 문리대 소속으로, 일부 의대생들은 동아리를 통해 문리대 학생들과 교류하며 급진적 사상을 접했다.(고한석 인터뷰)

47) 1983년 서울 백병원 레지던트로 있던 고한석을 중심으로 김기락, 김록호, 김양호, 신상진, 심재식, 안용태, 양길승, 양요환, 홍영진 등이 모여 사의연 모임을 재가동했다.

48) 고경심은 사의연의 초창기 멤버는 아니었지만 산부인과 전공의가 된 뒤 진로를 고민하다가 신천연합병원 개원 소식을 듣고 결합하게 된다. 고경심은 다른 곳에 가면 월급을 훨씬 많이 받을 수 있었지만 의사로서 지역사회에 봉사할 수 있는 일이

라고 생각하여 주저 없이 선택했노라고 당시를 회상했다.

49) 신천연합병원의 터를 잡을 때부터 제정구의 '복음자리 운동'을 고려했다.

50) 처음에는 서울대 가정의학과에 전임강사로 있던 김기락이 원장을 맡았고, 1987년 8월부터는 김양호가 원장직을 이어받았다.

51) 1989년에 개원한 인천의원에 신천연합병원에서는 1억 5000만 원을 지원했다고 한 다. 그리고 이곳에서 진행한 의료 상담과 산업의학 관련 조사 사업을 토대로 정 해관, 최병순은 많은 연구논문을 발표했다. 이는 우리나라의 산업의학이 성장하 는 데 중요한 밑거름이 되었다.

52) 〈5공 정권연장 야욕 꺾은 '민주불씨' 전 서울대생 박종철〉, 《대한매일》, 1998년 11 월 11일.

53) 김주연, 〈1980년대 권위주의체제의 정치변동 비교연구: 한국과 싱가포르〉, 연세대 석사 학위논문, 2001, 64쪽.

54) 치안 당국의 집계에 따르면, 4·13 호헌 조치 이후의 시국선언은 4월 22일부터 6월 25일까지 82개 대학 및 단체의 교수회원 등 5246명에 이른다. 그 구체적인 내용 은 48개 대학 1519명, 34개 사회단체 회원 4136명이며, 사회단체 회원의 구성은 전·현직 국회의원, 변호사, 목사, 영화·연극인, 가수, 미술인, 의사, 약사, 한의 사, 음악인, 문인, 간호원, 초·중·고교 교사 등 중간 계층의 주요 집단들이 거의 포함되어 있었다.(《한국일보》, 1987년 6월 27일)

55) 김정남, 〈박종철 수사 박상옥, 김승훈 신부 영전에 고해부터〉, 《프레시안》, 2015년 3월 10일.

56) 김주연, 〈1980년대 권위주의체제의 정치변동 비교연구: 한국과 싱가포르〉, 연세대 석사 학위논문, 2001, 64~65쪽.

57) 의협 지도부는 4·13 호헌 지지 성명을 준비했으나 젊은 의사들의 반대로 무산되었 다.(서홍관, 《이 세상에 의사로 태어나》, 웅진출판, 1995, 44쪽; 김진국, 〈자신의 존재마저 부정하는 의사협회 성명서〉, 《오마이뉴스》, 2003년 6월 23일)

58) 〈齒科醫 시국성명에 保社部 진상파악 법석〉, 《동아일보》 1987년 5월 30일.

59) 〈부산·경남 약사 37명 시국성명〉, 《동아일보》, 1987년 6월 2일.

60) 〈만민보 350번째 시인 서홍관〉, 《민중의소리》, 2012년 2월 11일.

61) 김주연, 〈1980년대 권위주의체제의 정치변동 비교연구: 한국과 싱가포르〉, 연세대 석사 학위논문, 2001, 64~65쪽.

62) 길윤형·김소희, 〈벅찬 승리였고 시린 상처였다〉, 《한겨레21》 제663호, 2007년 6월 7일.

63) 대표적으로 '건강사회를위한치과의사회'는 1989년 4월에, '건강사회를위한약사회'는 1990년 1월에, 청년한의사회는 1990년 2월에, 보건의료노조는 1987년 12월에 '전국병원노동조합협의회'로 시작했다.

64) 주로 서울대·연세대·고려대 출신 전공의들이 모였는데, 이들은 대부분 학생 시절 소진료소 활동 경험이 있었다. 그래서 건너건너 아는 사이인 경우가 많았다.(윤여운 인터뷰)

65) 김록호 인터뷰.

66) 심재식, 〈인의협 창립 10년 활동의 회고와 평가〉, 《인의협 10년사》 부록, 1997년.(《인의협 10년사》는 1997년 발행하려 했으나 결국 발행되지 못했고, 파일 형태로만 남아 있다.)

67) 서홍관의 증언에 따르면 황상익·김용익 같은 진보적 교수뿐 아니라 사회참여와는 거리가 있었던 교수들에게도 제안했는데, 참여 여부를 떠나 의외로 지지하는 사람들이 적지 않았다고 한다. 서울대병원 소아정신과 홍강의 교수는 그 자리에서 30만 원을 후원금으로 주었다고 한다.(서홍관 인터뷰)

68) 특히 신천연합병원을 중심으로 모여 있던 사회의학연구회 소속 의사들에게 함께 해줄 것을 제안했다.(《사의연, 그 역사적 의의를 찾아서》, 사회의학연구회, 31쪽)

69) 서홍관 인터뷰.

70) 발기 취지문의 초안은 김록호가 작성했다.(서홍관, 김록호 인터뷰)

71) 《인의협 10년사》, 1997, 9쪽.

72) 당시 인의협 창립에 관해 논평 기사도 나왔는데 주로 '신선한 충격이었다', '앞으로의 활동이 퍽 기대된다'는 등의 긍정적 평가와 아울러 계속 확충되어 가고 있는 의료에 대한 국민적 욕구 해소의 출발점을 의료인에 대한 신뢰 회복에서 구하고, 한국 의료의 더 나은 발전에 기틀이 되기를 바란다는 내용이 담겨 있다.(김동현, 〈언론에 비친 '인의협'〉, 《인의협 회보》 창간호, 1988년 1월)

73) 《인의협 10년사》, 1997, 17–24쪽.

74) 이진학, 〈인의협의 방향 설정에 대해〉, 《인의협 월례강좌 자료집》, 1988년 2월 27일.

75) 양요환, 〈인의협의 활동 방향에 관한 제언〉, 《인의협 월례강좌 자료집》, 1988년 2월 27일.

76) 김용익, 《인의협 회보》 제2호, 1988년 2월.

77) 심재식, 《인의협 회보》 제8호, 1988년 10월.

78) 신동호, 〈(秘錄환경운동25년) 상봉동 진폐증 사건〉, 《뉴스메이커》 681호, 2006년 7월 4일.

79) 윤종현 변호사 증언.(신동호, 〈[秘錄환경운동25년] 상봉동 진폐증 사건〉,《뉴스메이커》681호, 2006년 7월 4일)

80) 최열이 양길승을 통해 인의협에 제안했다고 한다.(신동호, 〈[秘錄환경운동25년] 상봉동 진폐증 사건〉,《뉴스메이커》681호, 2006년 7월 4일)

81) 그 후 박길래 씨가 주축이 되어 인의협 소위의 조사 결과를 바탕으로 확대 조사를 요구했다. 서울시가 이를 받아들여 서울 시내 17개 저탄장 주변 주민 1842명을 대상으로 1988년 6월 25일부터 7월 14일까지 역학조사를 실시했다. 인의협 소위는 이 역학조사에도 참여하여 진폐증 환자 여덟 명, 의사진폐증 환자 14명을 추가로 발견했다.(신동호, 〈[秘錄환경운동25년] 상봉동 진폐증 사건〉,《뉴스메이커》681호, 2006년 7월 4일)

82) 판결문 참고(손해배상(기) 〔서울민사지법, 88가합2897, 1989.1.12.〕)

83) 안용태,《인의협 회보》제4호, 1988년 4월.

84) 문송면 군 사건과 관련 내용은 최규진의 〈노동자 건강권 운동의 기원: 2016년 메탄올 중독 사건을 보며 1988년을 복기하다〉(《의료와사회》제4호, 2016)를 참고했다.

85) 이현정, 〈열다섯 문송면은 운명이었다〉(김은혜 인터뷰),《일과건강》, 2012년 4월 4일.

86) 박석운 운영위원장 인터뷰,《일과건강》창간6호 참고.

87) 김록호, 〈산재 노동자의 피와 땀으로 지은 병원―원진녹색병원 설립의 의의〉,《구리녹색병원소식》, 1999. 이하 원진레이온 투쟁과 관련된 내용은 김록호의 이 글과 서성란의 〈죽음의 공장, 죽음을 부르는 직업병 원진레이온 사건〉(민주화운동기념사업회)을 참고했음을 밝힌다.

88) 〈노동부 장관 즉각 사퇴하라〉,《한겨레》, 1988년 7월 5일.

89) 〈협성계공 대표 입건〉,《동아일보》, 1988년 7월 7일.

90) 이현정, 〈열다섯 문송면은 운명이었다〉(김은혜 인터뷰),《일과건강》, 2012년 4월 4일.

91) 〈원진레이온의 자살행렬은 끝나지 않았다〉,《한겨레》, 2013년 6월 28일.

92) 위원장은 전태일 열사의 어머니 이소선 여사가 맡았다.

93) 당시 인의협 기획국장을 맡고 있던 양길승이 성수의원을 개원하고 있었다. 이 병원은 현재 우석균이 이어받아 운영하고 있다.

94) 사당의원은 1985년 김록호가 개업한 의원이다.(노윤미, 〈의료운동가 김록호 회장 "원진문제, 이제부터 시작입니다"〉,《함께걸음》, 1999년 7월 1일)

95) 김록호, 〈산재 노동자의 피와 땀으로 지은 병원―원진녹색병원 설립의 의의〉,《구리녹색병원소식》, 1999. 김록호는 원진레이온 사건에 기여한 공로로 1995년 하버드 대학에서 '슈바이처 상'을 받았다.(〈하버드大 '슈바이처 상' 한국인 수상―인도

주의실천의사協 창설 金祿皓 박사〉,《동아일보》, 1995년 6월 7일)

96) 이 부분은 강준만의 《한국 현대사 산책 1980년대편 4권》(인물과사상사, 2009)과 민주화운동기념사업회 오픈 아카이브 〈이철규의문사사건〉을 참고했다.(http://db.kdemocracy.or.kr/collections/view/10000094)

97) 박태훈 인터뷰.

98) 〈법의학자 이정빈 교수 이철규 씨 부검·감정 과정 빈틈 지적〉,《한겨레》, 1989년 5월 27일.

99) 〈사인 규명을 둘러싼 논란 법의학의 권위는 어디로?〉,《과학동아》, 1989년 7월.

100) KBS의 〈떠도는 주검〉과 MBC의 〈어느 수배자의 죽음〉은 노조의 농성 끝에 20일께에 겨우 방영되었지만 광주 지역에만 한정되었다.

101) 인의협, 〈이철규 씨 의문사 사건에 관한 인도주의실천의사협의회의 견해〉, 1989년 6월 13일.(출처: 민주화운동기념사업회 오픈 아카이브)

102) 커시너 박사 초청은 인의협의 김록호가 보스턴에서 이철규 사인 규명 협조를 인권의사회에 공식적으로 전달하면서 추진되었다.

103) 〈오늘 이철규 씨 재부검〉,《한겨레》, 1989년 6월 30일.

104) 〈이철규 씨 부검을 반드시 다시 해야〉,《한겨레》, 1989년 7월 8일.

105) 실제로 대우조선 파업을 지지했다는 이유로 체포되어 안기부로 끌려갔던 박창수는 안기부에 의한 타살 의혹이 제기되었는데도 경찰이 사망 다음 날 주검을 탈취하고 부검하여 '자살'로 결론 냈다. 1996년 3월 29일에 숨진 연세대학교 학생 노수석 씨의 경우도 김영삼 대통령 대선자금 공개를 요구하는 시위에 참석했다가 경찰에 쫓기던 중 사망했으나 부검 결과 '심장질환으로 인한 급성 심장마비'로 판명되면서 당시 경찰의 폭력적 정황이 은폐되는 결과를 초래했다.(〈강경대 부검 갈등 빚다 공동검안만…박창수 주검, 경찰이 벽 뚫고 탈취〉,《한겨레》, 2016년 10월 17일)

106) 검찰 측 추천 의사로는 서울대 법의학교실의 이윤성, 이정빈, 고려대의 황적준과 국과수의 서재관이 참여했다.(〈강경대와 백남기…군사정권도 합의로 사인 규명했다〉,《한겨레》, 2016년 10월 14일)

107) 〈강경대와 백남기…군사정권도 합의로 사인 규명했다〉,《한겨레》, 2016년 10월 14일.

108) 강경대 열사가 사망한 이후 전남대학교 학생 박승희를 시작으로 수많은 학생이 정권에 저항하며 분신을 택해 1991년 5월을 '분신정국'이라고 한다.(〈경대·승희·귀정…너희를 다시 부르마〉,《한겨레》, 2011년 3월 31일)

109) 〈고 강경대 열사 26주기 추모제―강경대 열사 민주화 내역〉, 민주화운동기념공

원, http://www.eminju.kr/bbs/board.php?bo_table=edu_event&wr_id=11.

110) 1989년 4월 시위 도중에 다쳐 식물인간이 된 부산 교대 이경현 양 사건에서 인의협은 진상조사단을 꾸리고 〈이경현 양 진상조사단 보고서〉를 발표했다. 당시에도 부상 원인에 대해 서울의대 법의학교실 이정빈 교수는 "뛰다가 돌에 맞았거나 넘어지면서 돌에 찧었을 가능성이 크다"고 의견을 제시한 데 반해 인의협 조사단은 "상처가 분명히 경찰의 방패와 돌, 어느 쪽에 의해서도 날 수가 있었지만 현장 상황을 감안할 때 방패일 가능성이 더 높다"고 주장했다.(〈사인 규명을 둘러싼 논란 법의학의 권위는 어디로?〉, 《과학동아》, 1989년 7월)

111) 김귀정 양 사망 사건에 대한 진상 규명 역시 사회적으로 큰 논란이 되었고, 검찰 측과 대책위 측에서 네 명씩 추천하여 공동 부검이 진행되었다. 당시 대책위 측에서 추천한 네 명의 의사는 고한석, 변박장, 양길승, 최병수로 모두 인의협 회원이었다.(〈金孃 합의剖檢, 양측 의사 4명씩 참여〉, 《동아일보》, 1991년 6월 7일)

112) 〈사회 환부에 메스가 가해 "민주주의 실천한다" 인의협 4년, 직업병 문제 제기 등 큰 성과 올려〉, 《시사저널》, 1991년 6월 27일.

113) 구도완, 〈생태민주주의 관점에서 본 한국 반핵운동〉, 《통일과평화》 4-2, 2012, 66-68쪽.

114) 〈반전반핵군축투쟁 대중적 지지에 달려 있어〉, 《이대학보》, 1991년 5월 27일.

115) 인의협 창립 초기 네다섯 개의 소위원회를 두어 깊이 있는 다양한 운동에 전문가로서 개입했는데, 이 중 핵평화소위원회가 있었다.

116) 1990년 8월 4일부터 7일까지 필리핀에서 열린 IPPNW 아태지역회의에 인의협, 건치, 건약, 청한 등 보건의료 단체 회원 18명과 KPPNW회원 여덟 명 등 총 26명이 참가했다.(〈인도주의실천의사협의회 연혁〉, 《한국기독공보》 2512265호, 2000년 3월 25일)

117) 〈가공스런 핵불감증〉, 《한겨레》, 1988년 8월 3일.

118) 1991년 5월 27일자 이대학보에 실린 〈반전반핵군축투쟁 대중적 지지에 달려 있어〉에서는 인의협을 거론하며 '한반도의 반핵과 군축을 위한 보건의료인대회'에 대해 평화운동의 대중화 가능성을 보여준 대표적인 사례로 평가했다.

119) 김종철, 〈환경운동의 원점에서 서한태 박사와의 대화〉, 《녹색평론》 제50호, 2000년 1-2월호.

120) 전홍준은 한 달 뒤인 1989년 4월에 결성된 한국 최초의 반핵 연대 조직인 전국핵발전소추방운동본부의 공동의장을 맡았다.(신동호, 〈[秘錄환경운동25년] 광주가 운동의 중심이 돼야 한다〉, 《뉴스메이커》 710호, 2007년 1월 30일)

121) 서인근이 지회장을, 박태훈이 지회 사무국장을 맡았다. 서한태 박사는 인의협 고
문으로 추대되었다.(《인의협 회보》 19호, 1989, 23–24쪽)

122) 인의협 광주전남지회의 공식적인 창립은 1989년 8월 27일에 이루어졌으나, 그 이
전부터 지회 이름으로 활동했다.(〈원전 인근 주민 방사능 오염 증세 인도주의실천
의사협 조사〉, 《동아일보》, 1989년 8월 2일)

123) 당시 간단한 혈액검사 정도밖에 진행할 수 없는 상황에서 명확한 인과관계를 제시
하기는 어려웠다. 그러나 광주전남지회의 기자회견 내용이 언론에 지나치게 자극
적으로 보도되었고, 이로 인해 인의협 중앙에서는 신중한 접근을 요구했다.(박태
훈 인터뷰)

124) 사건의 중심에 있었던 김 씨는 결국 산재 처리를 받지 못했고, 몇 년 뒤 사망했다
고 한다.(박태훈 인터뷰)

125) 결과적으로 "영광 1·2호기의 가동과 무뇌아 출산 사건, 영광 3·4호기의 발주 등
을 계기로 반핵운동이 뜨겁게 일었"고, "광주는 '반핵운동의 메카'로 부상"했
다.(신동호, 〈(秘錄환경운동25년) 광주가 운동의 중심이 돼야 한다〉, 《뉴스메이
커》 710호, 2007년 1월 30일)

126) 당시 이 역학조사 활동을 통해 성장한 대표적 인물이 당시 전남대학교 의과대학
에 다니던 나백주였다. 나백주는 건양대학교 의과대학 교수, 그리고 서북병원장
을 거쳐 현재 서울시 시민건강국장을 맡고 있다.

127) 당시 역학조사는 조성일, 임현술이 이끌었다. 인의협 조사 결과가 언론에 보도되
며 사회적으로 큰 이슈가 되었다.

128) 신학림, 〈헌법 119조 2항, 자본주의 지키는 안전장치〉(김종인 전 국회의원 인터뷰),
《미디어스》, 2008년 7월 25일.

129) 우석균, 〈박정희가 '건강보험의 아버지'인가?〉, 《르몽드 디플로마티크》 22호, 2010
년 7월 12일.

130) 보건과사회연구회, 《한국의료보장연구》, 청년세대, 1989, 115쪽.

131) 보건과사회연구회, 《보건의료인과 보건의료운동》, 한울, 1991, 52쪽.

132) 〈"세금재원 의료보장 바람직" 인의협, '의료제도 심포지엄'서 발표〉, 《한겨레》, 1988
년 9월 9일.

133) 전국 의보대책위는 인의협 심포지엄이 열리고 일주일 뒤인 1988년 9월 10일 대전
에서 정책토론회를 열어 형식은 통합관리 체계를 가지되 내용은 조세 방식을 수
용하는 것으로 결정 내렸다.(보건과사회연구회, 《보건의료인과 보건의료운동》,
한울, 1991, 58쪽)

134) 정부가 관리운영비를 포함해 보험 재정의 50퍼센트를 지원했고, 거부를 하다가도 몸이 아플 경우 병원을 찾아가야 했기에 물리적으로 보험료 납부 거부 운동을 지속하기 어려운 측면이 있었다.(보건과사회연구회, 《보건의료인과 보건의료운동》, 한울, 1991, 59쪽)

135) 보건과사회연구회, 《보건의료인과 보건의료운동》, 한울, 1991, 64쪽.

136) 1989년 2월 24일부터 3월 4일까지 약 10일간 공화당사를 점거했다. 공화당이 통합 관리안과 배치되는 '광역조합안'을 고려 중이라는 소식이 전해진 것이 점거의 원인이었다. 결국 공화당 김종필 총재의 통합안 지지 약속을 받아내고 점거 농성을 풀었다.(보건과사회연구회, 《보건의료인과 보건의료운동》, 한울, 1991, 59쪽)

137) 조홍준의 〈88~83년간 의료보험통합투쟁 보고〉(의보연대회의, 《의보연대회의 활동보고서: 의보통합 10년 투쟁사》, 1999, 949쪽) 참고.

138) 의보대책위 활동에 참여했던 조홍준은 국민의료보험법 통과가 최종적으로 실패한 것에 대해 노동자 세력을 운동에 참여시키지 못했고, 노동자와 농민을 분열시키는 책략에 제대로 대응하지 못했다는 점을 지적했다.(비판과대안을위한건강정책학회·전국사회보험지부, 《국민건강보장쟁취사》, 2010, 71쪽)

139) 비판과대안을위한건강정책학회·전국사회보험지부, 《국민건강보장쟁취사》, 2010, 74쪽.

140) 김용익, 〈인의협의 새로운 출발과 도약을 기대하며—1990년 인의협 활동의 평가와 앞으로의 과제〉, 《인의협 10년사》, 1997, 46쪽.

141) 상근의사로 활동한 사람은 다음과 같다. 1987년 11월부터 1988년 2월까지 김동현, 1988년 3월부터 1988년 9월까지 송인숙·이경민, 1988년 9월부터 1989년 11월까지 이영성·박태진, 1989년 4월부터 1989년 12월까지 김현미·김경미, 1990년 3월부터 1991년 5월까지 김동원.(《인의협 10년사》, 1997, 125쪽)

142) 인의협 사무실에서 상근의사들이 인의협 회원 의사들에게 의뢰하는 별도의 환자진료의뢰서까지 제작했다. 상근의사 제도는 1988년 3월부터 1991년까지 진행했다.

143) 1989년 말까지 약 30회에 가까운 건강 칼럼을 게재했으며, 이 칼럼에서 활약한 인의협 회원 김병후(신경정신과)는 그 후 공중파 TV 방송에까지 진출해 큰 인기를 얻었다.(〈'국민건강' 칼럼 연재 오늘부터 주1회 8면에〉, 《한겨레》, 1989년 3월 23일)

144) 인의협의 진료소 활동은 진료부 차장이었던 김유호와 한양대 의과 대학생들이 합심하여 1988년 3월 20일 성남 중동에 있는 성남 포교원에서 처음 시작했다. 당시 매주 일요일 오후에 진료 활동을 했다.(《인의협 회보》 제3호, 1988년 3월, 5쪽)

145) 당시 21명의 회원이 의료 지원에 나섰으며 총 1064명의 수재민 환자를 보았다.(양

길승, 〈피부·외상 환자 등 1천여 명 긴급치료 인의협 나주 수해 지역 진료 보고〉,
《한겨레》, 1989년 8월 10일)

146) 양길승, 〈인의협 3차년을 맞이하며 — 평가와 앞으로의 과제〉, 《인의협 10년사》,
1997, 42쪽.

147) 《인의협 10년사》, 1997, 129쪽.

148) 인의협, 《제5차 총회 수련회 보고서》, 1991년 10월 19일, 3쪽.

149) 인의협 초기 체제를 일각에서는 양길승과 김록호의 카리스마적인 리더십에 빗대
어 '양김'체제라고 불렀다.(양길승 인터뷰)

150) 인의협 기획국, 〈인도주의실천의사협의회 5년의 평가와 전망〉, 《인도주의실천의사
협의회 10년 활동자료집》, 1997, 38-39쪽.

151) 조홍준, 〈인의협 93년 활동보고〉, 《인도주의실천의사협의회 10년 활동자료집》,
1997, 47쪽.

152) 인의협 기획국, 〈인도주의실천의사협의회 5년의 평가와 전망〉, 《인도주의실천의사
협의회 10년 활동자료집》, 1997, 42쪽.

153) 창립을 준비할 때부터 줄곧 인의협의 안살림을 챙겼던 김종구는 조직 재정비에 헌
신적으로 기여했을 뿐 아니라 조직의 침체기 때마다 버팀목 역할을 했다.(김정범
인터뷰, 2016년 9월 7일)

154) 인의협 조직국, 《'92 인의협과의 만남'을 마치며》, 1992년 2월.

155) 1991년 초부터 '서울 지역 의대 4학년 졸업 준비모임 연합'을 중심으로 신문을 발행
하며 '청년의사'라는 젊은 의사들의 모임이 형성되었다.(〈'히포크라테스 정신' 부
활 추구 의대 졸업생 모임 '청년의사'〉, 《한겨레》, 1992년 2월 25일) 1990년대 초중
반 인의협의 조직 정비 사업과 청년의사의 발족이 맞물려 지역의 젊은 의사들을
대상으로 경쟁 구도가 형성되기도 했다.(이종우 인터뷰)

156) 인의협 기획국, 〈인도주의실천의사협의회 5년의 평가와 전망〉, 《인도주의실천의사
협의회 10년 활동자료집》, 1997, 44쪽.

157) 《인의협 10년사》, 1997, 67-69쪽.

158) 〈21세기 의사광장 취지문〉, 《21C 의사광장》 창간준비1호, 5쪽.

159) 2주 간격의 정기적인 포럼을 열겠다는 기획과는 달리 1995년 세 차례의 포럼을 열
었다. 그 내용은 다음과 같다.

5월 23일 21세기 의사광장 1회 포럼 '한국 의료의 동향과 젊은 의사의 역할' 초청
강사: 조홍준

6월 21일 21세기 의사광장 2회 포럼 '6·21지자체 선거와 사회 상황' 초청강사: 오

영식

8월 29일 21세기 의사광장 3회 포럼 '한국 의료의 대안' 토론 모임 개최
（《인의협 10년사》, 1997, 130−131쪽）

160) 《인의협 10년사》, 1997, 75쪽.

161) 이 조사는 의협이 의뢰하고 인의협이 기술을 지원하여 수행한 조사로 총 28개 병원 1859명의 전공의(전국 전공의의 11.6퍼센트)를 조사한 것으로, 당시까지 이루어진 전공의 대상 조사 중 규모가 가장 컸다.(인의협, 《사람과의료》, 1997년 1·2월호, 6쪽)

162) 청년의사 발족에 많은 인의협 회원이 직간접적으로 관여했으며, 청년의사로 옮겨 간 회원도 일부 있었다. 대표적으로 1989년부터 1992년까지 인의협의 홍보부장과 사무국장을 맡았던 김병후는 1993년 인의협을 떠나 '청년의사'의 발행인이 되었다.(주영수 인터뷰)

163) 〈강제입원 조항 인권 침해 소지〉, 《동아일보》, 1992년 4월 30일.

164) 〈민간위탁 정신병원 건립계획 논란〉, 《한겨레》, 1992년 11월 22일.

165) 〈의료계 여의사 차별 심하다〉, 《한겨레》, 1992년 6월 26일.

166) 〈인턴·레지던트 중노동 하루 평균 15시간 근무〉, 《한겨레》, 1992년 8월 30일.

167) 〈소비자연맹 주최 토론회 열려, 의료분쟁조정법 보사부안 소비자·의료계 모두 '반대'〉, 《한겨레》, 1992년 11월 15일.

168) 〈의사 대부분 의료 분쟁 의식 방어 진료〉, 《한겨레》, 1992년 11월 27일.

169) 조홍준, 〈인의협 93년 활동보고〉, 《인도주의실천의사협의회 10년 활동자료집》, 1997, 47쪽.

170) 인의협, 《의료! 이렇게 개혁합시다》, 생활지혜사, 1994, 21쪽.

171) 〈서남대 의대…'무더기 의대 신설' 90년대로부터의 불쾌한 충격〉, 《라포르시안》, 2017년 7월 6일.

172) 의대 신설 자체가 문제는 아니나 의료 인력 수급 전망과 교육의 질에 대한 검증 없이 정치적인 목적으로 진행된 측면이 컸다.(〈강원 의대 '정치적 신설' 반대 의학협회 성명〉, 《한겨레》, 1993년 8월 18일; 〈무더기 의대 신설 "정치적 의혹"〉, 《한겨레》, 1998년 2월 21일)

173) 〈의사들 20여 명 사법처리 방침〉, 《동아일보》, 1993년 7월 13일.

174) 서울시의사회의 기관지인 《의사신문》에서 연속기획토론회의 자료를 창간 특집기사로 실을 정도로 인의협의 당시 토론회는 의사 사회 전체에서 큰 주목을 받았다.(변박장, 〈1993 인의협 총회 대표 인사〉, 《인도주의실천의사협의회 10년 활동

자료집》, 1997, 45쪽)

175) 인의협 의료개혁위원회는 연속토론회 외에도 설문조사, 국민 홍보 사업, 전체 의사 대상의 홍보 및 교육 사업, 대국민 및 의료계 내 캠페인, 인의협 회원의 조직 재정비 사업 등을 기획했다.(조흥준, 〈인의협 93년 활동보고〉, 《인도주의실천의사협의회 10년 활동자료집》, 1997, 47쪽)

176) 인의협 공동대표였던 심재식이 토론회를 홍보하는 장문의 글이 《의협신보》에 실렸으며, 토론회 일정이 주요 일간지에 실리기도 했다.(심재식, 〈의료개혁 연속 토론회를 시작합니다〉, 《의협신보》, 1993년 8월 26일; 〈의료개혁 주제 연속토론회〉, 《동아일보》, 1993년 8월 17일)

177) 조흥준, 〈인의협 93년 활동보고〉, 《인도주의실천의사협의회 10년 활동자료집》, 1997, 47-48쪽.

178) 인의협, 《의료! 이렇게 개혁합시다》, 생활지혜사, 1994.

179) 인의협, 〈책을 내면서_머리말〉(김용익), 《의료! 이렇게 개혁합시다》, 생활지혜사, 1994.

180) 2002년부터 인의협 공동대표를 맡고 있는 김정범은 인의협 회원으로서 가장 인상적이었던 활동으로 이 의료개혁 연속토론회를 꼽았다. 또 자신처럼 소극적인 회원들도 이 토론회를 통해 상당한 자극을 받았고, 의사 사회 내부에도 인의협의 존재감을 각인할 수 있었다고 한다.(김정범 인터뷰)

181) 인의협 기획국, 〈인도주의실천의사협의회 5년의 평가와 전망〉, 《인도주의실천의사협의회 10년 활동자료집》, 1997, 50-51쪽.

182) 〈의학협회장 직선요구〉, 《한겨레》, 1994년 3월 25일.

183) 인의협 기획국, 〈인도주의실천의사협의회 5년의 평가와 전망〉, 《인도주의실천의사협의회 10년 활동자료집》, 1997, 52쪽.

184) 《인의협 10년사》, 1997, 131쪽.

185) 〈보건의료정책 개혁 목소리 높다 "치료보다 예방 혜택 고루 누려야"〉, 《한겨레》, 1992년 11월 6일.

186) 〈'보건의료정책 개혁' 1만인 선언〉, 《한겨레》, 1992년 12월 9일.

187) 건강사회를 위한 보건의료인 연대회의, 《건강사회를 위한 보건의료》, 실천문학사, 1992.

188) 1993년의 보건의료 단체 간 연대는 "연대의 필요성에 대한 심각한 의문을 초래할 지경"에 이르렀다. "이는 한약 분쟁에 대한 대응에서 잘 나타났다. 인의협 등의 중재하에 몇 차례 회의를 가졌으나, 합의안 도출에 실패하였고, 어렵게 합의한 내

용에 대해서 일부 단체 회원의 반발로 이를 철회하기도 하였고, 다른 단체의 동의 없이 신문광고를 하는 등 일치되지 못한 모습"을 보여주었다.(조홍준, 〈인의협 93 년 활동보고〉, 《인도주의실천의사협의회 10년 활동자료집》, 1997, 48쪽)

189) 김용익, 〈의료보험 통합을 향한 지난한 여정의 의미〉, 《복지동향》 창간준비2호, 1998, 8쪽.

190) 〈'의보연대회의' 발족〉, 《동아일보》, 1994년 4월 12일.

191) 〈의료보험통합 다시 쟁점으로〉, 《한겨레》, 1994년 4월 13일.

192) 《[심층] 건강보험통합 쟁취사》, 참여연대, 2010.

193) 김용익은 의보 재정이 3조 이상 흑자를 내는데도 조합 방식의 한계 때문에 국민 들에게 혜택이 돌아가는 못하는 상황을 꼬집으며 문옥륜과 지상 논쟁을 벌였 다.(〈잠자는 적립금 활용 의료혜택 향상〉, 《한겨레》, 1994년 11월 18일)

194) 인의협·참여연대·환경련, 《지방자치시대의 환경, 보건, 복지정책 워크샵 자료집》, 1995년 9월 1일.

195) 비판과대안을위한건강정책학회·전국사회보험지부, 《국민건강보장쟁취사》, 2010, 117쪽.

196) 1991년 소련 붕괴, 1992년 문민정부의 탄생 등은 운동 정세에 많은 영향을 미쳤다.

197) 인의협 회원 중 청년의사회로 옮겨간 회원도 여럿 있었다. 당시 회원들이 인의협을 탈퇴했던 주된 이유는 크게 두 가지로 볼 수 있다. 서울대 출신 주도로 운영되는 데 비판적이거나, 사회문제에 초점을 맞춘 활동의 방향성에 이견이 있었기 때문 이다.(양길승, 윤여운, 주영수 인터뷰)

198) 인의협, 《제5차 총회 수련회 보고서》, 1991년 10월 19일, 3~5쪽.

199) 창립대회에서 주영재, 문한규, 김상순을 고문으로 추대하고, 공동대표에는 교직의 대표로 김동원, 개원의 대표로 박양동, 봉직의 대표로 임주군을 인선했다. 또한 감사에는 서우영, 강상명을 임명했다.(인의협 부산경남지회, 《함께하는 인의협》 창간호, 1994년 6월, 25쪽)

200) 부산경남지회의 전신이라고 할 수 있는 '일하는 사람의 건강을 위한 의사회'는 인 의협뿐 아니라 청년의사 그룹과도 접촉하고 있었다.(김영준, 정운용 인터뷰)

201) 인의협 부산경남지회 탄생에 지역 언론에서도 많은 관심을 보였다. 김동원은 창립 총회 이후 "신문에 나오고 방송에 언급되니까 아버지의 다른 면이 보인다면서 애 들이 자랑스럽게 느끼는 것 같다"고 인터뷰에서 밝힌 바 있다.(인의협 부산경남지 회, 《함께하는 인의협》 창간호, 1994년 6월, 13쪽)

202) 대구경북에서 인의협 가입을 결정하는 데 일하는 사람의 건강을 위한 의사회의

앞선 인의협 가입 결정이 영향을 주었다고 한다.(이종우 인터뷰)

203) 당시 세미나 자료집을 보면 한국 사회 의사 운동에 대해 역사적·이념적으로 정리되어 있으며, 당면 과제는 물론 당시 전국에 존재하는 거의 모든 보건의료 운동 조직에 대해 치밀하게 살피고 있다.(《'대구경북지역 의사대중조직 건설을 위한 세미나' 자료집》, 1991년 1월 26일)

204) 이종우 인터뷰, 《대경인의협 창립 20주년 기념 자료집》, 2015, 56쪽.

205) 《93 대구 지역 의사 한마당 자료집》(1993년 1월 30일)을 보면, 올경의와 계명의대 의사 모임. 영남의대 의사 모임과 함께 세 의대 졸준위가 모여 논의를 하고 있었다는 것을 알 수 있다.

206) 심지어 올경의 핵심 멤버였던 이종우는 청년의사 영남권 책임자 역할을 맡고 있었다고 한다.(이종우 인터뷰)

207) 경북의대 출신들이 만든 모임으로 올경의가 있었다면, 영남의대에는 소나무회가 있었다. 당시 대경인의협을 구상하는 데 이 소나무회를 이끌던 영남의대 1기 김진국과 대구사회연구소에서 활동하고 있던 김병준이 중요한 역할을 했다.(김병준, 김진국, 이종우 인터뷰)

208) 《대경인의협 창립 20주년 기념 자료집》, 2015, 164쪽.

209) 여운재는 1993년 개인 재산을 출연하여 사회복지법인 전석복지재단을 설립한 인물로 대구 지역 사회복지 운동에서 많은 족적을 남겼다.

210) 강종문 인터뷰, 《대경인의협 창립 20주년 기념 자료집》, 2015, 58쪽.

211) 《인의협 10년사》, 1997, 66쪽. 이 책은 1994년 제27회 문화체육부 추천도서에 선정되기도 했다.

212) 원래 책자에 담긴 내용을 강연으로 직접 전달하기 위한 '국민건강강좌' 개설까지 계획했으나 아쉽게도 실현하지는 못했다.(《인의협 10년사》, 1997, 66쪽)

213) 1996년 10월 16일 열린 출판기념회에 각 진보 진영 보건의료 단체 인사들뿐 아니라 대한의사협회 이상웅 부회장과 서울시의사회 지삼봉 회장까지 참석했다.(인의협, 《사람과의료》, 1997년 1·2월호, 6쪽)

214) 〈의사 2천여 명도 5·18성명〉, 《한겨레》, 1995년 10월 18일.

215) "특히 그동안 중요한 활동 중의 하나였던 의보연대회의를 통한 활동은 개인적인 참여에 머물렀다." (《인의협 10년사》, 1997, 70쪽)

216) ㄱ 후 두 번째 기획토론에서는 '인의협에 바란다'라는 주제로 외부에서 바라본 인의협에 대해 논했다.(인의협, 《사람과의료》, 1997년 5·6월, 16–27쪽) 세 번째 기획토론에서는 '인의협 이렇게 가야 한다'라는 주제로 김창엽(전 기획국장)과 윤석

준(1997년 기획국장)이 논쟁을 이어 갔다.(인의협,《사람과의료》, 1997년 7·8월, 11-19쪽)

217) 심재식, 〈다시 인의협의 공동대표를 맡으며〉,《사람과의료》, 1997년 3·4월, 26-35쪽.

218) 인의협, 〈새로운 희망을 안고〉,《사람과의료》, 1997년 3·4월, 4-5쪽.

219) 김유호 인터뷰.

220) 이 사업을 주도했던 김유호의 경우 이때 만난 소년소녀 가장이 고마움을 잊지 않고 아직도 찾아온다고 한다.(김유호 인터뷰)

221) 이 밖에도《나의 문화유산답사기》의 저자 유홍준 교수를 초청해 충북 단양 온달 산성과 강원 영월 장릉에서 '인의협 문화유산답사'를 진행하기도 했다.(《인의협 10년사》, 1997, 73쪽)

222) 우선 모범적인 시범 사례를 만들고자 지역공동체로서 비영리 민간 사회복지시설 간의 복지망이 구성되어 있었던 서울특별시 관악구 지역에 집중하여 요보호 아동을 직접 돌보고 있는 복지시설의 관리자, 의원, 약국, 치과의원이 함께 능동적으로 결합할 수 있는 구조를 만들었다. 구체적으로는 지역의 건강관리자들(사회복지사, 자원봉사자)과 지역주치의가 서로 유기적으로 연결되는 지역건강관리자-지역주치의 관계를 구성하고, 관악구 관내 4개 지역에서 건강관리자 중 1인, 의사 1인, 약사 1인, 치과의사 1인, 관악주민연대 1인으로 운영위원회를 구성하여 사업을 진행했다.(강민종, 〈요보호 아동 건강관리사업의 경험〉,《IMF시기 실직자·노숙자·요보호아동의 건강문제와 대책》, 1998년 11월 28일, 10쪽)

223) 1998년 11월, 이 사업에 참여한 의료인들과 활동가들 그리고 지역 주민들이 함께 모여 약 1년간 이루어진 사업에 대해 평가회를 진행하며 일차적으로 사업을 갈무리했다.(강민종·김유호·강인남·오치성, 〈요보호 아동 건강관리사업의 경험〉,《가정의학회지》19-11, 1998, 967쪽)

224) 강민종·김유호·강인남·오치성, 〈요보호 아동 건강관리사업의 경험〉,《가정의학회지》19-11, 1998, 967쪽.

225) 당시 메디슨에서 장비 지원을 하기로 했는데, 인의협이 사단법인 체계가 아니어서 직접 기부를 받을 수 없어 어려움을 겪었다.(인의협,《사람과의료》, 1999년 1·2월, 10쪽)

226) 인의협,《제13차 정기총회 및 사단법인 제2차 정기총회 자료집》, 2000년 1월 29일, 11쪽.

227) 인의협에서도 노동악법 철폐 서명운동에 600여 의사가 동참했다.(《인의협 10년사》, 1997, 72쪽)

228) 의약분업 이전 부산경남 인의협 회원들이 지역사회 보건의료계에서 가지는 영향력이 컸기에 이렇게 단기간에 많은 돈을 모을 수 있었다고 한다.(김영준 인터뷰) 이 돈은 '겨레사랑북녘돕기운동본부'에 전달되었다.(어린이의약품지원본부, 《북녘어린이와 희망을 나눠온 어린이 의약품 지원본부 10년의 발자취와 비전(1997-2006)》, 2007, 254쪽)

229) 인의협, 〈북한동포살리기 사업, 어디까지 진행되었나?〉, 《사람과의료》, 1997년 5·6월, 7쪽.

230) 인의협은 계속해서 자료를 모으고 언론에 기사를 제공하기 위해 별도의 학술지원팀을 구성했다. 학술지원팀은 서홍관을 팀장으로 하여 김철환, 이홍진, 배기영, 하정훈, 이정권, 황상익, 이관우, 우석균 등으로 구성되었다.(김종구, 〈북한어린이살리기 의약품지원본부 현황과 과제〉, 《사람과의료》, 1997년 7·8월, 25-26쪽)

231) 인의협, 〈북한동포살리기 사업, 어디까지 진행되었나?〉, 《사람과의료》, 1997년 5·6월, 8쪽; 〈의약품지원본부결성…범국민모금운동〉, 《한겨레》 1997년 6월 28일.

232) 1996년 북한 수재민 지원을 하고 한 번으로 끝날 문제가 아니라고 판단했으며, 이때 홍창의가 '어린이로 집중하자'고 제안했다고 한다.(임종철 증언, 어린이의약품지원본부, 《북녘어린이와 희망을 나눠온 어린이 의약품 지원본부 10년의 발자취와 비전(1997-2006)》, 2007, 50쪽)

233) 김종구, 〈북한어린이살리기 의약품지원본부 현황과 과제〉, 《사람과의료》, 1997년 7·8월, 21-22쪽.

234) 의약품지원본부는 동아일보사의 협조를 기다리는 데 머물지 않고 7월 14일부터 ARS와 PC통신을 이용해 국민들과 의료인들에게 모금 운동을 전개했다.(어린이의약품지원본부, 《북녘어린이와 희망을 나눠온 어린이 의약품 지원본부 10년의 발자취와 비전(1997-2006)》, 2007, 255쪽)

235) 김종구, 〈북한어린이살리기 의약품지원본부 현황과 과제〉, 《사람과의료》, 1997년 7·8월, 23쪽.

236) 〈어깨동무 통일대행진 펼쳐지던 날〉, 《한겨레》, 1997년 7월 21일.

237) 보건의료대표자회의 소속 각 단체가 의약품지원본부에도 들어가 있기 때문에 이때부터는 '북녘 어린이에게 생명을' 캠페인 주관 단체도 의약품지원본부로 통합된다.

238) 대구경북 지역본부의 경우 여운재 대경인의협 상임대표가 대표를 맡았고(〈의약품지원 대구·경북본부 출범〉, 《한겨레》, 1997년 8월 27일), 대전충남 지역본부의 경우도 대경인의협 김삼용 충남의대 교수가 주도적인 역할을 했다(〈'북한 어린이 빨리치료 전화' 개설〉, 《한겨레》, 1997년 8월 29일).

239) 1997년 7월에 《북한 어린이에게 생명을》이라는 첫 번째 자료집을 발간했고, 그 후 남북어린이어깨동무와 공동으로 사진자료집 《우리를 살려 주세요》를 발간했다. 추가로 10월 11일 열린 '굶주림과 영양실조, 그리고 죽음' 학술 심포지움 발표 자료를 묶어 또 한 권의 자료집을 발간했다.(어린이의약품지원본부, 《북녘어린이와 희망을 나눠온 어린이 의약품 지원본부 10년의 발자취와 비전(1997-2006)》, 2007, 289-290쪽)

240) 〈북 어린이 참상 슬라이드로〉, 《한겨레》, 1997년 9월 4일.

241) 어린이의약품지원본부, 《북녘어린이와 희망을 나눠온 어린이 의약품 지원본부 10년의 발자취와 비전(1997-2006)》, 2007, 255-256쪽.

242) 〈총 모금액: 1,020,989,294원〉, 《한겨레》, 1997년 12월 16일.

243) 어린이의약품지원본부, 《북녘어린이와 희망을 나눠온 어린이 의약품 지원본부 10년의 발자취와 비전(1997-2006)》, 2007, 255-256쪽.

244) 이 국제 심포지엄에는 김종구가 의약품지원본부 기획국장 자격으로 참가해 의약품 지원 운동에 대해 발표했다.(어린이의약품지원본부, 《북녘어린이와 희망을 나눠온 어린이 의약품 지원본부 10년의 발자취와 비전(1997-2006)》, 2007, 256쪽)

245) 임원혁, 〈북한의 식량위기 실태와 향후 대북정책방향〉, KDI 정책포럼, 1997년 7월 25일.

246) 1997년 당시 〈FM 음악도시〉라는 라디오 방송을 진행하던 신해철은 방송에서 두 시간 내내 의약품지원본부에서 발행한 자료집(《북한어린이에게 생명을》로 추정됨)에 실린 글을 읽어 주며 북한 어린이 의약품 지원 운동을 홍보하기도 했다.(우석균 인터뷰)

247) 우석균, 〈백신에 통일까지〉, 《사람과의료》, 1997년 7·8월, 35-36쪽.

248) 우석균, 〈백신에 통일까지〉, 《사람과의료》, 1997년 7·8월, 35쪽.

249) 주영수, 〈노숙자 건강실태 조사보고, IMF시기 실직자·노숙자·요보호아동의 건강문제와 대책〉, 《인의협 학술대회 자료집》, 1998년 11월 28일, 19쪽.

250) 셋째 주까지 진행한 뒤 《한겨레》와의 인터뷰에서 진료팀장 정일용은 첫째 주에는 40명, 둘째 주에는 70명이 방문했으며 약이 동날 정도였다고 한다.(〈'실직 노숙자 육체의 病에도 무방비'—인도주의실천의사협의회 진료팀장 정일용 씨〉, 《한겨레》, 1998년 5월 20일)

251) 〈실직 노숙자 육체의 病에도 무방비'—인도주의실천 의사협의회 진료팀장 정일용 씨〉, 《한겨레》, 1998년 5월 20일.

252) 주영수가 주도한 이 조사는 1998년 11월 28일 열린 인의협 학술대회 'IMF 시기 실

직자·노숙자·요보호아동의 건강문제와 대책'에서 처음 발표되었다.

253) 우석균, 〈노숙자는 있다 단지 잊혀졌을 뿐이다〉, 《경향신문》, 1999년 6월 15일.

254) 서울시는 처음에는 인의협의 조사 결과에 대해 과장된 견해라고 비판했으나 그 후 상황이 나아지지 않자 주영수에게 직접 전화를 걸어 협조를 요청했다고 한다.(주영수 인터뷰)

255) 조사의 연구 책임은 주영수가 맡았으며, 60명이 넘는 고려의대, 경희의대, 서울의대, 연세의대, 한양의대 소속 의대생들이 연구원으로 참여했다.(인의협, 《노숙자 건강실태 조사보고서》, 1998년 12월 23일)

256) 〈벼랑끝 삶 찾아든 병마에 '건강 파수꾼' 구실 톡톡〉, 《한겨레》, 1998년 11월 10일.

257) 김종구, 〈실직자 진료비 감면 사업을 다시 시작하며〉, 《실직자 진료비 감면 의료기관 전국 네트워크 소식지》 1호, 1998, 1쪽.

258) 상근의사는 이충렬·지철 등이 맡았고, 각 병원에 연결해 주는 코디네이터 역할은 상근간사 임미영이 맡았다.(《실직자 진료비 감면 의료기관 전국 네트워크 소식지》 1호, 4쪽)

259) 〈벼랑끝 삶 찾아든 병마에 '건강 파수꾼' 구실 톡톡〉, 《한겨레》, 1998년 11월 10일.

260) 《실직자 진료비 감면 의료기관 전국 네트워크 소식지》 8호, 4쪽.

261) 《실직자 진료비 감면 의료기관 전국 네트워크 소식지》 4호, 1쪽.

262) 《실직자 진료비 감면 의료기관 전국 네트워크 소식지》 5호, 2-3쪽.

263) 네트워크 소식지에는 의료 혜택을 받은 실직자들이 보내온 감동적인 편지들이 소개되어 있다.

264) 신영전, 〈건강보장쟁취사: 건강보장운동 과거, 현재, 미래〉, 《국민건강보험 통합 10주년 기념 심포지엄 자료집》, 2010년 6월 30일, 36쪽.

265) 이 법안은 단계를 설정하고 1단계로 부분적 통합을 추진하는 개혁법안으로 227개 지역자영자의료보험조합들을 모두 합병하여 하나의 통합적 의료보험조합을 만들도록 하는 내용이었다.(이광찬, 《국민건강보장쟁취사》, 양서원, 2009, 112쪽)

266) 김용익, 〈의료보험 통합을 향한 지난한 여정의 의미〉, 《복지동향》 창간준비2호, 1998, 9쪽.

267) 비판과대안을위한건강정책학회·전국사회보험지부, 《국민건강보장쟁취사》, 2010, 120쪽.

268) 〈의료보장 개혁방안 토론〉, 《한겨레》, 1998년 1월 21일.

269) 비판과대안을위한건강정책학회·전국사회보험지부, 《국민건강보장쟁취사》, 2010, 121쪽.

270) 이 노사정위원회는 한국 정치사에서 첫 번째 노사정위원회였다.(비판과대안을위한건강정책학회·전국사회보험지부,《국민건강보장쟁취사》, 2010, 120쪽)

271) 의료보험과 관련된 인수위의 주요 결정 사항은 다음과 같다. "의료보험 일원화를 위한 법개정 1998년 중 추진, 의료보험 통합추진기획단 설치, 보험료 부과 체계·조직 개편·적립금 처리 방안 등 검토, 2000년까지 의료보험 급여기간 현행 300일에서 365일로 확대."(〈인수위 선정 차기 정부 100大(대) 국정 과제〉,《동아일보》, 1998년 2월 13일)

272) 비판과대안을위한건강정책학회·전국사회보험지부,《국민건강보장쟁취사》, 2010, 120-121쪽.

273) "인도주의실천의사협의회 등 시민단체와 복지부 일부 직원들은 그가 의료보험 통합일원화에 반대했다는 이유로 부정적 평가를 내리고 있다"(〈이근식 매끄러운 일처리…'YS맨' 분류도, 윤성태 보사부서 잔뼈 굵어…국보위 참여〉,《한겨레》, 1998년 2월 9일)

274) 비판과대안을위한건강정책학회·전국사회보험지부,《국민건강보장쟁취사》, 2010, 121쪽.

275) 비판과대안을위한건강정책학회·전국사회보험지부,《국민건강보장쟁취사》, 2010, 122쪽.

276) 이 국민건강보험법은 완전 통합에 대한 세부 의견이 갈려 총 4건이 국회 보건복지위원회에 회부되었다. 결국에는 통합·조정되어 국민의료보험관리공단이 직장조합을 흡수·합병하는 것과 직장·지역보험의 재정을 2001년 12월 31일까지 구분 계리하고, 직장가입자 중 근로자인 직장가입자와 공무원 및 교직원인 직장가입자의 재정은 2000년 12월 31일까지 구분 계리하도록 규정한 보건복지위의 단일안으로 국회 본회의에 상정되었다.(이광찬,《국민건강보장쟁취사》, 양서원, 2009, 118쪽)

277) 비판과대안을위한건강정책학회·전국사회보험지부,《국민건강보장쟁취사》, 2010, 123-124쪽.

278) 조홍준, 〈의료보험 개혁운동의 성과와 과제〉,《복지동향》 15, 1999년 12월, 16쪽.

279) 1999년 10월 16일 토요심야토론 〈의료보험통합 연기 어떻게 볼 것인가?〉에 토론자로 조홍준과 허영구(민주노총 부위원장)가 참여했다.

280) 조홍준, 〈의료보험 개혁운동의 성과와 과제〉,《복지동향》 15, 1999년 12월, 16쪽.

281) 이와 별도로 한길리서치를 통해 한국노총의 서명운동에 문제가 있다는 것을 밝히는 작업도 진행했다. 하지만 결정타는 국회에 보관된 서명용지 확인 작업이었

다.(조홍준 인터뷰)

282) 방송으로는 11월 6일 토요일 MBC 뉴스를 통해 최초로 보도되었다. 신문으로는 11월 8일 월요일 《한겨레》에서 〈의보 통합 반대 서명 조작 의혹 "여론 호도해 이익 관철 국정농단"〉이라는 제목의 기사로 처음 보도되었다.

283) 조홍준, 〈"의보통합 재추진 民官(민관)실행위 만들어야"〉, 《경향신문》, 1999년 11월 23일.

284) 의약분업과 관련된 기본 내용은 인의협 의료개혁위원회에서 2000년 6월 발행한 《국민건강을 위한 의약분업 자료집》을 바탕으로 작성했음을 밝힌다.

285) 전국적 차원의 논의는 아니지만 부경인의협 정책실에서 1997년 초에 선구적으로 의사 125명과 약사 120명을 대상으로 설문조사를 진행하여, 예상보다 많은 의료인들이 의약분업의 필요성에 공감하고 있다는 것과 의약분업 반대자의 경우 대부분 의료분업으로 인한 피해를 우려하는 일차 진료기관이므로 이를 위한 제도적 장치가 필요하다는 의견을 제시한 바 있다.(인의협, 《사람과의료》, 1997년 7·8월, 42-49쪽)

286) 전체 작업의 기획은 주로 김용익이 했으며, 실무는 주로 강영호와 우석균이 맡았다.(강영호 인터뷰)

287) 실제로 병협은 1999년 5월 10일 의사회와 약사회까지 합의한 시민대책위안에 대해 시민들의 불편을 이유로 들어 반대했다.(〈의약분업 추진 경과 정리 및 평가를 위하여―시민대책위원회 활동을 중심으로〉, 인의협 비공개 논의 자료, 1999년 말 작성)

288) 참여연대 보도자료 〈부풀려진 보험약가로 인해 한 해 1조 2800억 원의 보험 재정 손실 초래, 1245개 의약품에 대한 실제 거래가 조사결과 발표〉, 1998년 11월 12일.

289) 강영호 인터뷰.

290) 시민대책위는 경실련, 참여연대, 서울YMCA, 녹색소비자연대, 한국소비자연맹 등의 단체에서 온 위원들로 이루어졌다. 한편 인의협과 건약이 자문 단체로, 김용익·양봉민 교수 등이 자문위원으로 참여했다.

291) 우석균, 〈의약분업으로 살펴본 김대중정부의 의료개혁―개혁연합의 실패와 수구연합으로의 회귀〉, 《사회비평》, 2002년 5월 15일.

292) 실행위는 보건복지부 차관을 위원장하여 의료계(의협·병협·치협·인의협), 약계(약사회·제약협·도매협·건약), 소비자, 시민단체(소비자연맹·경실련·YMCA·참여연대·녹색소비자연대), 언론계(동아·조선·중앙·한겨레), 학계 전문가(권경

희·김용익·양봉민), 국책연구기관(보사연·산업진흥원), 관련 공무원(보건정책국장·연금보험국장·의약품안전국장)등 총 25명으로 구성되었다.

293) 우석균, 〈의약분업으로 살펴본 김대중정부의 의료개혁—개혁연합의 실패와 수구연합으로의 회귀〉, 《사회비평》, 2002년 5월 15일.

294) 〈전국 의사 2만여 명 의약분업 반대집회, 병의원 1만 6000여 곳 휴업〉, 《한겨레》, 1999년 12월 1일.

295) 대한의협이 서울대 사회학과 송호근 교수에게 의뢰하여 실시한 '의약분업에 대한 국민의식조사연구'(2001년 3월 15일)에 따르면, 의사 파업에 대해 의사와 의사 단체가 가장 이익을 보았다고 지목했으며(45.9퍼센트), 의사 파업으로 잃는 것이 더 많았다고 판단하고(68.5퍼센트), 의사 파업을 피할 수 있었다고 보는 사람이 다수(72.4퍼센트)였다. 의사 파업 이후 의사에 대한 이미지가 좋아졌다고 평가한 사람이 5.8퍼센트, 나빠졌다고 평가한 사람이 52.9퍼센트에 달했다. 이러한 인식은 의보 수가에 대해서도 나타나, 수가 인하에 찬성하는 사람들이 85.7퍼센트를 차지하는 압도적인 결과가 나왔다.

296) 김용익은 이 점을 가장 안타까워 했다.(김용익 인터뷰)

297) 후배 의사들에게까지 모욕적인 말을 들었다고 한다.(주영수, 조홍준 인터뷰)

298) 전공의들까지 파업에 나서자 이에 대한 파업 철회 촉구를 위해 연 기자회견으로 이 자리에는 김유호(인의협 상임대표, 유소아과의 원장), 정일용(인의협 공동대표, 원진녹색병원 부원장), 주영수(인의협 의료사업국장, 한림의대 교수), 김정범(인의협 인천지회 대표, 남촌가정의 원장), 정윤(인의협 사무국 차장, 백병원 전공의), 임정수(인의협 편집국 차장, 서울대병원 전임의)가 참여했다.(인의협, 《의료개혁과 파업철회 촉구를 위한 기자회견 자료집》, 2000년 9월 5일)

299) 유리창이 돌맹이에 깨지기도 했고, 가족들을 협박하는 전화까지 있었다고 한다. 인의협 사무실로도 협박 전화가 쇄도해 몇 달간 업무를 볼 수 없었다고 한다.(변혜진 인터뷰)

300) 이종우, 노태맹 등 전공의 파업을 이끈 회원들도 있었는데, 당시에는 다소 순진한 측면이 있었다고 회상했다.(이종우 인터뷰)

301) 일부 보수적 의사 단체들이 의약분업 무효화를 주장하기도 했으나 이는 의사 사회 내에서도 별 영향력을 미치지 못하고 있다. 그만큼 의약분업은 필수적인 제도였고, 국민은 물론 대다수 의사들도 그렇게 받아들이고 있다. 강영호는 2000년 당시 자신을 비난했던 동료 의사들 중 일부는 몇 년이 지난 뒤 사과를 했다고 한다.(강영호 인터뷰)

302) 인의협 섬 의료 사업은 박태훈의 인터뷰와 박태훈이 《건강미디어》에 2015년 2월 부터 6월까지 기고한 10편의 〈인의협 삼도 의료사업〉을 참고했다.

303) 대우재단이 관리하는 의료 사업은 4개 지역이었으나, 육지의 무주대우병원은 교통이 좋아지면서 오지 조건이 많이 해소되어 폐쇄하고, 완도 노화도 소재 완도대우병원, 신안 비금도 소재 신안대우의원, 진도 조도 소재의 진도대우의원 이렇게 3개 섬 지역 병·의원이 남았고 그 운영을 인의협에 3년간 위탁한 것이다.

304) 박태훈 인터뷰.

305) 이충열과 박태훈의 섬 의료 사업은 KBS 다큐멘터리로도 제작되어 회원들과 국민들에게 큰 감동을 주었다.(〈마이웨이 낙도의사 이충렬〉, KBS 미디어, 2000년 10월 24일)

306) 인의협, 《2001 섬 의료 활동 자료집》, 2001; 인의협, 《낙도 오지지역 1차 보건사업의 바람직한 모델설정을 위한 정책토론회 자료집》, 2000년 5월 27일; 주영수 인터뷰.

307) 섬 활동 조사 결과는 논문으로 발행되기도 했다. 조성식·이태경·방예원·김철주·임형준·권영준·조용범·백도명·주영수, 〈일개 섬 지역 주민의 미충족 의료와 관련 요인〉, 《농촌의학·지역보건》 35-2, 2010.

308) 김정범 인터뷰.

309) 보건의료단체연합은 시작 당시에는 보건의료노조까지 포함되어 있었으나 곧 분리되었다.

310) 글리벡공대위에는 건강권 실현을 위한 보건의료단체연합(건강사회를위한약사회·건강사회를위한치과의사회·노동건강연대·인의협·전국보건의료산업노조·참된의료실현을 위한 청년한의사회)·경인지역의과대학학생회협의회·민중의료연합·정보공유연대IPLeft·진보넷·사회보험노조·사회진보연대·참여연대 등이 함께했다.(글리벡공공성확대공대위, 투자협정·WTO반대국민행동, 만성골수성백혈병환우회, 《글리벡 강제실시와 의약품 공공성 쟁취를 위한 민중 대토론회 자료집》, 2002년 7월 18일)

311) 한국백혈병환우회, 〈글리벡싸움〉 참고.(https://www.hamggae.net:1044/hamggae2006/sub01_5.php)

312) 이로써 이 사건은 국가보안법상 이적단체 구성 혐의에 대한 구속 수사 관행을 파기한 첫 사건이 되었다.

313) 2001년 6월에 이미 리더 권정기에 의해 진보의련 해체를 결의한 상태였다.(〈'진보의련' 사건을 보면 국가보안법이 보인다〉, 《인권하루소식》 제2389호, 2003년 8월

1일)

314) 의약분업 당시는 물론 의약분업 이후에도 인의협과 주요 회원들에게 '빨갱이' 딱지가 붙여졌다. 김정범의 경우도 2009년 의협 게시판에 자신을 노골적으로 비방하는 네 명과 이를 방치한 의협을 상대로 '명예훼손 및 모욕에 따른 손해배상 소송'을 제기해 승소했다. 단, 재판부는 의협에 대해서는 인정하지 않았다.(사건번호: 인천지방법원 2009가단48342)

315) 진보의련 공안조작 및 탄압 공동대책위, 〈[성명서] 김대중 정부는 '진보의련'에 대한 공안 조작과 진보적 보건의료 운동에 대한 탄압을 즉각 중단하라!〉, 2001년 10월 11일; 담당: 인도주의실천의사협의회 정책실장 우석균, 〈11월 5일 '공안사건 조작 중단 및 국보법 철폐를 위한' 제 사회단체 기자회견 보도자료〉, 건강권실현을위한보건의료단체연합(준), 민족자주·민주주의·민중생존권쟁취 전국민중연대, 보건복지민중연대(준), 2001년 11월 3일.

316) 이 후원의 밤에는 홍창의 선생까지 참여했다고 한다.(김정범 인터뷰)

317) 2000년 6월 8일, 이 조사 결과를 발표했다.(〈"매향리주민 혈중납농도 높다"···인의협, 피해 입증〉, 《동아일보》, 2000년 6월 7일)

318) 미군 기지 지역 주민 건강 실태조사 결과 발표 기자회견문, 2002년 10월 8일 오전 11시 안국동 느티나무 카페; 〈미군 기지 인근 주민 정신심리장애 시달려〉, 《연합뉴스》 2002년 10월 8일.

319) 이 항의집회에도 많은 인의협 회원들이 참여하여 주한미군 주둔군지위협정(SOFA) 개정과 국방비 감축을 요구했다.(우석균, 〈한국 보건의료운동의 역사와 과제〉, 《한국시민사회운동15년사》, 2004, 74쪽)

320) 연구 책임자는 김정범(인의협 대표)이 맡았고, 공동연구원으로 우석균, 주영수 그리고 민변의 이상희, 김인회가 참여했다.(김정범 외, 《구금시설의 의료실태조사 및 의료권보장을 위한 연구》, 국가인권위원회, 2003)

321) 2003년 초 총회 사업보고 중에서 이 지역보건위원회 보고가 가장 많은 비중을 차지했다.(인의협, 《제16차(사단법인 제5차) 정기총회 자료집》, 2003년 1월 25일)

322) 이 부분의 기본 내용은 우석균, 변혜진, 김정범, 송관욱의 인터뷰를 바탕으로 작성된 것임을 밝힌다.

323) 〈참여연대 빛나는 활동 100: [065] 한국군 이라크 파병 반대 운동 — 우리를 전범국 국민으로 만들지 말라〉, http://www.peoplepower21.org/pspd100/1338926.

324) 인의협을 비롯한 진보적 보건의료 단체들은 2002년 10월 26일 열린 첫 반전평화 집회에서부터 "이라크 어린이들에게 폭탄이 아니라 의약품입니다"라는 피켓 선전

전을 했고, 이라크 어린이들의 참상에 대해 발언했다.(변혜진, 〈어른이 될 때까지 살 수 있을까: 전후 이라크 의료지원 활동을 다녀와서〉,《당대비평》, 2003년 12월, 213-214쪽)

325) 보건의료단체연합, 〈이라크 의료지원 활동 일지〉,《이라크 의료지원단 보고》, 2003년 7월, 4-5쪽.

326) 2003년 5월 말 캠페인이 마감될 때 많은 사람들이 캠페인 중단에 항의하는 전화를 한겨레신문사에 할 정도였다고 한다.(우석균, 〈한국 보건의료운동의 역사와 과제〉,《한국시민사회운동15년사》, 2004, 73쪽)

327) 이경민, 〈시들지 않은 열정이 만든 건강한 운동(변혜진 인터뷰)〉,《복지동향》, 2016년 4월, 43-44쪽.

328) 보건의료단체연합, 〈보건의료단체연합 이라크 의료지원단이 보고 온 이라크 상황〉, 파병반대국민행동, 2003년 10월.

329) 보건의료단체연합, 〈보건의료단체연합 이라크 의료지원단이 보고 온 이라크 상황〉, 파병반대국민행동, 2003년 10월.

330) 이날 이라크 주민 역학조사 결과에 대해 황승식이 발표했다.(〈보건의료인 반전평화 총회〉, 인의협 게시판 2004년 11월 24일)

331) 우석균 인터뷰.

332) 남총련 학생들을 대상으로 한 건강검진에는 인의협만 참여했으나, 외대에서 진행된 공개 건강검진에는 인의협 외에도 건약·건치·청한까지 함께 참여했다. 공교롭게도 이날은 노무현 대통령의 '검사와의 대화'가 진행된 날이다.

333) 홍경표 인터뷰.

334) 〈한총련 수배자 50여 명 건강검진〉,《한국일보》2003년 3월 9일.

335) 〈몸은 20대인데 증상은 60대 노인…낫게 할 힘 의사 아닌 대통령에게 있다〉,《오마이뉴스》, 2003년 3월 10일.

336) 부안 핵폐기장 건설 반대 운동의 진행 내용은 이헌석이 쓴 〈부안 핵폐기장 건설 반대에서 경주 주민투표까지〉(《탈핵신문》, 2013년 8월 1일)를 참고했다.

337) 인의협·건치·청한,《핵폐기장 유치와 관련한 부안군민 공권력 폭력피해 실태조사 기자회견 자료집》, 2003년 12월 19일.

338) 〈"경찰, 부안서 공격적으로 폭력 행사"(보건의료단체 공동 실태조사) 부안주민 정신피해도 심각〉,《프레시안》, 2003년 12월 19일.

339) 2006년부터 2014년까지 쌀 관세화를 유예받는 조건으로 개방 비율을 4퍼센트에서 7.96퍼센트로 올리고, 그중 일부는 소비자에게 직접 판매해야 한다는 것이 핵

심 골자였다.(김치성, 〈쌀 개방 어떻게 봐야 하나〉, 《함께걸음》, 2006년 1월 1일)

340) 〈너무나 '비과학적'인 과학수사연구소〉, 《오마이뉴스》, 2005년 11월 28일.

341) 〈인의협, 국과수 전용철 씨 사인발표 반박〉, 《경향신문》, 2005년 11월 27일.

342) 〈국과수…정치적, 자의적 판단 말라〉, 《오마이뉴스》, 2005년 11월 27일.

343) 〈범대위 '경찰 전용철 씨 폭행' 주장(종합)〉, 《연합뉴스》, 2005년 11월 27일.

344) 〈고 전용철 씨 농민집회서 쓰러진 사진 나와〉, 《한겨레》, 2005년 11월 28일.

345) 국과수의 서중석 중부 분소장은 "언론보도에 '집에서 넘어져 다쳤다'고 나와 깜짝 놀랐다"고 말했다.(〈경찰이 발로 밟고 곤봉과 방패로 내리쳤다〉, 《프레시안》, 2005년 12월 08일)

346) 〈홍덕표 씨 사망 외부충격 탓〉, 《세계일보》, 2005년 12월 19일.

347) 〈안이함과 무성의가 허 청장 계급장 뗐다〉, 《오마이뉴스》, 2005년 12월 29일.

348) 이 부분의 내용은 인의협 공동대표 김진국이 참여한 '포항지역건설노조 하중근 조합원 사망사고 진상조사단'이 2006년 8월 24일 발표한 진상조사보고서(종합)를 참고로 작성된 것이다. 참고로 이 진상조사단은 김진국(의사, 인의협 공동대표), 김혁준(의사, 녹색병원 신경외과 과장), 강문대(변호사, 민주사회를 위한 변호사 모임) 강호철(포항환경운동연합 대표), 권영국(변호사, 민주사회를 위한 변호사 모임), 박석운(전국민중연대 집행위원장), 정재형(변호사, 민주사회를 위한 변호사 모임), 조영선(변호사, 민주사회를 위한 변호사 모임 사무차장)으로 구성되었다.

349) 유족과 열사대책위원회는 정부를 상대로 손해배상 청구 소송을 제기했으나 2009년 12월 1일에 대법원은 원고 패소 판결을 내렸다.(〈故하중근열사 7주기 추모제 및 열사자료〉, 민주노총 경북지역본부_http://kb.nodong.org/xe/395348)

350) 이는 미국의 '전략적 유연성'에 의한 것으로 동북아의 미국 패권을 강화하는 조치였다. 따라서 많은 활동가들이 이 이전 문제에 관심을 가졌고, 주민들과 연대하여 반대 운동을 벌인 것이다.(유영재 평택미군기지확장저지 범국민대책위원회 정책위원장, 〈[185호 표지이야기] 미군기지가 평택으로 간 까닭은〉, 《뉴스앤조이》, 2006년 5월 30일)

351) 김선재, 〈[21세기 현대사] 4. 평택미군기지 위한 '여명의 황새울'〉, 주권방송, 2017년 7월 12일.

352) 〈평택기지 주민 스트레스성 질환 위험〉, 《한겨레》, 2006년 3월 30일.

353) 〈5시 16분 평택 행정대집행 상황종료〉, 《Daily NK》, 2006년 5월 4일.

354) 〈포클레인에 허물어진 대추분교 "그래도 우리는 포기하지 않는다"〉, 《오마이뉴스》, 2006년 5월 4일.

355) 인의협,《평택 국가폭력 인권침해 1차 진상조사 보고대회 자료집》, 2006년 5월 10일.

356) 최규진 회고.

357) 보건의료단체연합, 〈(성명) 한나라당과 민주당은 노무현 정부를 탄핵할 자격이 없다─수구 세력의 민주주의를 파괴하는 난동을 규탄한다〉, 2004년 3월 12일.

358) 대경인의협, 〈(성명) 우리는 민주주의를 옹호한다〉, 2004년 3월 18일.

359) 우석균, 〈한국 보건의료운동의 역사와 과제〉, 《한국시민사회운동15년사》, 2004, 84쪽.

360) 〈"외국병원 내국인 이용" 특구법 반대 국내 의료 제도 근간 파괴…"재경부 장관 책임 촉구"〉, 《의학신문》, 2004년 9월 18일.

361) 〈인의협 "내국인 진료 외국병원, 국내의료 붕괴"〉, 《뉴시스》, 2004년 9월 19일.

362) 〈김근태 복지장관이 재경부 앞 농성이라도 해야 할 상황〉, 《프레시안》, 2004년 11월 11일.

363) 노태맹 대구경북 인의협 기획국장은 다음과 같이 지적했다. "영리법인 허용은 의료가 돈벌이 수단으로 전락할 위험을 안고 있다. 이는 민간 보험의 도입을 유도해 결과적으로 미국처럼 의료보험의 사각지대를 만들게 될 것이다." (〈의료기관 영리법인화 논란〉, 《매일신문》, 2005년 6월 22일)

364) 김태훈·김동근·이은주·최윤정, 〈보건의료운동의 이념·역사·현실-4 기획연재: 보건의료운동의 이론과 역사〉, 《사회운동》, 181쪽.

365) 〈[논평] 복지부가 대형병원의 눈치를 보지 않는다면 암부터 무상의료는 지금 당장 가능하다〉, 보건의료단체연합, 2005년 4월 27일.

366) 이러한 운동의 성과를 바탕으로 민주노동당은 '무상의료 로드맵'을 제시할 수 있었다.(〈단계별 추진으로 2014년 완전 무상의료 실현, 민주노동당 무상의료 법개정 공청회…건강보험 본인부담 폐지〉, 《매일노동뉴스》, 2005년 7월 13일)

367) 백남순을 필두로 10여 명의 인의협 회원들이 진료지원단으로 활동했다. 많은 이들이 전경의 곤봉에 맞아 머리가 찢어지는 부상을 입었으며, 물대포에 맞아 부상을 입은 사람도 많았다.(우석균 인터뷰)

368) 우석균, 〈보건의료분야의 한미 FTA 1차 협상: 그 거짓말과 진실〉, 《한미 FTA 저지 범국본 웹진》, 2006년 6월 27일.

369) 2006년에만 보건의료계에서 다음과 같은 기자회견 및 선언을 했다. '한국 국민의 건강권를 침해하는 한─미 FTA 반대 보건의료 분야 시민사회단체 공동기자회견'(2006년 3월 9일), '국민 생명 위협하는 미국산 쇠고기 수입 재개 중단 촉구 의료, 환경, 농축산 부문 시민사회단체 기자회견'(2006년 4월 18일), '미국산 쇠고

기 수입 중단 촉구 시민사회단체 긴급 기자회견'(2006년 5월 18일), '[한미FTA 반대 의사 선언] 국민의 건강을 상품화하는 한미 FTA 협상을 중단하라!'(2006년 7월 14일), '미국산 쇠고기의 광우병 위험성을 경고하는 보건의료인 선언'(2006년 9월 27일), '[기자회견] 약제비 절감 방안을 무력화시키고 약가폭등을 부르는 한미 FTA 의약품 협상을 중단하라'(2006년 11월 12일)

370) 한미 FTA 저지 운동에서 보건의료단체연합의 기여는 막중했으며, 특히 우석균의 분석력과 변혜진의 기획력이 주효했다.(김정범 인터뷰)

371) 우석균 실장은 "한미 FTA는 협상이 타결됐을 뿐 앞으로 발효까지는 국회 비준을 비롯해 수많은 일정이 남았다"며 "지금부터 국민적 저항을 해나가면 한미 FTA를 저지시킬 수 있다"고 답했다.(〈'거짓말 협정문' 검증은 이제부터다. 범국본 재평가 돌입…"FTA 저지운동 끝나지 않았다"〉, 《오마이뉴스》, 2007년 5월 25일)

372) 〈원폭 피해자 2세 실태조사 국내 첫 발표〉, 《오마이뉴스》, 2005년 2월 13일.

373) 〈원폭2세 사망자 절반 열 살 前 숨졌다〉, 《경향신문》, 2005년 2월 14일.

374) 〈원폭피해자, 백혈병 암 발생률 일반의 70배〉, 《오마이뉴스》, 2005년 2월 14일.

375) 〈원폭2세 피해규명 복지부 나서야〉, 《한겨레》, 2005년 2월 15일.

376) 〈50억 잔디 깔면서 노숙인은 사지로 내모나〉, 《프레시안》, 2004년 5월 20일.

377) 〈"노숙인 입원 수술비 지원" 서울시 6개 시립병원에 공문〉, 《한겨레》, 2004년 5월 20일.

378) 〈하루 1명꼴 죽어나가는데 정부 뭘 하나〉, 《한겨레》, 2004년 12월 22일.

379) 〈예약도 돈도 필요 없어요, 아플 땐 언제라도 오세요〉, 《한겨레》, 2004년 5월 21일.

380) 〈노숙자 '건강 지킴이' 뜬다〉, 《한국일보》, 2005년 7월 12일.

381) 7년간 등록된 노숙인 2만 694명의 자료를 분석해 총 1685명이 사망했음을 제시했다.(인의협, 〈[보도자료] 인의협, 서울 지역 노숙인 사망 실태 분석 결과 발표해〉, 2007년 9월 20일)

382) 우석균, 〈의료보험 민영화, 한국의 미래?〉, 월간 《말》, 2008년 4월.

383) 이 사건을 어떻게 명명할 것인지에 대해서도 논란이 많았다. 보통 사고 선박의 이름을 따 사건의 이름을 짓는 것이 관례였는데, 이 사건만은 피해 지역을 부각하여 '태안 원유 유출 사고'로 불렸다. 이로 인해 삼성의 과실은 은폐되고 태안 주민들의 사회·경제적 피해는 가중되는 결과를 낳았다.(〈강금실, "태안이 아니라 삼성중공업 기름 유출"〉, 《경향신문》, 2008년 1월 28일)

384) 보건의료단체연합·녹색연합·생명인권운동본부, 《기름유출과 부실방제로 인한 태안주민 신체건강 및 정신적 피해 조사결과 자료집》, 2008년 3월 4일.

385) 주영수, 〈태안 주민의 심각한 신체적·정신적 피해에 대한 올바른 대책이 시급하다〉, 인의협 뉴스레터 47호, 2008년 3월 10일.

386) 김기덕, 〈환상과 환멸―노무현의 노동정책에 관해〉, 《매일노동뉴스》, 2017년 2월 7일.

387) 고공농성 진료 지원은 우석균과 최규진이 진행했다.(우석균 인터뷰)

388) 〈울산건설플랜트 노동자들이 갈 길을 보여주다〉, 《다함께》 56호, 2005년 5월 25일.

389) 인의협·노동건강연대, 《비정규직 투쟁 사업장 정신건강 실태조사 발표회 자료집》, 2008년 8월 5일.

390) 우석균, 〈'황금박쥐', 다들 어디 갔나?〉, 《한겨레》, 2006년 1월 11일.

391) 인의협, 〈대한의사협회에 보내는 건의서〉, 2005년 12월 23일.

392) 이날 기자회견에는 박태훈이 참석해 규탄 발언을 했다. 논란이 일자 서울대병원은 '세계줄기세포허브'를 '첨단 세포·유전자치료센터'로 바꾸었다.(〈줄기세포허브 '세포·유전자치료센터'로〉, 《한국경제》, 2006년 4월 27일)

393) 우석균, 〈이명박 시대, 돈 없으면 아프지도 말라?〉, 《맞불》 77호, 2008년 3월 6일.

394) 김종명, 〈당연지정제 폐지, 의사의 손익 계산법〉, 《메디게이트뉴스》, 2008년 3월 24일.

395) 2008년 4월 초 《프레시안》에 "함께 봐요! 식코"라는 타이틀로 김형성(건치), 오민우(건약), 최규진(인의협), 김명희(을지의대), 변혜진(보건연합) 순서로 릴레이 기고가 진행되었다.

396) 건강권실현을위한보건의료단체연합·국민건강을위한수의사연대·녹색연합·다함께·문화연대·민주노동당·민주사회를위한변호사모임·여성민우회생협·인도주의실천의사협의회·진보신당·참여연대·학교급식전국네트워크·한국진보연대·환경정의·ICOOP생협연합회·광우병위험미국산쇠고기국민감시단, 〈광우병 위험 미국산 쇠고기 전면 개방, 이명박 정부 규탄 기자회견문〉, 2008년 4월 21일.

397) 5월 6일, 1700여 시민사회단체가 모여 '광우병국민대책회의'를 결성했다.(광우병국민대책위, 《광우병국민대책회의 1주년 자료집》, 2009, 1쪽)

398) 이를 계기로 '광우병 주역'이 된 우석균은 이명박―박근혜 정부 시기 블랙리스트에 올랐다.(〈MBC 라디오 잔혹사…"매일매일 명이 단축됐다"〉, 《PD저널》, 2017년 9월 21일)

399) 우석균, 〈누가 괴담을 퍼뜨리는가?〉, 《맞불》 86호, 2008년 5월 8일; 박상표, 〈누가 퍼뜨렸는가…'광우병 괴담'의 진원지를 찾아서〉, 《프레시안》, 2008년 5월 11일.

400) 황상익(서울의대)의 사회로 진행된 이 토론회에는 우희종(서울대 수의대), 정해관

(성균관대 의대), 권호장(단국대 의대), 정태인(성공회대), 박상표(국민건강을 위한 수의사연대), 우석균(보건연합)이 발표를 맡았다.

401) 〈미국산 쇠고기 수입 협정의 재협상을 요구하는 의사, 수의사 412인 선언 기자회견문〉, 2008년 5월 25일.

402) 5월 28일에는 시민 100여 명이 연행되었고, 31일에는 경찰특공대까지 투입되어 시민 228명이 연행되고 60명이 부상을 입었다.(광우병국민대책위, 《광우병국민대책회의 1주년 자료집》, 2009, 2쪽)

403) 인의협의 의료 지원은 촛불이 잦아든 뒤에도 계속되어 광우병 국민대책회의 수배자 농성장 진료 지원까지 책임졌다.

404) 박상표, 〈촛불로 막은 '쇠고기 전면 개방', 한미 FTA 재협상으로 무너진다〉, 《레프트21》 2호, 2009년 3월 26일.

405) 〈43번째 촛불집회 열려 "미친소는 청와대로" 한목소리〉, 《경향신문》, 2008년 6월 19일.

406) 〈이 대통령 "가스·물·전기·건강보험 민영화 없다"〉, 《한겨레》, 2008년 6월 19일.

407) 정형준, 〈[논쟁] 보험료 우선 인상론 비판 건강보험 보장성 강화, 어떻게 이룰 것인가?〉, 《마르크스21》 7호, 2010.

408) 김창보, 〈숫자 '5'로 풀어보는 의료민영화〉, 《프레시안》, 2009년 10월 20일.

409) 〈보건의료계, 시국선언 대 反시국선언 충돌〉, 《청년의사》, 2009년 6월 24일.

410) 인의협, 〈[논평] 의료민영화법에 불과한 의료법 개정안을 반대한다〉, 2009년 7월 29일.

411) 〈제주 '영리 병원' 추진 "민영화 강행 의지"(김종명 인의협 정책국장 인터뷰)〉, 《한겨레》, 2008년 6월 18일; 김종명, 〈[기고] 국민을 사지로 모는 의료민영화〉, 《한겨레》, 2009년 3월 11일; 김종명, 〈MSO, 동네의원 몰락 가져올 것〉, 《메디게이트》, 2009년 5월 12일; 정영진(인의협 사무처장), 〈건강관리서비스법안 무엇이 문제인가?〉, 보건의료노조 뉴스레터 26호, 2010년 6월 25일.

412) 인의협 젊은보건의료인의공간다리·행동하는의사회, 〈[토론회] 이명박 정부의 의료민영화 정책이 의료계와 국민 건강에 미칠 영향〉, 2009년 7월 11일. 이 토론회에서는 신영전 한양대 교수가 '이명박 정부의 의료 민영화 정책 개괄', 이상윤 인의협 기획국장이 '이명박 정부의 의료 민영화 정책이 의료계에 미칠 영향'에 대해 발표했다.

413) 쌍용자동차 연대와 관련된 내용은 당시 의료지원단장을 맡았던 백남순이 재간행된 《사람과의료》 1·2·3호(2012—2014)에 기고한 〈쌍용자동차노동자투쟁 연대의

기록: 77일간의 휴가〉를 바탕으로 작성한 것임을 밝힌다.

414) 〈쌍용차 사태의 어제와 오늘〉, 《경향신문》, 2013년 1월 10일.

415) 쌍용차 투쟁에서 두 노조원이 80미터 높이의 굴뚝에서 고공농성을 진행했기 때문에 이들에 대한 의료 지원도 해야 했다. 80미터 굴뚝을 오르내리는 고공농성 진료는 박지선과 최규진이 맡았다.

416) "쌍용차 시위진압에 첫 등장 '테이저건' 논란", SBS 뉴스, 2009년 7월 23일.

417) 박주영·윤재홍·김승섭, 〈해고자와 복직자의 건강 비교: 쌍용자동차 정리해고 사례를 중심으로〉, 《보건과사회과학》 제41집, 2016.

418) 77일간의 파업이 끝난 뒤에도 해고 노동자들이 단식과 고공농성 등 다양한 투쟁을 이어 갔고, 인의협은 이러한 쌍용자동차 노동자들의 거의 모든 투쟁에 의료 지원을 나갔다.

419) 〈굴뚝농성 노동자 건강 점검〉, 《한겨레》, 2009년 1월 21일.

420) 〈이제 경찰이 되려는 꿈 포기할래요〉, 《금속노동자》, 2011년 5월 2일.

421) 〈경찰, 김진숙 병실 조사 강행…인의협 "입원 치료 필요"〉, 《오마이뉴스》, 2011년 11월 12일.

422) 〈경찰, 김진숙 병실서 조사 강행〉, 《한겨레》, 2011년 11월 11일.

423) 〈김진숙 "자살 생각하던 나를 진정시킨 건…"〉, 《한겨레》, 2011년 11월 15일.

424) 진압에 투입된 특공대원 한 명도 사망해 총 사망자는 여섯 명이다.

425) 용산참사대책위, 《용산 참사 희생자 사망경위와 사인의혹에 관련된 진상조사단 보고 기자회견 자료집》, 2009년 2월 4일.

426) 청와대 행정관 이성호가 용산 참사에 대한 여론의 관심을 다른 사건으로 돌리라며 서울경찰청 공보담당관에게 이메일로 지시한 사실이 드러났다.

427) 〈7년 전 용산 참사가 있었다〉, 《한국일보》, 2016년 1월 20일.

428) 이는 2015년 중동호흡기증후군(이하 메르스) 유행으로 확인된다. 신종플루 유행 당시 인의협을 비롯한 보건의료단체연합이 제기한 문제는 메르스 유행 때에도 거의 동일하게 나타났다.

429) 《[토론회] 의료현장에서 본 정부 신종플루 대응책에 대한 문제점과 대안》, 2009년 9월 4일; 〈[성명] 신종플루 백신 접종비 1조 원을 국민에게 전가하지 말라〉, 2009년 10월 22일; 〈신종플루에 대한 정부의 실질적 대책을 촉구하는 보건의료인 기자회견〉, 2009년 11월 12일.

430) 재간행된 인의협의 정책이론지 《사람과의료》 1호(2011년)는 하미나의 〈방사능의 기본적 이해〉, 주영수의 〈후쿠시마 원전 사고와 방사선 건강 피해〉, 김익중의 〈경

주 방사성 폐기물 처분장의 문제점〉, 장호종의 〈핵 없는 세상은 가능한가?〉, 우
석균의 〈후쿠시마 핵 사고 이후 일본 정부 및 시민사회의 대응〉 등을 실었다.

431) 반핵의사회는 2012년 1월 29일 창립기념토론회 때 기키마 하지메를 초청했고, 보
건의료진보포럼과 공동 주최로 2013년 3월 17일 히다 슌타로 초청강연회를 열었
다. 참고로 히다 슌타로의 한국 강연은 이것이 처음이자 마지막이었다.

432) 반핵의사회 사이트 발간 도서 참고(http://nonukes.or.kr/?cat=12).

433) 2014년에는 백도명·노태맹·김미정이, 2016년에는 김미정이 PANW 회의에 참석했
다.(노태맹, 〈제25회 일본 반핵의사회(PANW) 모임을 다녀와서〉, 《참세상》, 2014
년 11월 7일; 2016년 5월 반핵의사회 소식지) 또 인의협과 반핵의사회는 민이렌의
초청을 받아 매년 8월 일본에서 열리는 원수폭금지세계대회에 거의 매년 참가하고
있다. 또 IPPNW 한국 지부 재건 문제를 놓고 IPPNW 측과 현재 논의 중에 있다.

434) 2012년에는 전북대 봉사동아리 사랑더하기의 '국제 재활원 방문 및 소풍 프로그
램', 보건의료학생 매듭의 '2012 건강현장활동', 의료봉사 동아리 열린진료소의
'양방진료봉사', 동아대 의대생들의 '교육사업' 등이 선정되었다.

435) 현재 인의협 회원인 고은영과 김나영 등이 국경없는의사회 활동을 하고 있다.

436) 박지선, 〈국제의료지원에 관심을!〉, 더불어기금 뉴스레터 5호, 2012년 7월 30일.

437) 제1회 학술문화제는 2010년 10월 23일과 24일 양일에 걸쳐 대전유성유스호스텔
에서 진행되었다.

438) 우석균, 〈박근혜 정부, 한국 의료의 앞날〉, 《레프트21》 100호, 2013년 3월 16일.

439) 정형준, 〈박근혜 정부의 의료민영화 정책〉, 《복지동향》 제183호, 2014년 1월, 9쪽.

440) 우석균, 〈박근혜 정부, 한국 의료의 앞날〉, 《레프트21》 100호, 2013년 3월 16일.

441) 〈경상남도 의료원 설립 및 운영 조례 일부개정안 입법 예고에 대한 의견서〉, 보건
의료단체연합, 2013년 3월 27일.

442) 〈[긴급성명] 박근혜 대통령은 진주의료원 휴업을 조속히 철회시켜라! 진영 보건복
지부 장관은 진주의료원 휴업에 대해 업무개시명령을 내려야〉, 보건의료단체연
합, 2013년 4월 3일.

443) 〈[단식농성에 들어가며] 우리 보건의료인은 진주의료원 폐원 철회를 요구합니
다—공공의료와 가난한 환자들의 치료받을 권리는 지켜져야 합니다〉, 보건의료
단체연합, 2013년 4월 10일.

444) 〈인도주의의사협, 진주의료원 환자들 검진〉, 《연합뉴스》, 2013년 4월 10일.

445) 〈의사협회도, 병원협회도 "진주의료원 폐업 유보해야"〉, 《프레시안》, 2013년 4월
10일.

446) 〈새누리당, '진주의료원 폐업 조례안' 날치기 폭거〉, 《노동과세계》, 2013년 4월 13일.

447) 〈4개월된 도지사가 103년 된 진주의료원 폐업〉, 《오마이뉴스》, 2013년 4월 15일.

448) 〈새누리당, '진주의료원 폐업 조례안' 날치기 폭거〉, 《노동과세계》, 2013년 4월 13일.

449) 인의협·보건의료단체연합·민변, 〈(기자회견문) 홍준표 경남도지사의 환자들에 대한 위법행위와 직권남용을 고발한다〉, 2014년 4월 17일.

450) 인의협, 〈(성명) "경상남도 서민의료 대책"에 대한 인의협 성명 "홍준표 도지사의 조삼모사"〉, 2013년 4월 24일.

451) 보건의료단체연합, 〈(성명) 보건복지부는 지체하지 말고 업무개시명령을 내려 진주 의료원을 정상화시켜야 한다〉, 2013년 4월 18일.

452) 무상의료운동본부, 〈(기자회견문) 박근혜 정부는 의료민영화 재추진을 중단하라〉, 2013년 6월 13일.

453) 무상의료운동본부, 〈(기자회견문) 박근혜 정부는 의료민영화 재추진을 중단하라〉, 2013년 6월 13일; 보건의료단체연합, 〈(성명) 의료비 인상과 의료민영화를 불러올 원격의료 도입 철회하라!〉, 2013년 10월 30일; 보건의료단체연합, 〈보건복지부 공고 제2013-486호 '의료법 일부개정법률안'에 대한 의견서〉, 2013년 11월 28일.

454) 영리 자회사라는 구조로 자본의 의료 장악을 터주는 꼴이었기에 심지어 의협조차 의사궐기대회를 열어 제4차 투자 활성화 대책을 의료 민영화 정책이라고 비판했다.(〈병원의 영리 자회사는 의료 민영화 위한 꼼수〉, 《한겨레》, 2013년 12월 18일)

455) 보건의료단체연합, 〈(성명) 박근혜 정부 '보건의료 투자활성화대책'은 전면적 의료 민영화 조치. 자회사 설립을 통한 영리병원 허용 중단하라!〉, 2013년 12월 13일; 〈원격진료·의료 민영화 논란 재점화 [이창준 보건복지부 보건의료정책과장, 정형준 인도주의실천의사협의회 정책국장)〉, YTN, 2014년 12월 17일.

456) 이 토론회에는 이상윤 건강과대안 책임연구원, 이종우 대경인의협 기획국장, 김진국 대경인의협 생명문화연구소장, 한송희 건강사회를위한약사회 대경지부 회원이 발제를 맡았다.(〈의료도 민영화?… "피해는 국민, 환자들에게 도움 안 돼"〉, 《평화뉴스》, 2014년 1월 12일)

457) 〈(이털남2-496회) '의료 민영화—박근혜의 인식'(정형준 인터뷰)〉, 《오마이뉴스》, 2013년 12월 24일; 〈투자활성화로 경쟁 유도…의료 민영화 전초전?(정형준 인터뷰)〉, 중앙일보 2014년 1월 6일; 〈모골이 송연한 '민영화'가 온다?(우석균 인터뷰)〉, 《시사인》, 2014년 1월 9일; 〈박근혜 정부 의료 민영화 논란 무엇이 문제인가(우석균 인터뷰)〉, 《매일노동뉴스》, 2014년 1월 17일; 〈의료 민영화 '4대 쟁점' 핵심 정리(우석균 인터뷰)〉, 《오마이뉴스》, 2014년 2월 11일.

458) 민주당 김용익·김현미·이언주 의원은 1월 14일 '박근혜 정부, 의료 영리화 정책 진단 토론회'를 열었고, 이 토론회에서 우석균은 '박근혜 정부의 전면적 의료 민영화: 보건의료투자대의 문제점'이라는 주제발표를 통해 정부의 보건의료 투자 활성화 대책이 의료 민영화 정책에 다름아니라는 의견을 제시했다.(《보건의료 투자 활성화 대책은 의료민영화 정책》,《라포르시안》, 2014년 1월 14일) 2014년 2월 23일에는 보건의료단체연합 주최로 '박근혜 정부의 의료 민영화 진단과 처방'이라는 토론회가 열렸는데, 김창엽과 우석균이 강연자로 나서 박근혜 정부의 의료 민영화 정책에 대해 비판했다.

459) 사회진보연대 정책위원회,〈민영화에 맞선 투쟁, 2라운드가 시작된다. 광범위한 의료민영화 반대투쟁을 조직하자〉,《사회와노동》제653호, 2014년 1월 17일.

460)〈朴대통령, '의료계 집단휴진' 정면돌파 예고〉,《뉴시스》, 2014년 3월 10일.

461)〈"원격의료, 재벌 먹거리 던져주는 꼴"〔인터뷰〕이정화 대구경북 인도주의실천의 사협의회 대표〉,《뉴스민》, 2014년 3월 19일.

462) 우석균 외,《의료붕괴》, 이데아, 2017, 447쪽.

463)〈세월호 유가족 단식 농성… "우릴 밟고 들어가라"〉,《프레시안》, 2014년 7월 14일.

464) 최규진,〈우리가 건져 올려야 할 것들〉,《건강미디어》, 2015년 4월 14일 참고.

465)〈유족 주치의 "안홍준 때문에 진료 거부당해"〉,《프레시안》, 2014년 8월 8일;〈안홍준 발언에 유가족들 진료 거부…건강 적신호〉,《서울신문》, 2014년 8월 8일;〈세월호 단식유족 주치의 "안홍준 발언, 의료윤리 위배"〉,《오마이뉴스》, 2014년 8월 8일; 세월호 유가족 의료진,〈〔성명〕의사 출신 새누리당 안홍준 의원, 자신의 망언에 대해 유가족과 국민들에게 사과해야〉, 2014년 8월 8일.

466)〈유민아빠 주치의, "유민아빠 건강상태 심각"〉, CBS 노컷뉴스, 2014년 8월 18일.

467)〈김영오 주치의(서울동부병원 이보라 과장)는 前 통합진보당 대의원〉,《조선일보》, 2014년 8월 29일.

468) 단식농성자들에 대한 의료 지원만 이루어진 것이 아니라 유가족 전체를 대상으로도 의료 지원이 몇 차례 진행되었다.(《〔세월호 참사〕국회 가족 대기실에 차려진 작은 병실》,《뉴시스》, 2014년 5월 28일) 단식 이후에도 광화문 농성장에서 요청이 있을 때마다 의료 지원은 계속 이루어졌고, 청운동 농성장의 경우 2014년 11월 5일 철수하는 날까지 거의 매일 의료 지원이 진행되었다.(최규진 회고)

469) 변혜진,〈아이들이 일단 멈춘 의료민영화, 완전히 멈추자〉,《한겨레21》제1012호, 2015년 5월 20일.

470) 우석균 인터뷰,〈세월호 참사 부른 민영화! 그리고 의료〉,《건치신문》, 2014년 5월

20일.

471) 인의협, 〈(성명) 영리 자회사 허용은 사실상 영리 병원 허용이다〉, 2014년 6월 10일.

472) 많은 회원들이 자신의 병원에 의료 민영화 반대 서명 용지를 비치하기도 했다.

473) 이 콘서트에는 하니밴드, 이상은, 윤영배, 강허달림, 킹스턴 루디스카 등의 가수들
이 참여했으며, 가수 교체 시간에 의료 민영화와 세월호에 관한 동영상을 상영했
다.(https://tumblbug.com/healthforall)

474) 의료 민영화 저지 범국본, 민주노총, KTX범대위, 보건의료노조, 공공운수노조연
맹(전국철도노조·전국사회보험지부·의료연대본부)가 주최한 운동으로 철도 민
영화와 의료 민영화 반대로 시작해 이후 세월호 특별법 제정 운동까지 결합했다.

475) 보건의료단체연합, 〈(성명) 세월호 농성장 방문을 이유로 보건의료단체연합 대표
를 경찰 소환한 박근혜정부 규탄한다〉, 2014년 9월 17일.

476) 〈'생명과 안전 위해' 민주노총, 총궐기 동맹파업 선포〉, 《레디앙》, 2014년 6월 24일.

477) 〈하루 새 '의료 민영화 반대' 서명 67만…합계 120만 명〉, 《프레시안》, 2014년 7월
23일.

478) 〈"이것이 국민여론이다" 유병언 제치고 검색어 1위〉, 《데일리팜》, 2014년 7월 25일.

479) 보건의료단체연합, 《[자료집] 기자설명회_제6차 투자 활성화 대책 중 보건의료 분
야 대책의 분석 및 문제점》, 2014년 8월 12일.

480) 〈갈림길에 선 한국의료…"6차 투자활성화 대책은 의료민영화 완결판"〉, 《라포르
시안》, 2014년 8월 20일.

481) 〈복지부의 수상한 '제주 영리병원 승인' 엠바고 해프닝〉, 《라포르시안》, 2014년 8월
23일.

482) '싼얼병원' 승인 저지는 건강과대안의 박상표가 만들어 놓은 자료 덕에 가능했
다.(박상표, 《[월례포럼 자료집] 의료 상업화와 영리 병원의 주동력: 줄기세포 치
료-제주도에 영리 병원 설립 허가 신청을 낸 중국 CSC기업을 중심으로》, 건강과
대안, 2013년 6월 24일)

483) 최규진 회고.

484) 우석균 외, 《의료붕괴》, 이데아, 2017, 447-448쪽.

485) 백재중, 《삼성과 의료 민영화》, 건강미디어, 2014.

486) 〈메르스 전문가들 입국…코르스로 불러야 하나?〉, 《헤럴드경제》, 2015년 6월 12일.

487) 〈'메르스 정보' 공개 않는 정부…혼란에 빠진 국민〉, 《한겨레》, 2015년 6월 3일.

488) 〈[단독] 삼성서울병원, '메르스 의심' 닷새 지나서야 환자·보호자에 통보〉, 《민중의
소리》, 2014년 6월 5일.

489) 김용익은 6월 8일에, 최규진은 6월 9일에 CBS 라디오를 통해 삼성서울병원에 대해 비판을 가했다.(〈삼성서울병원, 보건기관 위에 군림 모양새…성역 같다〉, 《참세상》, 2015년 6월 9일)

490) 보건의료단체연합, 〈[메르스 사태 일일 논평] 1. 삼성서울병원에 대한 정부 후속대응 조치에 대한 논평〉, 2015년 6월 8일; 의료민영화저지범국본·무상의료운동본부, 〈삼성병원 비호, 의료민영화 추진, 공공병원 폐쇄 메르스 재앙 확산 박근혜 정부 규탄 및 대국민 사과 요구 기자회견〉, 2015년 6월 11일.

491) 〈[전문] 삼성서울병원 '부분 폐쇄' 발표〉, 《한겨레》, 2015년 6월 14일.

492) 〈대구 '메르스'…공무원 개인 탓으로만 돌릴 문제인가?〉, 《평화뉴스》, 2015년 6월 19일; 〈"매뉴얼 작동 안 해"…구멍 뚫린 부산 메르스 방역〉, 《오마이뉴스》, 2015년 6월 15일.

493) 의료민영화저지범국본, 〈[토론회] 메르스 사태로 드러난 한국 의료 긴급 진단〉, 2015년 7월 2일; 의료민영화저지범국본, 〈[기자회견문] 메르스 사태에 영리병원 밀실 추진으로 의료공공성의 숨통을 끊으려 하는 박근혜 정부 규탄한다!〉, 2015년 7월 9일; 의료민영화저지범국본·무상의료운동본부, 〈[기자회견문] 메르스, 이제 덮으려 하는가? 박근혜 대통령 사과 진상 규명과 책임자 처벌 국민·환자 피해 배상을 촉구한다!〉, 2015년 7월 28일; 보건의료단체연합, 〈[성명] 박근혜 정부의 메르스 종식 선언은 '책임 회피 선언'일 뿐〉, 2015년 7월 28일.

494) 〈삼성전자 백혈병 문제 해결 위한 토론회 지상중계〉, 《브레이크뉴스》, 2015년 9월 18일.

495) 이 부분은 최규진의 글, 〈의료 민영화 저지, 이제는 '실뱀 잡기'〉(《프레시안》, 2016년 4월 27일)를 바탕으로 작성했음을 밝힌다.

496) 보건의료단체연합, 〈[성명] 보건복지부가 아니라 의료산업부인가? 전면적 의료 영리화 시도 중단하라〉, 2016년 1월 19일.

497) 〈반쪽 규제완화…첫발도 못뗀 병원 자회사〉, 《한국경제》, 2015년 11월 8일.

498) 보건의료단체연합, 〈[성명] 서비스산업발전기본법은 의료 민영화, 사회공공서비스 민영화 법으로 폐기되어야 한다〉, 2016년 2월 22일; 보건의료단체연합, 〈[성명] 서비스산업발전기본법은 명백한 의료·공공서비스 민영화법이다〉, 2016년 3월 4일.

499) 서비스발전기본법은 원래 노무현 정부 시절 민주당이 여당일 때 내놓은 것이기 때문에 전면적인 반대에 나서지는 못했다.

500) 최규진, 〈예의주시해야 할 의료민영화저지 싸움의 다음 격전지, 규제프리존〉, 《노동자연대》 172호, 2016년 4월 20일; 보건의료단체연합, 〈[성명] 생명, 안전, 사회

공공성 전체를 무너뜨릴 '규제프리존 특별법' 폐기하라〉, 2016년 4월 25일; 최규
진, 〈새로운 버전의 의료민영화 영리화 로드맵, 규제프리존법을 소개합니다〉, 인
의협 뉴스레터 151호, 2016년 5월 4일.

501) 인의협, 〈(성명) 병원 인수합병 허용은 의료영리화 불러올 것으로 중단되어야 한
다〉, 2016년 5월 2일.

502) 의료민영화저지범국본·무상의료운동본부, 〈(기자회견문) 의료 민영화와 병원 사
유화의 도구가 될 병원 인수·합병은 중단돼야 한다〉, 2016년 5월 3일.

503) 전진한, 〈병원 인수합병 저지 투쟁 보고〉, 인의협 뉴스레터 152호, 2016년 6월 10일.

504) 건강권실현을 위한 보건의료단체연합 진료지원팀, 〈(성명) 11월 14일 집회 부상자
발생 및 경찰 폭력 문제─자료 1. 부상자 현황 2. 파바(PAVA)의 유해성〉, 2015년
11월 15일.

505) 전진한, 〈'살상무기' 물대포와 최루액 사용은 중단되어야 한다─시민 안전과 건
강의 관점으로 본 정부의 집회시위 대응〉, 민중총궐기 국가폭력 조사단 보고서,
2016년 2월 18일.

506) 최규진, 〈한국 물대포의 역사〉, 《집회에서 물대포 사용 문제와 경찰의 집회대응
개선을 위한 국제 심포지엄 자료집》, 2016년 6월 28일.

507) 인의협, 〈백남기 농민 사인에 대한 인도주의실천의협의회(인의협) 의견서〉, 2016년
9월 25일.

508) 〈경찰, 故백남기 씨 부검 영장 재청구 검토…유족 반발〉, 《프레시안》, 2016년 9월
26일.

509) 〈백남기 사망원인, 없는 논쟁을 누가 만드나〉, 《미디어오늘》, 2016년 9월 27일.

510) 인의협 회원들은 의사로서 각종 언론에 소신을 밝히며 부검 논쟁을 종식했다.(서
홍관, 〈(시론) '백남기 사망진단서'가 의사들에게 던진 물음〉, 《경향신문》, 2016년
10월 3일; 우석균 외신 기자회견 발언, 〈백남기 25일까지 강제 부검 안 하면 장례
검토 가능〉, CBS 〈노컷뉴스〉, 2016년 10월 5일; 이현의, 〈(왜냐면) 히포크라테스
가 말한 사람의 도리〉, 《한겨레》, 2016년 10월 10일; 이보라, 〈(기고) 백선하 교수
님께 드리는 글〉, 《내일신문》, 2016년 10월 10일; 양길승 인터뷰, 〈"숱한 기록이
'공권력 사망' 가리키는데…수사라도 제대로 해봤냐"〉, 《한겨레》, 2016년 10월 17
일; 이보라, 〈백남기 농민이 한국 의료계에 남긴 메시지〉, 《오마이뉴스》, 2016년
10월 31일)

511) 〈"백남기 사인, 거짓말 투성이" 발언에 여당 의원들 '발끈'〉, 《데일리팜》, 2016년 10
월 14일.

512) 인의협, 〈(성명) 코리아에이드 사업은 당장 폐기되어야 한다〉, 2016년 10월 25일.

513) 〈"최순실이 서민 등쳐 재벌에 돈 갖다 준 게 본질"〉, 《프레시안》, 2016년 10월 29일.

514) 우석균, 〈(발굴) 재벌이 입금하자, 박근혜-최순실이 움직였다〉, 《프레시안》, 2016년 11월 4일.

515) 〈현 정부는 최순실이 운영한 사무장병원〉, 《청년의사》, 2016년 11월 2일.

516) 인의협 '진료지원' 텔레그램방 기록.

517) 많은 언론의 주목을 받은 이 토론회는 강원대 의대 류영준 교수와 인의협 정책국장 정형준이 발제를 맡았다.('박근혜-최순실을 둘러싼 인의협 토론회', 인의협, 2016년 12월 7일)

518) 정형준, 〈19대 대선 복지·노동 공약 평가-보건의료 분야〉, 《복지동향》 제223호, 2017년 5월.

519) 정형준, 〈(건강권 칼럼) 촛불대선에서 사라진 공공의료〉, 《민중의소리》, 2017년 4월 30일.

520) 이 책은 대한의사학회 회장이기도 한 서홍관이 역사적 기록의 중요성을 강조하며 자비를 들여 출간한 것이다.(우석균 외, 《의료붕괴》, 이데아, 2017년 4월)

521) 이 밖에도 정형준이 서남권글로벌센터 진료 사업을 맡아 이주 노동자 진료를 진행하고 있다.

522) 〈주간은 느리고, 하늘은 급변한다〉, 《한겨레21》 제1043호, 2014년 12월 25일; 〈195일째 고공농성 노동자, 고혈압-동상 고통〉, 《한국NGO신문》, 2015년 12월 2일; 〈(포토) 높고 좁은 광고판서 29일간 고공농성…산들바람조차 흉포했다〉, 《한겨레》, 2015년 7월 9일; 〈"고공농성장은 '하늘 감옥', 아니 '하늘 병동'이다"〉, 《한겨레21》, 2015년 1월 6일; 〈현대차 불법 40년: 범죄의 거리 — 유성기업 고 한광호 열사 농성장 거리 진료〉, 《노동건강연대》, 2016년 5월 9일.

523) 〈최장기 굴뚝농성 408일, 차광호 땅을 밟다. 해복투 11명 전원 고용승계 등 합의…"청춘을 다바쳤다 현장으로 돌아가자!"〉, 《노동과세계》, 2015년 7월 8일.

524) 차광호 씨의 고공농성 이전 최장기 기록은 부경인의협이 의료 지원을 했던 김진숙 민주노총 부산본부 지도위원의 309일이었다.(〈408일의 고공농성…스타케미칼 차광호 씨 굴뚝에서 지상으로〉, 《경향신문》, 2015년 7월 8일)

525) 이상윤, 〈밀양 송전탑 건설 문제, 주민들이 왜, 얼마나 아파하는지 알아야 해법이 보인다〉, 《복지동향》 제178호, 2013년 8월; 보건의료단체연합, 《밀양 송전탑 건설 지역 주민들의 건강권 침해 실태》, 2013.

526) 〈청도 송전탑 지역 주민 50퍼센트 이상이 외상후 스트레스 장애(이정화 인터뷰)〉,

《영남일보》, 2015년 2월 13일.

527) 〈성주에서 의사가 삭발한 까닭〉,《시사인》제466호, 2016년 8월 25일.

528) 〈성주 주민들 "어떻게 문재인 대통령이…"〉,《평화뉴스》, 2017년 9월 7일.

529) 인의협·건강과대안,〈[토론회] 의료인 처벌 논란으로 재점화된 '낙태죄 폐지' 운동
의 의미와 전망〉, 2016년 10월 31일.

530) 인의협 온라인 카페(http://cafe.naver.com/humanmed) 참고.

531) 〈의대생이여. 듣고, 생각하고, 말하라!〉《의대생신문》91호, 2013년 3월 6일.

532) 의대생 캠프 초기에는 김대희가 주로 프로그램을 기획했으나 제5회 일본 방문 프
로그램부터는 이보라가 기획을 하고 있다. 일본 방문 일정은 3박4일 정도밖에 되
지 않으나 사전 교육과 후속 프로그램까지 진행하기 때문에 실제로는 상당히 긴
프로그램이다.

533) 인의협,〈인도주의실천의사협의회 라오스 출장 보고서〉, 2015년 3월.

광장에 선 의사들

초판 1쇄 발행 | 2017년 11월 21일

지은이 | 최규진
기　획 | 인도주의실천의사협의회

펴낸이 | 한성근
펴낸곳 | 이데아
출판등록 | 2014년 10월 15일 제2015-000133호
주　　소 | 서울 마포구 월드컵로28길 6, 3층 (성산동)
전자우편 | idea_book@naver.com
전화번호 | 070-4208-7212
팩　　스 | 050-5320-7212

ⓒ인도주의실천의사협의회, 2017

ISBN 979-11-956501-8-7　03330

이 책의 국립중앙도서관 출판사도서목록(CIP)은 e-CIP(http://www.nl.go.kr/ecip)와
국가자료공동목록시스템(http://www.nl.go.kr/kolisnet)에서 이용하실 수 있습니다.
(CIP 제어번호: CIP2017027785)

책값은 뒤표지에 있습니다. 잘못된 책은 구입하신 곳에서 바꿔드립니다.